日本政治学会 編

政治学の新潮流
——21世紀の政治学へ向けて——

年報政治学2006－Ⅱ

木鐸社

はじめに
―21世紀の政治学を模索する―

　日本政治学会理事会での議論を経て，日本政治学会年報は2005年度に，これまでの年1回から「年2回刊行」という新体制へ移行した。今年度はその2年目，ということになり，独自の年報委員会を組織しての初の「第2号」編集ということになる。この新しい状況を迎え，その編者として，私は本年報のテーマを「政治学の新潮流－21世紀の政治学へ向けて－」とし，今世紀における政治学の発展方向を展望するための契機としてみたい，と考えた。日本政治学会年報では，1999年年報が，「20世紀の政治学」というテーマを掲げていた。それは，20世紀を締めくくるにふさわしいテーマであったと思われる。そして21世紀を迎えた今，我々は新世紀にふさわしい新たな「政治学の発展方向」について，思いを馳せるべき時期に来ていると思われるのである。

　思い起こせば，20世紀初頭の1908年に，その後の政治学の発展方向を指し示したと評価される2冊の書物が刊行されている。それは，A・F・ベントレーの『政治過程論』と，G・ウォーラスの『政治における人間性』とであった。この2冊の著作は，その後の20世紀における政治過程論の展開と，政治心理学の発展とに対し，大きな影響を及ぼしていったのである。現在，それからほぼ1世紀が経過しようとしている。この時点において，21世紀の政治学の発展方向を模索する論考を，広く日本政治学会会員から募り，議論を組織しようと考えた次第である。

　さて，本年報の特集テーマ「政治学の新潮流－21世紀の政治学へ向けて－」のねらいをさらに具体的に述べるならば，それは，21世紀に入って数年が経過した現時点において，政治学内の各研究分野における「新しい研究潮流」のいくつかを検討し，そのことを通じて「21世紀における政治学の発展方向」を個別的に模索することである。本年報ではその課題の達成のために，各研究分野において現在の時点で活躍を始めている新鋭から中堅クラスの研究者に集まっていただき，各自が「興味深い」と思われる新しいテーマに取り組んでもらった。各論文の著者紹介に示されているよう

に，各分野から1名ずつ，というバランスを考えたうえで，本年報への論文執筆をお願いしている。ただし政治史の分野を加えることができなかったことを，ここでお詫びしておきたい。

　本年報の執筆者が，各研究分野の「代表」というわけでないことはもちろんである。各分野における研究の発展は，そのような安易な「代表」を許さないであろう。にもかかわらず，私から執筆者の方々には，「その研究分野で今後発展すると思われる興味深いテーマに取り組み，そのおもしろさを，さらに若い世代に伝えるような論文を書いて欲しい」，とお願いした。その意味で，これは「21世紀の政治学」のためのショーウィンドーをめざした企画なのである。政治学が「若者を引きつける学問」であり続けることが私の希望であり，この特集が「次世代の研究者たらんとする若者たちに政治学の魅力を伝える」ための材料の一つとなれば幸いである。そのような目標がうまく達成できていないとしたら，それはひとえに編者としての私の責任であるが，各執筆者は私の難しい依頼に応えるような力作を寄せてくれたと考えている。

　以下，本年報の第1部である［特集］には，政治理論（田村哲樹），比較政治（近藤康史），日本政治（森正），公共政策（宮本融），政治思想史（小田川大典），国際政治（鈴木一人），の6分野から論文が寄せられており，最後に私（小野耕二）の論文を掲載させて頂いた。どの論文も，個別的研究テーマに関するこれまでの研究動向を踏まえながら，そこから新たな一歩を踏み出そうとする姿勢を打ち出すものとなっている。これらの論考の行く先に，21世紀の政治学の発展方向の一端を感じ取る読者がおられるとしたら，編者にとってこれほどの喜びはない。

　続く第2部である［論文］には，本年報委員会に属さない政治学会会員からの投稿論文を掲載している。本数は少ないものの，力作を投稿された山口二郎会員と奥健太郎会員とに感謝したい。しかし，「政治学会年報の年2回刊行」を決定した理事会の一員としては，投稿論文のさらなる増加に期待したいところである。このような年報刊行体制を維持し，さらには「年報」を季刊の機関誌へと発展させていく方向をも展望するためには，政治学会会員各位の貢献が不可欠と思われる。現時点では，このような望みは「非現実的」と思われるかもしれないが，会員数1600名を数えるに至った日本政治学会にとって，それは決して不可能なことではない。創刊後50

年にしてようやく新たな段階に進んだ本年報が，21世紀においてこの方向でさらに発展し続けることを，私は強く望んでいる。

　かつて政治学は，ディシプリンとしての確立の道を歩みつつも，「分割された学問 discipline divided」と称され，「中核的パラダイムの不在」と特徴づけられていた。21世紀初頭の現在においても，その状況に本質的な変化はないと思われるが，「新しい制度論」などの興隆の中で，対立するさまざまな理論潮流間の「共通項」を探る動きは強まってきており，また「グローバル化」と言われる状況の中で，国際的要因と国内的要因との相互作用を検討する議論も盛んになっている。政治学内部におけるこれらの新しい動きは多彩であり，この年報においてその全体像を簡潔な形で描き出すことは困難である。各研究潮流内での新たな試みや，その間での相互交流は，方法論的な検討や相互批判の作業の中でも進展していくであろうし，多面的な分析を必要とする具体的研究対象の経験的分析への試み，という作業を通じても進められていくのであろう。

　このような政治学上のさまざまな取り組みを行う上で，先行研究への尊敬の念と，真摯かつ率直な相互批判という作業は必要不可欠である。そして，この学問的共同作業の延長線上にこそ，21世紀における政治学の新たな地平が切り拓かれるものと確信している。本年報がその作業を開始するための契機となることを，編者として期待したい。そしてそれに続く活発な討論が，新たな形で刊行されることとなったこの『日本政治学会年報』の誌上で，引き続き繰り広げられていくことを期待してやまない。

　　　　　　　　2006年12月
　　　　　　　　　　2006年度第2号年報委員長　小野耕二

（追記：本年報研究会の立ち上げに際しては，日本政治学会から予算的支援を受けた。また，2006年度における年報研究会の開催の際には，科学研究費基盤研究B（研究代表者：小野耕二）の給付を受けた。さらに，加藤淳子会員には，副委員長格として年報委員会に参加して頂き，すべての討論に加わるだけではなく，各原稿へのコメントも頂いた。これらの点をここに記し，謝意を表しておきたい。）

日本政治学会年報　2006 – Ⅱ

目次

はじめに――21世紀の政治学を模索する　　　　　　小野耕二（3）

〔特集〕 政治学の新潮流
―21世紀の政治学へ向けて―

規範理論と経験的研究との対話可能性
　―熟議民主主義論の展開を事例として―　　　　田村哲樹（11）

比較政治学における「アイディアの政治」
　―政治変化と構成主義―　　　　　　　　　　　近藤康史（36）

「制度改革」の政治学
　―日本政治の変化をめぐる日本政治研究の展開―　森　正（60）

日本官僚論の再定義
　―官僚は「政策知識専門家」か「行政管理者」か？―　宮本　融（83）

崇高と政治理論
　―バーク，リオタール，あるいはホワイト―　　小田川大典（125）

グローバル化時代における政治的正統性
　―欧州統合を例にとって―　　　　　　　　　　鈴木一人（150）

「政治学の実践化」への試み
　―「交流」と「越境」のめざすもの―　　　　　小野耕二（178）

〔論文〕

戦後政治における平等の終焉と今後の対立軸　　　　　山口二郎　（202）

第2回参議院選挙と自由党
　　―参議院政党化の一分析―　　　　　　　　　　　奥健太郎　（226）

〔学会規約・その他〕

日本政治学会規約　　　　　　　　　　　　　　　　　　　　　（251）

日本政治学会理事・監事選出規程　　　　　　　　　　　　　　（253）

日本政治学会理事長選出規程　　　　　　　　　　　　　　　　（254）

日本政治学会次期理事会運営規程　　　　　　　　　　　　　　（255）

『年報政治学』論文投稿規程　　　　　　　　　　　　　　　　（256）

査読委員会規程　　　　　　　　　　　　　　　　　　　　　　（260）

Summary of Articles　　　　　　　　　　　　　　　　　　　　（263）

政治学の新潮流
―― 21世紀の政治学へ向けて ――

規範理論と経験的研究との対話可能性
―― 熟議民主主義論の展開を事例として ――

田村哲樹 *

はじめに

　20世紀中葉に政治学の経験科学化を力強く推進したD・イーストンが，アメリカ政治学会会長就任演説において「脱行動論革命」を謳ってから，既に30年以上が経過した。その「脱行動論革命」と前後して，J・ロールズの『正義論』が刊行され，価値判断に関わる「政治理論の復権」が言われるようにもなった。しかし，その後の政治学の展開を振り返るに，「脱行動論革命」や「政治理論の復権」以後，経験科学としての「政治科学（political science）」と規範的な「政治理論（political theory）」との分化はいっそう進行したのではないだろうか。

　このように書くと，次のような疑問も提起されるかもしれない。すなわち，第一に，そのような分化は特殊アメリカ合衆国の政治学に見られるもので一般化はできず，第二に，そのアメリカ政治学においてさえ，一部の学派を除けば，「政治科学」と「政治理論」とはその課題において共通性を有しているのだ，と[1]。

　もちろん，ヨーロッパの政治学とアメリカの政治学との間には，（その中身はともかくとして）依然として違いが存在するであろうし，「政治科学」と「政治理論」との間にいかなる共通性も存在しないとは考えられない。しかし，その一方で，ドイツの社会哲学者J・ハーバーマスもまた，その著書『事実性と妥当性』において，「今日の政治理論と法理論は，事実性に注目する陣営と妥当性に注目する陣営に分裂しており，ほとんど対話ができ

＊ 名古屋大学大学院法学研究科教員，政治学・政治理論

ない状態にある」と述べていることが注目される。すなわち,「社会的実在との接触を失う危険につねにさらされている規範主義的立場と,いっさいの規範的側面を消去してしまう客観主義的立場との分裂」が存在しているのである (Habermas 1992: 21=2002: 22)。ヨーロッパのハーバーマスにとっても,経験的研究と規範理論との分化は,無視し得ない状態として存在する。彼自身は,「社会学的法理論と哲学的正義論の両方の視座を包摂した再構成アプローチの形成」を自らの課題としている (Habermas 1992: 21-22=2002: 23)。しかし,そのようなハーバーマスの試みが,規範理論と経験的研究との間の分化を解消するものと見なされているとは言いがたい。むしろ,彼の理論は,「分化の解消」ではなく,あくまで「(批判的) 規範理論の再構成」の試みとして受け止められているであろう。

　それでは,経験的研究と規範理論の間での対話は不可能なのだろうか。私は,必ずしもそうではない,と考える。例えば,経験的な分野の研究者である河野勝は,これからの「政治経済学 (political economy)」について次のように述べている。

　「また,そもそも,人間の行動原理として,効率性とともに,公平性や平等といった価値を視野にいれたモデル化が必要であるという指摘もありうるであろう。こうした基本的価値の選択の問題は,これまで主流の経済学にも政治学にも必ずしも馴染まない公共経済学あるいは公共哲学といった研究分野において思索が蓄積されてきた。政治経済学がこれらの分野から知見を取り入れて,将来さらに大きく脱皮することは十分可能であるし,そうした方向へ発展を遂げることを筆者は個人的には大いに期待しているのである。」(河野 2006 : 45)

　ここで河野が,「政治経済学」が「基本的価値の選択」の問題について,規範的な分野からの知見を取り入れて,「将来さらに大きく脱皮する」ことを「大いに期待している」と述べていることは,経験的研究と規範理論との対話の一つの可能性を指し示すものと言えるだろう。

　本稿の課題は,21世紀初頭の現在において,政治学における経験的研究と規範理論との対話可能性を探ることである。そのような試みは,いくつかのトピックをめぐって,既に始まっている。直ちに思い浮かぶのは,「社

会関係資本（social capital）」や「信頼（trust）」についての研究動向である。これらの概念については，規範理論家と経験的研究者の双方が参入する形で，議論が行われている[2]。何より，社会関係資本の概念を一躍著名なものとした，R・パットナムの著作（Putnam 1993）そのものが，規範理論の知見を踏まえつつ，経験的な研究を展開したものである[3]。あるいは，近年のアカウンタビリティ研究においても，同様に，規範理論家と経験的研究者との対話が見られる[4]。

このようないくつかの試みを念頭に置きつつも，本稿では，近年の「熟議民主主義（deliberative democracy）」論の展開を事例として取り上げる。その理由の一つは，私自身がこの民主主義論を主たる研究テーマの一つとしてきたことに求められる（cf. 田村 2000-2001; 2004a; 2004b）。ただし，これだけでは事例選択の理由としては，消極的に過ぎる。もう一つの理由は，熟議民主主義論の展開過程に求められる。

熟議民主主義は，民主主義の核心を人々の相互熟慮と討論，すなわち熟議に求める考え方である。それは，J・シュムペーターやA・ダウンズによって定式化されたような政治エリートの競争と一般民衆による投票によって特徴づけられる民主主義のあり方，すなわち集計型民主主義（aggregative democracy）に対する，代替的な民主主義像として提案されてきた。それゆえ，熟議民主主義論は，もともと規範的な民主主義論としての性格が強い[5]。しかしながら，本稿で紹介するように，近年では，経験的な観点からの研究も多く見られるようになってきている。このような熟議民主主義論の展開過程を振り返るならば，そこに，規範理論と経験的研究との「対話」について，想定し得る諸類型の（全てと断言することはできないが）多くを見出すことができる。したがって，熟議民主主義論を事例とすることで，規範理論と経験的研究との区別を意識しつつ，両者がどのような形で交錯し，対話できるのかという問題について，一定の知見を得ることができると思われるのである。

なお，言うまでもなく，「交錯」「対話」と言っても，両者の安直な融合・統合は慎まなければならない。重要なことは，経験的研究と規範理論の互いの特性を尊重しつつ，どこまで問題の共有が可能なのかと問うことであろう。

ここで，本稿で用いる「経験的研究」と「規範理論」の用語の定義を示

しておくならば，次の通りである。まず，「経験的研究」とは，「実在（reality）」を解明・説明する研究およびそこから得られる一般化された命題としてのモデル・理論を指す。「(規範的) 政治理論 (political theory)」と区別される場合の，狭義の「政治科学 (political science)」の分野と言ってもよい。

　経験的研究は，いくつかの観点からさらに分類することができる。第一に，観察主義と演繹主義の違いである（Hay 2002）。前者は，観察可能なデータを基に一般化を目指す観察主義ないしは帰納主義的な科学観に基づく研究であり，後者は，一定の公理からの演繹的な推論としての科学観に基づく研究である。いわゆる「地域研究」や歴史研究，さらには「行動論」は前者の典型であり，合理的選択理論やゲーム理論は後者の典型である。もちろん，多くの研究や理論は，両者の折衷であり，観察主義と演繹主義はあくまで理念型である。第二に，キング／コヘイン／ヴァーバ（King et al. 1994=2004）の言うところの記述的推論型と因果的推論型の違いである。前者は，政治現象の状態を解明するものであり，「パターン認識型」（大嶽 2005），ヴェーバー型（Beyme 1996）とも呼ばれる。後者は，政治現象の因果関係を説明するものであり，デュルケム型（Beyme 1996）とも呼ばれる。

　次に，「規範理論」とは，政治に関する価値および／あるいは望ましい

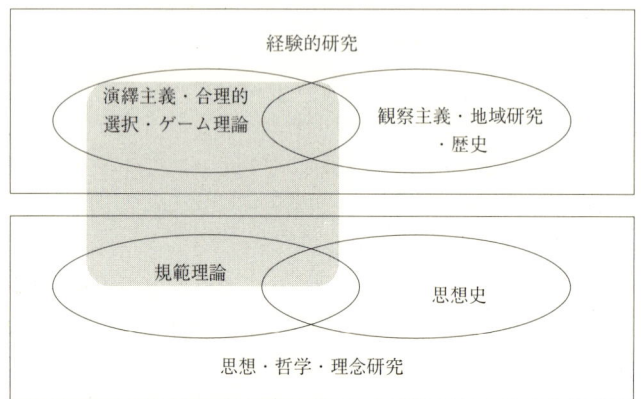

規範理論と経験的研究との対話可能性

（または望ましくない）政治秩序についての考察を指す。「政治哲学（political philosophy）」と呼ばれることも多く，思想家や思想のその当時の時代状況の中での精確な理解を志向する「（政治）思想史」とは区別される[6]。

以上を図示するならば，図のようになる。本稿で「対話可能性」を考えてみたいのは，主に網掛を施された領域ということになる。

第1節　熟議民主主義の経験的研究の展開

「はじめに」で述べたように，熟議民主主義論はもともと規範理論の分野における民主主義論として展開してきた。しかし，近年では，この民主主義についての経験的研究も登場してきている。A・ベクティガー（Bächtiger 2005: 12）が指摘するように，「熟議することは，単に哲学的領域に属するのではなく，現実政治においてもレリヴァンスを持ち得る」ようになっているのである[7]。

もっとも，一口に経験的研究と言っても，そこには異なる接近方法が見られる。ここでは，様々な熟議民主主義の経験的研究を，「はじめに」で言及した記述的推論（パターン認識）型と因果的推論型の二つのタイプに分け，それぞれのタイプの典型的な研究を取り上げる。この二つのタイプは，一般に経験的研究の代表的な方法と言えるが（cf. King et al. 1994: 7-8, 34＝2004: 7, 41-42），規範的な概念を経験的に研究する場合にも適用できるのである。

(1)　記述的推論（パターン認識）型

これは，熟議民主主義が実際にどの程度あるいはどのような形態で存在しているのかを問うタイプの研究である。言い換えれば，現実に存在する特定の民主主義の形態について，それを「熟議民主主義」として把握することを目指す研究である。

ここで注目したいのは，A・ファングとE・O・ライトが編集した『民主主義を深化させること（Deepening Democracy）』という論文集（Fung and Wright eds. 2003）で提起されている，「権限を付与された参加型ガヴァナンス（empowered participatory governance）」論（以下 EPG と略記）である。この論文集の序章において，彼らは，EPG を「熟議民主主義的実践の新しい，しかし広範に適用可能な事例」（Fung and Wright 2003a: 15）として位

置づけている。具体的には、それは何を意味するのか。ファングとライトは、EPG の原理として、次の三つを挙げている（Fung and Wright 2003a: 15-20）。第一に、特定の具体的な問題に焦点を当てる実践志向。第二に、当該問題に関係する一般の人々およびそれらに近い公職者の巻き込みを伴う、ボトムアップ型の参加。第三に、当該問題に対する「熟議的解決」の発生・発展。問題解決には、「熟議」以外にも、「命令と統制」「集計的投票」「戦略的交渉」があり得るが、「政党を動機づけ制度設計を特徴づける価値と規範として、EPG における熟議を特権化する」（Fung and Wright 2003a: 19-20）。ここに見られるように、ファングとライトは、様々な問題解決あるいは民主主義の形態の中で、明確に熟議民主主義への価値的コミットメントを示した上で、実際の民主主義の諸制度がどの程度このコミットメントを証明するかを経験的に検証しようとするのである（Fung and Wright 2003a: 20）。

このようなファングとライトの議論は、規範理論的な問題関心を経験的な研究に接続しようとするものである。そのことは、彼らが、EPG をこれまでの研究動向の中に位置づけるやり方にも見て取ることができる。彼らは、EPG の議論は、これまでの社会科学と民主主義理論における三つの潮流を発展させるものであると言う。その三つの潮流とは、①コミュニケーション、公共的正当化、熟議の実践と価値の分析、②市民関与や二次結社研究、③市民参加や参加民主主義論、である。これらの議論は、もちろん経験的にも行われてきたものであるが、第一義的には規範的な望ましい民主主義像の探求として行われてきたものである。

経験的研究への接続を意図する以上、十分な検証を経ていない命題についてのファングとライトの記述は、控え目なものである。彼らは、先に挙げた EPG の三つの原理（「実践性」「参加」「熟議」）を促進する改革においては、次のような三つの設計特性（design properties）も見られると言う（Fung and Wright 2003a: 20ff.）。それらは、①分権・権限委譲、②集権化された監督と調整、③国家制度の EPG 原理に沿った再形成、である。つまり、彼らは、EPG がその原理を十分に満たすためには、一方の分権化の推進と（設計特性①）、他方の公式の政治制度の果たすべき役割の明確化（設計特性②）と公式の政治制度そのものの改革（設計特性③）との両方が必要であると考えるのである。ただし、これらの設計特性について、ファングと

ライトは，経験的研究が「あまりに未成熟」であり，本当に「これらの特徴が熟議的な民主的アレンジメントにとって……必要であるのかどうかを明らかにすることはできない」ので，あくまで「観察および仮説」として提起されるものだと述べている(Fung and Wright 2003a: 20)。ここから，彼らの議論が経験性を十分に意識していることが窺われよう。

『民主主義を深化させること』においては，以上のようなファングとライトによる序章に続いて，四つの事例研究が収録されている。すなわち，ブラジルのポルト・アレグレにおける「参加型予算(participatory budgeting)」(Baiocchi 2003)，インド・ケララ州における分権化された計画策定(decentralized planning)(Thomas Isaac and Heller 2003)，アメリカ・シカゴにおける警察と公教育における「シカゴ・スタイル」の草の根ガヴァナンス(Fung 2003)，そしてアメリカにおける絶滅危惧種保護法における Habitat Conservation Plans (Thomas 2003) である。

各論文では，それぞれの EPG 制度の概略が紹介されるとともに[8]，それらがどの程度，EPG であるための諸条件を満たしているのかについて考察が行われている。例えば，G・バイオッチの論文 (Baiocchi 2003: 52ff.) では，実際の会議における不平等，熟議が市民社会の発展に及ぼす効果，そして熟議民主主義が成功するための制度的条件という三つの論点について，参加型予算の現状に照らした考察が行われている。また，ファングの論文(Fung 2003: 127ff.) では，シカゴ市の公教育と警察に関する EPG における，参加者の社会的・経済的バイアスが存在するか，ガヴァナンスが熟議ではなく官僚・公務員による支配の場になっていないか，EPG が公教育と警察業務の改善に及ぼす効果はどのようなものか，及び EPG 改革をめぐる政治的諸議論が検討されている。

確かにこれらの論点の中には，因果関係の解明に関わるものも含まれている。しかし，各論文が自覚的に因果関係の解明を中心的課題として設定しているわけではない。そのため，諸論文において重要な「なぜ」の問題が考察されていない，という指摘もある(Abers 2003)。また，ファングとライトは，縦軸を「トップダウン管理」か「参加による協働」か，横軸を「対抗権力(countervailing power)の程度」の強弱として，EPG を類型の一つとする4つの「ガヴァナンス・レジーム」パターンの類型化も行っている (Fung and Wright 2003b)。したがって，論文集の全体としては，パタ

ーン認識型の分析が中心であることは疑い得ないと言えるであろう。

(2) 因果的推論型

これに対して，熟議民主主義についての因果的推論型の経験的研究も存在している。熟議民主主義における因果関係の解明という時に，まず問題になるのは，いかなるレベルでの因果関係か，という点である。単純化して言えば，因果的推論型の研究と言っても，ミクロレベルの因果関係を問う研究とマクロレベルの因果関係を問う研究とに区別することができる。前者は，熟議がアクターに及ぼす効果を問う。このタイプの研究としては，例えば，熟議によって，規範理論が指摘するようなアクターにおける「選好の変容」は本当に生じるのかを実証的に解明するような研究が挙げられる。これに対して後者は，熟議によって，いかなる政治的結果がもたらされるのかを問う。このタイプの研究としては，例えば，熟議によって，規範理論が指摘するようなより公正な決定あるいはより正統性を持った決定を行うことが可能になるのかどうかを実証的に解明するような研究が挙げられる。

本稿では，紙幅の都合もあり，マクロレベルの因果関係を問う研究を取り上げる。具体的には，ヨーロッパ諸国の議会における審議を実証的に検討したJ・シュタイナーらの研究（Steiner et al. 2004）を中心に取り上げる。

シュタイナーらがあくまで経験的な研究を志向していることは，まず，その問題関心から窺うことができる。彼らは，もともとA・レイプハルトの「多極共存型民主主義」あるいは「コンセンサス・デモクラシー」に関心を抱いていた。しかし，その鍵概念である「調整の精神（spirit of accommodation）」は，曖昧さを含んだ概念であり，これまで操作化されてこなかった。この概念の提唱者であるレイプハルト自身の定義には，「取引（bargaining）」と「熟議」という二つの要素が含まれている。これが曖昧さの原因であり，両者は明確に区別されなければならない[9]。シュタイナーらは，このうちの熟議の要素に関心を寄せる。多極共存型民主主義は，政治が取引だけではなく，熟議の場でもあることを教えるのであり，後者の程度を実証的に研究することが彼らの課題なのである（Steiner et al. 2004: 15）。

シュタイナーらは，熟議民主主義を規範理論的にではなく，あくまで経験的に研究する。「我々は〔ハーバーマスのような——引用者註〕哲学者ではなく，経験的志向性を有する政治学者である」(Steiner et al. 2004: 5)。この点は，次のような叙述に，より明確に現れている。

　　「私たちのリサーチ・クエスチョンは，よいデモクラシーは多くの熟議を持つべきだ，ということではない。私たちは，むしろ，熟議による政治という概念が現実世界の政治における論争においてどのように測定され得るのか，そして高レベルの熟議の原因と結果とは何か，を問うのである。」(Steiner et al. 2004: 17)

　こうして，自らの関心が明確に経験的なものであることを示した上で，彼らは「熟議」概念の経験的操作化を試み，独自に考案された「言説の質指標(discourse quality index, DQI)」が提起される (Steiner et al. 2004: chap. 3)。その後，熟議を従属変数あるいは独立変数とした場合の因果関係を，それぞれ実証的に検証する作業が行われる。前者については，熟議にとって有利な条件の解明，すなわち，どのような制度配置の下で熟議が開花するのか，が関心の焦点となる。この関心の下に，六つの仮説が提示され，検証される[10]。後者については，熟議の政策アウトカムへの影響の解明，すなわち，熟議の質は，政治的アウトカムにとって重要な意味を持つのかどうか，が関心の焦点となる。この関心の下に，二つの仮説が提示され，検証される[11]。
　このように，シュタイナーらの研究は，熟議民主主義の規範理論の展開を十分に踏まえつつも，あくまでも経験的な方法に基づくものであり，かつ熟議をめぐる因果関係の実証を中心的な課題としているのである。もちろん，「言説の質指標（DQI）」の妥当性や検証方法等については，検討の余地があるだろう。また，彼らが議会における審議を検討対象としていることについても，異論の余地がある。熟議の場を国家に求めるか，社会に求めるかは，熟議民主主義論における重要な論点の一つである[12]。これらの論点については，今後も議論が必要であろう。とはいえ，シュタイナーらの研究が，規範理論と経験的研究との対話についての興味深い重要な試みの一つであることは確かであるように思われる。

第2節　規範理論における経験的契機

　他方，規範理論の側においても，近年，経験的な契機を意識した諸研究が登場してきている。それらは，大きく二つの類型に分けることができる。以下，順に述べよう。

(1)　熟議民主主義の制度構想

　第一に，熟議民主主義の制度を構想する研究がある[13]。ハーバーマス（Habermas 1992=2003）の提起する「二回路モデル」は，そのような試みの一つである。彼は，民主主義のプロセスを，「意思形成・決定」と「意見形成」とに区別する。「意思形成・決定」は，国家における「制度化された審議」によって行われ，最終的な意思決定は投票（多数決）によって行われる。しかし，国家における「意思形成・決定」のみでは，民主主義の条件を満たすことはできない。そのためには，市民社会内部の公共空間において「インフォーマルな意見形成」が行われ，それが「コミュニケーション的権力」となって，国家に媒介されることが必要なのである。

　二回路モデル論は，ハーバーマス自身の討議倫理（Diskurs Ethik）あるいは「システム」と「生活世界」についての哲学的議論を，制度レベルで具体化しようとした試みと言える。とはいえ，その具体化の程度は高いとは言えないため，モデルの細部については必ずしも明確ではない部分もある[14]。また，直ちに具体的な制度の立案を導くものでもない。

　これに対して，J・S・フィシュキンとB・アッカーマンは，より具体的な実践・構想を志向している。彼らは，実際にイギリス，アメリカ，オーストラリアなどで「熟議世論調査（deliberative poll）」の実験を行っている（cf. Fishkin 1995; Luskin, Fishkin and Jowell 2002）。これは，ランダム・サンプリングで選ばれた一般市民が，特定のテーマについて数日間集中的に熟議し，熟議の前後における参加者の選好の変化を調べるものである。これに対して，「熟議の日」は主要な国政選挙の2週間前に熟議のための休日を作ろうという提案である。当日，有権者たちは，近所の学校やコミュニティ・センターに集まり，一日かけて選挙の候補者に関する熟議を行なう。このような「熟議の日」の存在が，選挙運動のあり方を変化させ，人々はより市民的責務を自覚させると期待されるのである[15]。

(2) 経験的研究の知見の活用

　第二に，経験的研究の知見を規範理論に活かそうとするタイプの研究がある。ここでは，S・チェンバース（Chambers 2004）の研究を取り上げる。チェンバースは，「規範理論は，経験的研究から何事かを学ぶことができる」と述べ，規範理論における「パブリシティ（publicity）」概念の曖昧さを，経験的研究の知見で明確にすることができると主張している。

　多くの規範的な熟議民主主義論は，公共理性の重要性という認識では一致している。しかし，チェンバースによれば，人々に公共理性の使用を求める圧力は，二つの異なるメカニズムを経由して作用する。一方の「ソクラテス的」メカニズムと，他方の「民主主義的」メカニズムである。前者は，自分自身の信念や論拠をきちんと説明することである。後者は，自己の主張を公共利益の観点から表明することである。ソクラテス的要素は公共理性の「合理性」（すなわち公共「理性」）を強調するのに対して，民主主義的要素は公共理性の公共的性格（すなわち「公共」理性）を強調する，と言うことができる。ここから，「パブリシティ」の意味も，異なることになる。「民主主義的」要素との関連では，「パブリシティ」は「公衆に開かれた（in public）」という意味になる。他方，「ソクラテス的」要素との関連では，「パブリシティ」は「他者との対話」という意味になり，公開の場よりもむしろ非公開の場においてこそ達成され得る。

　チェンバースによれば，規範理論はこれまで，この公共理性・パブリシティの二つの意味を混同してきた。これに対して，熟議の経験的な研究は，規範的理論家たちを，熟議における「ソクラテス的」と「民主主義的」の二つの要素の分解，及び第三のタイプの理性概念の導入に導くという意義がある。その第三のタイプの理性を，チェンバースは，「国民投票的理性（plebiscitory reason）」と呼ぶ。これは，できるだけ多くの人々を喜ばせ，公衆の目にしっかりと決定的に現れようとすることである。したがって，そのアピールは，一般的であるが内実は疑わしく，推論は「浅い（shallow）」。

　チェンバースは，一方で，この「国民投票的理性」と「公共『理性』」を「ソクラテス的」次元の二つの類型とするとともに，他方で，「『公共』理性」と「私的理性（private reason）」を「民主主義的」次元の二つの類型として，その組み合わせで熟議の4類型を析出している。この類型化の妥

当性については別に議論が必要かもしれない。ただし，ここでは，チェンバースが，経験的研究の知見を踏まえることで，熟議民主主義における公共理性及びパブリシティ概念の精緻化を図っていることを確認しておけば足りる。

第3節「対話可能性」についての考察

ここまで，近年の熟議民主主義研究を事例として，規範理論と経験的研究がどのような形で対話可能であるのかを概観してきた。そこでは，「対話」のパターンが，①規範的概念がパターンとして存在していることを経験的に証明しようとする場合，②規範理論における因果関係を実証しようとする場合，③経験的な要素を規範理論に組み込もうとする場合，の三つに大別できることを示そうとした。

この点を踏まえつつ，本節では，より一般化・抽象化した次元で，結局「対話」はどこまで可能なのか，という点について，検討してみたい。

パターン①（記述的推論型研究）及びパターン②（因果的推論型研究）が示唆しているのは，経験的研究が「ア・プリオリな認識」を重要とする限りにおいて，規範理論と対話可能ということであると思われる。一般に，「科学的な」方法に基づく経験的研究と「非科学的な」規範理論とは，政治学の中でも，対極に位置するように思われるかもしれない。しかし，そもそも，両者が文字通りの「対極」に位置するのかどうかは，疑わしい。この点に関して，社会学者の冨永健一は，「現在数学と物理学はかがやかしい成功をおさめており，それに反して形而上学は侮辱の中にあるとカントはなげくが，じつは形而上学はア・プリオリな認識に立脚するという点で，数学および物理学と共通しているではないか。」（冨永 1984：37）と指摘している。すなわち，一方の形而上学ないし哲学と，他方の数学及び物理学は，「ア・プリオリな認識」からの演繹による論理展開という点では，共通しているのである。これを政治学の文脈に置き換えれば，一方の規範理論と，他方の演繹的傾向の強い経験的研究（及びその理論）との間には，推論方法においてある共通性が存在するということになる。政治学の経験的研究の理論において，最も演繹的傾向が強いのは，合理的選択理論あるいはゲーム理論であろう[16]。こうした演繹的傾向の強い経験的理論は，少なくとも推論方法という点において，観察やデータ収集に一義的な重要性を

認める経験的研究よりも，むしろ規範理論とより親和的であるとも言えるのである。

このような演繹的な経験的研究と規範理論との間に存在するある種の親和性を念頭に置けば，規範的概念を記述的ないし因果的に証明しようとする経験的研究が存在することも，実はそれほど不思議なことではない。経験的研究者からすれば，規範的な概念を「ア・プリオリな認識」として，そこから演繹的にモデルを構築し，それを検証することは，十分に考えられることだからである。だからこそ，本稿冒頭で紹介したように，経験的研究者である河野勝も，「人間の行動原理として，効率性とともに，公平性や平等といった価値を視野にいれたモデル化が必要であるという指摘もありうる」として，その方向への「期待」を表明するのである（河野 2006：45）。実際，M・リーヴィーなどは，合理的選択理論の効用最大化の想定を維持しつつ，「公正」などを「効用」として組み込むことを提案している（Levi 1997; Levi 1999）。また，E・オストロムの場合は，合理的選択理論に「規範（norm）」を学習する個人像を組み込もうとしている（Ostrom 1998: 9ff.）。彼女によれば，選好の変容は「生活からの特定の道徳的教訓の内面化」を意味する。熟議民主主義論においても，この選好の変容の問題は，「コンセンサス」の意味・形成の論理の解明とともに，規範理論と経験的研究との交錯領域となっている[17]。あくまで説明の変数としてとはいえ，このような形で，経験的研究者が規範的概念を用いる可能性＝対話の可能性は開かれている。規範理論と経験的研究との間の距離は，直感的に想起される程には遠くはないのである。

それでは，この「対話」が進んだ先に，どのような帰結を予想できるのであろうか。この問いに対しては，暫定的に二つの回答が想定可能である。第一は，規範理論と経験的研究という区別の発展的解消という方向性である。その具体化形態としては様々のものが考えられるであろうが，その一つとして，規範と経験との原理的な区別不可能性を主張し，そこから規範理論と経験的研究との区別不可能性を導く，という方向性があり得る。事実／価値の二分法を批判する代表的哲学者の一人であるH・パトナムは，私たちの使用している言語における個々の述語の次元において既に，「事実と（倫理的価値，美的価値，その他あらゆる種類の価値を含む）価値との，より深い絡み合いが見出される」と主張する。例えば，「残酷な」とい

う述語は，私が「あの先生は残酷だ」と述べる場合のように規範的に用いることも，歴史家が「その政権の残酷さが多くの反乱を引き起こした」と書く場合のように記述的に用いることもできる。このことは，「残酷な」という述語が「想定された事実／価値二分法を端的に無視する」ものであることを意味している（Putnam 2002: 34-35＝2006: 39-40）。このような理解に対しては，いくつかの反論が存在してきたが，パトナムによれば，それらはいずれも説得的ではない。例えば，当該述語を，「純粋に記述的な」成分と「態度的」成分とに「要素分解可能」だとする反論について，彼は「『残酷な』の『記述的意味』とは何であるかを『残酷な』という語やその同義語を用いずに述べることができない」として，これを退けるのである（Putnam 2002: 38＝2006: 44-45）。

　また，社会学者の盛山和夫は，20世紀における社会学諸理論の展開を概観して，社会学を純粋に経験主義的な科学として捉えることの不可能性を指摘する。彼によれば，「社会的事実とは，権利，義務，役割，責任，規範，手続，資格，価値あるいは，理念や信仰によって構成されているのであり，本来的に『規範的』」である。それゆえ，社会学者が純粋に「客観的な認識」を得ることは，非常に困難である。むしろ，社会学が目指すべきは，「いかなる意味世界が規範的に妥当するかの判断や，規範的に妥当するような新たな意味世界を構築することに内的に関わるということ」である（盛山 2006a：43-44）。

　これはいささかわかりにくい表現であるので，盛山の別の論文（盛山 2006b）を参照して，その示唆するところを明確化してみよう。彼は，社会学において「経験主義条件」（社会学的探求においては，観察によって経験的に確かめることが原則的に可能ではないものを，説明されるべき実体と見なしたり，それによって他のものを説明するための説明項に用いたりしてはならない）が広く是認されているものの，実際の社会学的研究においては，この条件を逸脱している例に事欠かないと言う。例えば，「クレイム申し立て」を経験的に研究するとしても，そもそも「何がクレイム申し立てかは，純粋に観察しうることだけからは決められない」のである。「たとえば，1960年代の若者の長髪は，クレイム申し立て（反抗）を表現していたのか単なるファッションだったのかは微妙だろう。そこに反抗を読み取ったのは，むしろ社会学者たちである。クレイム申し立てと読むかどうか

は，結局のところ社会学者たちの解釈なのである」(盛山 2006b：57)。このことが示しているのは，「社会科学なかんずく社会学の探求においては，経験的に観察できない物事について研究者自身による構築を避けることができない」ということである (盛山 2006b：57)。

しかし，盛山は，このことを問題点として考えているのではない。それは，社会学という学問が「対象世界とのコミュニケーション」を伴う営みであることを意味している。「人びとの行為の中に『クレイム申し立て』活動を同定することは，人びとの行為を支えている意味世界と対話し，人びとの意味世界を解釈しなおして，新たな意味世界を提示すること」である (盛山 2006b：57)。社会学とは，そのような「新たな意味世界」を構築し，提案する学問である。その時，社会学は，「経験科学であり規範科学でもあるような，いわば実践科学としてのみありうる」ことになるだろう (土場・盛山 2006：vi) (傍点は原文)。

パトナムや盛山のように，経験 (ないし事実) と規範 (ないし価値) との分離不可能性を主張することには，一定の説得力がある。しかし，だからといって，今後の社会科学あるいは政治学において，規範理論と経験的研究とが収斂・融合していくという保障は存在しない。たとえどれほど事実と価値が不可分であるとしても，経験的な研究者はその点を自覚した上で，可能な限り偏りのないリサーチ・デザインを模索するであろうし，規範理論の研究者は概念・事象の価値的な側面にできるだけ焦点を絞ろうとするであろう。

したがって，むしろ，第二の回答として，規範理論と経験的研究との棲み分けが続いていく可能性が高いと思われる。最終的に両者を分かつのは，「事実性」に対するスタンスの違いとも言うべきものである。経験的研究は，規範的な概念を，あくまで「変数」として扱う。「変数」は操作化され，最終的には，それが「実在」をよりよく説明できるかどうかによって評価される。少なくとも政治学では (cf. 河野 2006)，演繹主義的な方法論を採用する場合であっても，純粋に演繹のみで説明することは稀であり，またしばしば「実在」との乖離可能性が指摘される。それゆえ，演繹的なモデルと観察によるデータ (実在) との往復運動が推奨されることになる。つまり，経験的研究では，どのような理論・方法論を採用しようとも，「実在」との乖離，すなわち「非現実性」は問題であり，修正される必要がある。

これに対して，規範理論においては，「実在」との乖離が直ちに問題となるわけではない。少なくとも，当該理論が「非現実的」であることが直ちに理論の意義を貶めることにはならない。例えば，ハーバーマスの「理想的発話状況」概念は，そもそも「実在」そのものを把握するための概念ではない。ドライゼックが指摘するように，「理想的発話状況は，存在しないし，多様な意見と伝統が存在するこの世界では，明らかに存在し得ない。その理念（canon）は，現実世界において常に不可避的に侵害される」(Dryzek 1990: 36-37)。それでは，この概念には意味がないのかといえば，そうではない。「理想的発話状況」は，それとの比較で現実が比較され評価されるような，「反実仮想的理想（counter-factual ideal）」なのである。それは，現実がどの程度理想と異なるかを判断するための「批判的基準」なのである (cf. Dryzek 1990: 87)。シュタイナーらも，ドライゼックらの指摘を引用しながら，現実の討論は（熟議民主主義論の言うような意味での）「熟議」ではないと指摘する研究に対して，次のように述べている。

　　「そのような慎重な注釈は，経験的には確かに正しい。しかし，それは，熟議の理論家たちが実際には熟議の理念型を発見することを期待しているわけではない，という点を見失っている。熟議の政治を経験的に研究するためには，熟議の理念型は，決して完全に到達されることのない直線の最終地点として理解されなければならない。したがって，経験的な問いは，特定の政治的論議がどの程度熟議の理念型から隔たっているか，ということである。」(Steiner et al. 2004: 18)

　経験的な研究のリサーチ・クエスチョンがシュタイナーらの挙げるもので尽きているとは思われない。しかし，ここで重要なことは，彼らが規範理論にとっての概念の意味，そしてそれを現実的／非現実的という基準で評価することの非妥当性を指摘していることである。ここに，規範理論と経験的研究との分水嶺が存在する。だからこそ，両者は容易には収斂しないと思われるのである。
　ただし，シュタイナーらの主張は，同時に，事実性をめぐる認識が異なっていてもなお，規範理論と経験的研究との間に全く対話が成立しないわけではない，ということも示唆している。彼らの研究は，「反実仮想的理

想」という考え方を媒介として規範理論と経験的研究とが結びつく可能性を示しているからである。実際，P・E・テトロックとA・ベルキンは，経験的研究において「反実仮想（counterfactual）」が重要な推論方法の一つであることに注意を促している。彼らによれば，社会科学が「推論」を伴う以上，反実仮想の方法は不可欠である。「我々が反実仮想を回避できるとすれば，それは，あらゆる因果的推論を避け，実際に起こった出来事についての厳密に非因果的な物語に自らを限定する場合のみである」（Tetlock and Belkin 1996: 3）。もちろん，テトロックとベルキンは，経験的な研究者として，反実仮想の方法は「何でもありの主観主義」と混同されてはならず，「究極的な社会科学の諸目標」に貢献するものでなければならないことを主張する（Tetlock and Belkin 1996: 17）。すなわち，反実仮想は，あくまで，現実をよりよく説明するための推論方法なのである。したがって，反実仮想の方法を用いることが，経験的研究と規範理論の一致を導くことはない。しかし，シュタイナーらの研究が示すとおり，妥当な反実仮想を設定する際に規範理論の知見が活かされる，という形での対話の可能性は存在しているのである[18]。

おわりに

本稿は，熟議民主主義論を事例として，規範理論と経験的研究との対話可能性を考察した。少なくとも現時点において，両者の収斂を展望することは困難である。規範理論と経験的研究は，その方法論，とりわけ「事実性」をめぐる認識において，明確に異なっているからである。

ただし，本稿は，両者の差異のみを強調したいのではない。第一に，本稿の考察は，各分野の方法論・特性を基盤としつつ，共通の問題について論じることが可能であることも示し得たのではないかと思われる。一方の経験的研究からは，規範的概念を変数として操作化することによって。他方の規範理論からは，制度の構想や経験的知見の摂取などによって。第二に，方法論のレベルでも，規範理論と経験的研究との間に全く接点がないとは言えない。とりわけ，経験的研究における「反実仮想」の方法の導入は，それが「より望ましい状態」として想定される場合には，規範理論との接点が開かれることを示唆している。

かくして，規範理論と経験的研究との「対話」が進展するとすれば，特

定のトピック，問題に焦点を定めた（issue-oriented）研究を，「望ましい状態」をも視野に入れつつ，進める場合であろう。本稿の考察は，熟議民主主義がそのようなトピックの一つとしての可能性を有していることを示している[19]。ただし，「対話」の延長線上に「統合」への展開を展望することには，慎重であるべきである。重要なことは，あくまでそれぞれの立場・方法論を基礎としながら，かつ相互に尊重しながら，他の領域へと「越境」[20]を図ることである。このような態度によってこそ，規範理論と経験的研究との「対話」は進展してゆくのではないだろうか。

(1) ロールズらの政治哲学と行動論的な政治学との共通性について，伊藤（1999 143-148）を参照。なお，「一部の学派」として挙げられるのは，シュトラウス学派である。この点に関して，Almond (1996) も参照。
(2) その一端は，McLean, Schultz, and Steger eds. (2002), Edwards, Foley, and Diani eds. (2001), Warren ed. (1999) などの論文集から窺い知ることができる。いずれにおいても，規範理論と経験的研究の両分野の研究者が寄稿している。
(3) 日本では，坂本治也が社会関係資本について，やはり両分野を見据えた形で研究を展開している（坂本 2003；2005）。ただし，彼の場合は，次第に経験的な，とりわけ計量的な実証研究へと力点をシフトさせているようである。
(4) 例えば，Przeworski, Stokes, and Manin eds. (1999) を参照。日本においても，『早稲田政治経済学雑誌』第364号，2006年において，規範理論と経験的研究の研究者が寄稿した「特集　アカウンタビリティ研究の理論と実証」が組まれている。これは，日本政治学会2005年大会における分科会「アカウンタビリティ研究の理論と実証」における報告論文および討論を加筆修正してまとめたものである。
(5) 本稿では，紙幅の都合もあり，熟議民主主義とは何かという問題には，これ以上立ち入らない。様々な民主主義論の中には，熟議民主主義の乗り越えを図る，といったタイプの議論も存在するが（cf. Shapiro 2002），民主主義論という土俵における熟議民主主義の位置づけを論じることが目的でもない。熟議民主主義についての概観を得るには，Cohen (1989), Bohman and Rehg eds. (1997), Dryzek (2000), Elster (1998), Habermas (1992=2003), Gutmann and Thompson (2004), Young (2000: chap. 1) などを参照。
(6) ただし，「政治理論」と「政治哲学」を区別する見解も存在する。また，規範理論ないし政治理論と思想史との区別については，例えば，小野

（2005）を参照。
（7） 日本において，熟議民主主義の経験的研究の必要性を説くものとして，小川（近刊）を参照。
（8） 日本における研究では，参加型予算について，松下（2006），横田（2005）など，ケララ州の試みについて，松田（2004）などがある。これら以外の様々な熟議民主主義の具体的形態については，Gastil and Levine eds. (2005) や小川編（近刊）に所収予定の諸論文を参照。なお，R・E・グッディンとJ・S・ドライゼックは，近年の様々な熟議民主主義的な制度を「ミニ・パブリクス（mini-publics）」と呼んだ上で，それらと「マクロ・ポリティクス（macro-politics）」との関連の仕方という観点から，類型化を試みている（Goodin and Dryzek 2006）。また，Smith (2003: chap. 4) は，熟議民主主義の制度設計論の重要性を指摘し，環境問題に即しつつ，熟議民主主義制度の三つのモデル（利害関係者の媒介，市民フォーラム，市民イニシアティブ・レファレンダム）を検討している。
（9） このような区別は，熟議民主主義論において標準的と言ってもよい。例えば，エルスター（Elster 1998: 5）は，集合的意思決定の方法を，「投票」「取引」「討論（arguing）」の三つに区別している。
（10） 6つの仮説は，次の通りである（Steiner et al. 2004: chap. 4）。①競争的システムよりも，コンセンサス・デモクラシーにおいて議会における熟議は促進される。②議会における熟議のレベルと拒否点・拒否権プレイヤーの数との間にはポジティブな関係がある。③議院内閣制よりも大統領制において，より熟議が存在する。④熟議の質は下院よりも上院で優れている，⑤非公開（non-public）のアリーナは公開（public）のアリーナよりも，高レベルの熟議が見られる。⑥両極化している争点よりも両極化していない争点において，高レベルの熟議が見られる。検証の結果，得られた結論は，制度設計は熟議の質にとって重要な意味を持つ，熟議を促進する制度的特徴とそうでない制度的特徴とは峻別可能である（コンセンサス型，拒否権プレイヤーの存在，上院での議論，非公開のアリーナといった制度的特徴は，熟議を促進する），などである（Steiner et al. 2004: chap. 5）。
（11） 二つの仮説とは，⑦統一された決定（純粋なコンセンサスあるいは reasoned compromise）は，高レベルの熟議が行われる場合に，よりもたらされやすい（結果の形式的な次元），⑧平等主義的な決定は，高レベルの熟議が行われる場合に，よりもたらされやすい（結果の実質的・内容的な次元），である（Steiner et al. 2004: chap. 4）。検証の結果，得られた結論は，高レベルの熟議はコンセンサスをもたらす可能性が高く，熟議懐疑論者の見解は悲観的すぎること，平等主義的な結果については確かにその蓋然性は増すものの，形式的な次元（コンセンサス形成の可否）ほど明確ではな

いこと，である（Steiner et al. 2004: chap. 6）。
(12) 例えば，ファング／ライトのEPG論は，国家以外の場所における熟議民主主義を見出そうとする試みである。M・ウォーレン（Warren 2002: 174）は，社会レベルに注目することこそが熟議民主主義論の新しさであり，重要性であると主張している。これに対して，議会における熟議民主主義研究の意義を主張するものとして，例えば，Bächtiger (2005: 14) などを参照。本文で後述するハーバーマス（Habermas 1992=2003）の「二回路モデル」などは，国家と社会の両方を視野に入れた熟議民主主義の制度化構想と言える。この論点に関して，田村（2004b: 148-151）も参照。
(13) 本項の記述内容は，田村（2004b：149-153）と重複している。
(14) 二回路モデルの不明確性の指摘として，Squires (2002) などがある。また，その制度的イメージを可能な限り具体化しようとしたものとして，例えば，丸山（2004）を参照。
(15) 「熟議の日」の詳細については，Ackerman and Fishkin (2004), Ackerman and Fishkin (2003) を参照。私自身は，田村（2004b：152-153）で紹介している。なお，そこでは実施日を選挙の「1週間前」と記しているが，これは「2週間前」の誤りであった。「熟議世論調査」と「熟議の日」との違いについては，Ackerman and Fishkin (2004: 65-73) で論じられている。ただし，理論的に最も大きな違いは，「代表」をめぐる問題であろう。すなわち，熟議世論調査がランダム・サンプリングとはいえ，あくまで「代表」を対象にしているのに対して，熟議の日では有権者全員が対象として想定されている点が異なる（Ackerman and Fishkin 2003: 12, 26-30; 田村 2004b：152）。
(16) C・ヘイ（Hay 2002: 47）は，「合理主義」「合理的選択制度論」「歴史的制度論」「構築主義」「ポスト行動論」「行動論」の6つの理論について，合理主義と行動論を両極とするスペクトラム上に位置づけている。つまり，合理主義が最も演繹的であり，行動論が最も帰納的である。
(17) 選好の変容やコンセンサスをめぐる議論の一端としては，例えば，Dryzek and Niemeyer (2006), Fearon (1998), Johnson (1998), Knight and Johnson (1994), Przeworski (1998), Stokes (1998) などを参照。
(18) 同様の指摘として，大黒（2006）を参照。
(19) 実際，熟議民主主義の論文集においても，しばしば，経験的な研究者と規範理論家の両者の寄稿が見られる。例えば，Elster ed. (1998) は，そのようなタイプの論文集である。
(20) この用語については，本年報の小野耕二論文及び小野（2001）における使用を念頭に置いている。ただし，私の場合は，小野の言う「交流」の意味も含めている。

<参考文献>

Abers, R. N. (2003) "Reflections on What Makes Empowered Participatory Governance Happen," in Fung and Wright eds. (2003).

Ackerman, B. and Fishikin, J. S. (2003) "Deliberation Day," Fishkin, J. S. and Laslett, P. eds., *Debating Deliberative Democracy*, Blackwell.

Ackerman, B. and Fishkin, J. S. (2004) *Deliberation Day*, Yale University Press.

Almond, G. (1996) "Political Science: The History of the Discipline," in Goodin and Klingemann eds. (1996).

Bächtiger, A. (2005) *The Real World of Deliberation: A Comparative Study of Its Favorable Conditions in Legislatures*, Haupt.

Baiocchi, G. (2003) "Participation, Activism, and Politics: The Port Alegre Experiment," in Fung and Wright eds. (2003).

Beyme, K. von (1996) "Political Theory: Empirical Political Theory," in Goodin and Klingemann eds. (1996).

Bohman, J. and Rehg, W. eds. (1997) *Deliberative Democracy: Essays on Reason and Politics*, The MIT Press.

Chambers, S. (2004) "Measuring Publicity's Effect: Reconciling Empirical Research and Normative Theory," paper presented at the Conference on Empirical Approaches to Deliberative Politics, European University Institute, Florence, May 21-22.
http://www.iue.it/SPS/People/SwissChairPdfFiles/PaperChambers.pdf

Cohen, J. (1993) "Deliberation and Democratic Legitimacy," in Hamlin, A. and Pettit, P. eds., *The Good Polity*, Blackwell.

大黒太郎（2006）「政治過程論はなぜ『アカウンタビリティ』に関心を持つのか？——3論文へのコメント」『早稲田政治経済学雑誌』第364号。

土場　学・盛山和夫（2006）「第4巻　はしがき——公共社会学の構想へむけて」土場　学・盛山和夫編著『正義の論理——公共的価値の規範的社会理論』勁草書房。

Dryzek, J. S. (1990) *Discursive Democracy: Politics, Policy, and Political Science*, Cambridge University Press.

Dryzek, J. S. (2000) *Deliberative Democracy and Beyond Liberals, Critics, Contestations*, Oxford University Press.

Dryzek, J. S. and Niemeyer, S. (2006) "Reconciling Pluralism and Consensus as Political Ideals," *American Journal of Political Science*, Vol. 50, No. 3.

Edwards, B., Foley, M. W., and Diani, M. eds. (2001) *Beyond Tocqueville: Civil Society and the Social Capital Debate in Comparative Perspective*, Tufts University.

Elster, J. (1998) "Introduction," in Elster ed. (1998).
Elster, J. ed. (1998) *Deliberative Democracy*, Cambridge University Press.
Fearon, J. D. (1998) "Deliberation as Discussion," in Elster ed. (1998).
Fishkin, J. S. (1995) *The Voice of the People: Public Opinion and Democracy*, Yale University Press.
Fung, A. (2003) "Deliberative Democracy, Chicago Style: Grass-roots Governance in Policing and Public Education," in Fung and Wright eds. (2003).
Fung, A. and Wright, E. O. (2003a) "Thinking about Empowered Participatory Governance," in Fung and Wright eds. (2003).
Fung, A. and Wright, E. O. (2003b) "Countervailing Power in Empowered Participatory Governance," in Fung and Wright eds. (2003).
Fung, A. and Wright, E. O. eds. (2003) *Deepening Democracy: Institutional Innovations in Empowered Participatory Governance*, Verso.
Gastil, J. and Levine, P. eds. (2005) *The Deliberative Democracy Handbook: Strategies for Effective Civic Engagement in the 21st Century*, Jossey-Bass.
Goodin, R. E. and Dryzek, J. S. (2006) "Deliberative Impacts: The Macro-Political Uptake of Mini-Publics," *Politics & Society*, Vol. 34, No. 2.
Goodin, R. E. and Klingemann, H. eds. (1996) *A New Handbook of Political Science*, Oxford University Press.
Gutmann, A. and Thompson, D. (2004) *Why Deliberative Democracy?*, Princeton University Press.
Habermas, J. (1992=2002) *Faktizität und Geltung: Beitrage zur Diskurstheorie des Rechts und des demokratischen Rechtsstaats*, Suhrkamp.（河上倫逸・耳野健二訳『事実性と妥当性——法と民主的法治国家の討議理論にかんする研究［上］［下］』未來社）
Hay, C. (2002) *Political Analysis: A Critical Introduction*, Palgrave.
伊藤恭彦（1999）「シュトラウス・ロールズ・プルーラリズム——20世紀政治哲学の衰退と再生」日本政治学会編『年報政治学1999　20世紀の政治学』岩波書店。
Johnson, J. (1998) "Arguing for Deliberation: Some Skeptical Considerations," in Elster ed. (1998).
King, G., Keohane, R. O. and Verba, S. (1994=2004) *Designing Social Inquiry: Scientific Inference in Qualitative Research*, Princeton University Press.（真渕勝監訳『社会科学のリサーチ・デザイン——定性的研究における科学的推論』勁草書房）
Knight, J. and Johnson, J. (1994) "Aggregation and Deliberation: On the Possibility of Democratic Legitimacy," *Political Theory*, Vol. 22, No. 2.

河野　勝（2006）「政治経済学とは何か」河野　勝・清野一治編著『制度と秩序の政治経済学』東洋経済新報社。

Levi, M. (1997) "A Model, a Method, and a Map: Rational Choice in Comparative and Historical Analysis," in Lichbach, M. I. and Zuckerman, A. S. eds., *Comparative Politics: Rationality, Culture, and Structure*, Cambridge University Press.

Levi, M. (1999) *Consent, Dissent, and Patriotism*, Cambridge University Press.

Luskin, R. C., Fishkin, J. S. and Jowell, R. (2002) "Considered Opinions: Deliberative Polling in Britain," *British Journal of Political Science*, Vol. 32.

丸山正次（2004）「J・ハーバーマスにおける『第三の道』──合意を盾にとる法変革理論」DAS研究会編『ドイツ公法理論の展開』尚学社。

松田真由美（2004）「地方自治における住民参加のあり方──インド・ケーララ州における住民による開発計画づくりの事例」『TORCレポート』（（財）とっとり政策総合研究センター）23号。

松下　冽（2006）「ブラジルにおける参加・民主主義・権力──労働者党とローカル政府への参加型政策」『立命館国際研究』第18巻第3号。

McLean, S. L., Schultz, D. A., and Steger, M. B. eds. (2002) *Social Capital: Critical Perspectives on Community and "Bowling Alone"*, New York University Press.

小川有美（近刊）「熟議＝参加デモクラシーの比較政治研究へ」小川編（近刊）。

小川有美編（近刊）『ポスト代表制の比較政治学──熟議と参加のデモクラシー』早稲田大学出版部。

小野耕二（2001）『比較政治』東京大学出版会。

小野紀明（2005）『政治理論の現在──思想史と理論のあいだ』世界思想社。

Ostrom, E. (1998) "A Behavioral Approach to the Rational Choice Theory of Collective Action: Presidential Address, American Political Science Association, 1997," *American Political Science Review*, Vol. 92, No. 1.

大嶽秀夫（2005）「『レヴァイアサン世代』による比較政治学」日本比較政治学会編『日本比較政治学会年報7　日本政治を比較する』早稲田大学出版部。

Parkinson, J. (2006) *Deliberating in the Real World: Problems of Legitimacy in Deliberative Democracy*, Oxford University Press.

Przeworski, A. (1998) "Deliberation and Ideological Domination," in Elster ed. (1998).

Przeworski, A., Stokes, S. C. and Manin, B. eds. (1999) *Democracy, Accountability, and Representation*, Cambridge University Press.

Putnam, H. (2002=2006) *The Collapse of the Fact / Value Dichotomy and Other Essays*, Harvard University Press.（藤田晋吾・中村正利訳『事実／価値二分法の崩壊』法政大学出版局）

Putnam, R. D. (1993) *Making Democracy Work: Civic Traditions in Modern Italy*, Princeton University Press.

坂本治也（2003）「パットナム社会資本論の意義と課題――共同性回復のための新たなる試み」『阪大法学』第52巻第5号。

坂本治也（2005）「地方政府を機能させるもの？――ソーシャル・キャピタルからシビック・パワーへ」『公共政策研究』第5号。

盛山和夫（2006a）「規範的探求としての理論社会学――内部性と構築性という条件からの展望」富永健一編『理論社会学の可能性――客観主義から主観主義まで』新曜社。

盛山和夫（2006b）「理論社会学としての公共社会学にむけて」『社会学評論』第57巻第1号。

Shapiro, I. (2002) "The State of Democratic Theory," in Katznelson, I. and Milner, H. V. eds., *Political Science: The State of Discipline*, W. W. Norton & Company.

Smith, G. (2003) *Deliberative Democracy and the Environment*, Routledge.

Squires, J. (2002) "Deliberation and Decision Making: Discontinuity in the Two-Track Model," in d'Entreves, M. P. ed., *Democracy as Public Deliberation*, Manchester University Press.

Steiner, J., Bächtiger, A., Spörndli, M. and Steenbergen, M. R. (2004) *Deliberative Politics in Action: Analysing Parliamentary Discourse*, Cambridge University Press.

Stokes, S. C. (1998) "Pathologies of Deliberation," in Elster ed. (1998).

田村哲樹（2000-2001）「現代民主主義理論における分岐とその後――制御概念のアクチュアリティ(1)～(3・完)」『名古屋大学法政論集』第185, 187, 188号。

田村哲樹（2004a）「熟議民主主義とベーシック・インカム――福祉国家『以後』の公共性という観点から」『早稲田政治経済学雑誌』第357号。

田村哲樹（2004b）「民主主義の新しい可能性――熟議民主主義の多元的深化に向かって」畑山敏夫・丸山仁編著『現代政治のパースペクティブ――欧州の経験に学ぶ』法律文化社。

Tetlock, P. E. and Belkin, A. (1996) "Counterfactual Thought Experiments in World Politics: Logical, Methodological, and Psychological Perspectives," in Tetlock, P. E. and Belkin, A. eds., *Counterfactual Thought Experiments in World Politics: Logical, Methodological, and Psychological Perspectives*, Princeton Uni-

versity Press.
Thomas, C. W. (2003) "Habitat Conservation Planning," in Fung and Wright eds. (2003).
富永健一（1984）『現代の社会科学者——現代社会科学における実証主義と理念主義』講談社。
Warren, M. E. (1999) *Democracy and Trust*, Cambridge University Press.
Warren, M. E. (2002) "Deliberative Democracy," in Carter, A. and Stokes, G. eds., *Democratic Theory Today: Challenges for the 21st Century*, Polity Press.
横田正顕（2005）「『上からの民主化』とローカル・ガヴァナンス——ブラジル『参加型予算』（Orcamento Participativo）の熟議論的考察」日本比較政治学会2005年研究大会報告。
Young, I. M. (2000) *Inclusion and Democracy*, Oxford University Press.

比較政治学における「アイディアの政治」
――政治変化と構成主義――

近藤康史＊

1　課題と目的

　政治の転換点をどのように読み解きうるか。冷戦の崩壊やグローバル化，EUに代表される地域統合の進展，一国政治においては福祉国家の変容や政治体制の転換などが，現象レベルで目撃され，政治分析の中心的対象になりつつある。この状況の下，比較政治学においても，これらの「政治変化」を説明しうる理論枠組の必要性が高まっている。

　既存の比較政治理論はどの程度その要請に応えられるだろうか。例えば，近年の比較政治を席巻してきた理論枠組として新制度論の諸潮流が挙げられることに異論は少ないであろうが，上記のような状況の下で，近年ではその限界も指摘されている。「制度論は一般的に言って，政治変化の説明においては困難に直面する」（Lieberman, 2002: 698）のような指摘は枚挙に暇がない。日本においても，「制度の生成や存続，あるいは制度の変化を論じる上で，政治的ダイナミクスを考慮に入れることが必要」（河野：2002）といった批判が見られる。

　一例として，福祉国家研究を見てみよう。福祉国家も近年再編期にあり，その変化の説明や変容の位相の把握は，比較政治学において大きなテーマとなっている。その中で，グローバル化の進展を説明変数とした「福祉国家の縮小」の議論や，拒否点の存在など各国の制度編成を説明変数として「縮小」の進展の差異を浮かび上がらせようとする「福祉国家の新しい政治」（Pierson, 2000）の試みなどが見られる。しかし，これらの研究潮流にもいくつかの問題点が指摘しうる。第一に，国際経済の変化や各国の制度配置

＊　筑波大学大学院人文社会科学研究科教員，比較政治

を説明変数とするため，そもそも福祉国家の変化を駆動した政治的要因は何かが十分に考慮されず，「政治的ダイナミクス」の欠如へとつながる点。第二に，その結果として「縮小」のような量的変化に関しての分析にとどまり，政策内容にまで踏み込んだ質的変化の説明に欠ける点である（近藤，2006）。この領域においても，「政治的ダイナミクス」を含む形で変化を説明し，その変化の質的側面をも視野に入れることのできる比較政治理論が求められている。

このように，「政治変化」をいかに説明するかは，比較政治学における重要な理論的課題となっていると言えよう。これらの課題を念頭に置き，本稿では「アイディア」の要素に注目した比較政治理論を取り上げ，その可能性を考えていきたい。「アイディアの政治」と呼ばれる潮流は，日本では端緒的な注目にとどまるが[1]，世界的に見れば「アイディアという変数を用いた研究は，軽視の時代を経て，近年の政治学のアジェンダの最前線に戻りつつある」(Berman, 2001: 231)，「政治学や政治研究に『アイディアを取り戻す』挑戦は，そのディシプリンが現在直面する中心的な争点である」(Lieberman, 2002: 697) といった評価がなされるなど，注目が広がりつつある領域である。

ここで「戻る」「取り戻す」という表現が使われているように，そもそも政治学史上，「アイディア」は重要な一要素であった。しかし行動論以降の展開の中で，比較政治学においても，合理的選択論や新制度論の一部のような，分析の客観性や「法則定立性」を目指す理論が重視され，「解釈」や「認知」といった「主観的要素」としての性格を免れない「アイディア」は，次第に軽視されるに至った。しかし近年，「政治変化」への分析的関心を契機として，再び「アイディア」を説明変数とする比較政治理論への注目が広がりつつある。しかも，社会科学の方法上「アイディアの政治」と親和的と思われる「理念主義」や「解釈主義」の立場をとる論者からのみならず，それとは対抗的な基盤に立つ，合理的選択論など「実証主義」「客観分析」を志向する論者からも注目を集めているのである[2]。

以上のように「アイディアの政治」は，様々な方法的立場をとる論者の間で注目を集めつつある。その理由の一つは，「変化」を「政治的ダイナミクス」を含む形で分析する可能性に定められるだろう。政治において「アイディア」の存在が重要な位置を占めること自体は，何ら新しい発見では

ない。しかし「アイディアの政治」の本質はそういった「アイディア」の存在自体への着目に尽くされるものではなく，構成主義的に政治変化が導き出される過程に焦点を当てることによって，「政治的ダイナミクス」を含む政治分析が可能となる点にある。この可能性を探ることが本稿の第一の課題である。

しかしながら，「アイディアの政治」の理論は，それを志向する論者自身からもたびたび指摘されるように，各研究者がそれぞれの分析対象に対して独自に研究を進めるという性格が強いため，必ずしも体系的な理論が存在するわけではない。本稿では，これまでの「アイディアの政治」の研究蓄積に言及しながら，理論的な体系化を試みることでその分析的な核を取り出し，現在の到達点を検討することを第二の課題としたい。

2 「文化主義」の系譜と「アイディアの政治」

(1) 文化主義の系譜

「アイディアの政治」の最も基本的な特徴は，人々に共有された主観的／間主観的な考え方や認識，すなわち「アイディア」を政治変化の要因とし，分析対象間の収斂や差異がなぜ生じたのかを分析する点にある。その方法的立場は，リックバックの分類に従えば，共有価値や規範，間主観性を政治分析の軸とし，「人々が行為する際の解釈，意味，重要性の間主観的な網の目に関する重厚な描写を通じて，一般的な物語を超えようとする」「文化主義」の系譜に位置づけられる（Lichbach, 2001:13）。

こういった「アイディアの政治」の発想自体は決して新しいものではない。「アイディアの政治」の論者自身がしばしば言及するように（Goldstein/Keohane, 1993），古くはヴェーバーの『宗教社会学』における「転轍手」の議論，すなわち「『理念』によってつくりだされた『世界像』は，きわめてしばしば転轍手として軌道を決定し，その軌道の上を利害のダイナミックスが人間の行為を推し進めてきたのである」（ヴェーバー, 1972: 58）という議論とも共通性が見られる。比較政治学やその隣接領域においても，広範な「文化主義」の系譜が存在する中，「アイディアの政治」は何を固有の特徴とするのであろうか。

比較政治学における「文化主義」の典型として，アーモンド／ヴァーバ

に代表される「政治文化論」が挙げられる。彼らは，「民主主義体制の定着と安定にとって重要な要因は何か」という問題に関し，選挙権や政党の存在といった公的な制度だけではなく，各国の市民間での「文化」の共有を，主要な説明変数として取り上げる（Almond/Verba, 1963）。この方法はイングルハートの「脱物質主義的価値論」（Inglehart, 1977）や，近年ではパットナムの社会関係資本論(ソーシャル・キャピタル)にも受け継がれている（Putnam, 1993）。

この研究は，選挙権を持つ人々の範囲や政党の数といった量的な指標だけではなく，「政治文化」という民主制の質的側面をも解明した点に意義を持つが，次のような批判もある。第一に，その政治文化と各国民主制との関連が不明確であり，政治文化についての単なる描写にとどまるという批判である（例えば，山田，2002）。前述したように，このような問題を抱える政治文化論が軽視の憂き目にあったのは，その後の比較政治学において，独立変数と従属変数との間での因果性を重視する傾向が高まったことと無関係ではない。

第二には，イングルハートやパットナムの研究も含め，「構造主義」的色彩が強く，行為者への視点が弱い点が挙げられる。例えばイングルハートの議論においては，一定の社会変動が脱物質主義的価値観への変動を引き起こし，それが政治変動の要因となる。したがって，その基点的要因は「社会変動」である。アーモンド／ヴァーバの場合は，政治文化の「共有」から出発する点において，文化自体が構造的に捉えられる。これらは「文化主義」に位置づけられるが，その中でも「構造主義」により近いと言えよう。その結果，これらの研究において「政治」は，構造的な「社会」や，あらかじめ共有された「文化」に規定され，政治そのもののダイナミクスは後景へと退けられる傾向がある。

その後に比較政治学の一大潮流となった新制度論も，その一部は「文化主義」に位置づけられうる。新制度論にも様々な潮流が存在するが（Hall/Taylor, 1996），歴史的制度論の一部は「制度形成や変化における制度的変数とアイディア的変数との間の相互作用」（Thelen/Steinmo, 1992: 1）に焦点を定めた。また社会学的制度論は，規範や慣習の社会的共有を，政策の同型化や差異の要因とする（DiMaggio/Powell, 1991；伊藤，2002）。共有された価値や規範は，これらの潮流でも説明変数としての役割を与えられているのである。

しかしながら，これらの潮流にも次のような限界が指摘できる。歴史的制度論の場合は，制度とアイディアとの相互作用を目指しながらも，そのアイディアを一定の政策的帰結につなげるチャンネルとして，制度構造が要因として働いたことをより強調する（例えばWeir, 1992）。主要な独立変数はあくまで制度であって，アイディアそのものの変形的な力は限定的に捉えられ，補完的な役割にとどめられる（Blyth, 2002: 20）。また，社会学的制度論の多くは，規範や慣習の「共有」（＝制度）を所与とし，それらによってアクターの行動が規定・制約される側面を強調することで，やはり「構造主義」的な傾向を持つ（例えばKatzenstein, 1993）。その結果「規範」の共有は所与とされ，「規範」がアクターの行動を規定するとの論理がとられるが，それらがどのようにアクターに受容，あるいは共有されたかは明確でなく，その「規範」の持つ政治的影響力が十分に明確化されないのである。

以上のように，従来の文化主義の系譜においては，①因果性への志向を欠く傾向があり，その文化の持つ政治的影響力が十分に析出されない，②文化や規範の「共有」を所与あるいは出発点として捉えるため，構造主義的な規定性の問題を免れえず，「政治的ダイナミクス」を欠く，という問題が存在したと言える。この二点は同一の課題を共有している。つまり，その説明変数となる「文化」や「規範」がどのように「共有」され，政治変化に対して影響力を及ぼしたのか，そのプロセスを含む分析方法の構築が課題となるのである。

(2) 「構造」から「構成」へ

「文化」や「規範」などの間主観的要素の影響力を析出しながら，このような「構造主義的」傾向からの脱却を図る方法の確立は，比較政治学だけではなくその他の学問領域でも共通の課題となり，様々な理論が生み出されてきた。

第一に，「言説理論（ディスコース）」の展開が挙げられる。言説理論はもともと言語学から始まった理論であるが，現在では多くの社会分析に広がり，政治分析にも応用され始めている（例えばHowarth et al., 2000; Howarth / Torfing, 2005）。「言説理論」の内部にも様々な潮流が存在するが，その発展の契機の一つとなったのは，マルクス主義的な構造決定論への対抗であった

(Laclau/Mouffe: 1985)。構造は「決定不可能性」を抱えているため，主体のアイデンティティは構造的に規定されるのではなく，意味的に浮遊する存在となる。したがって特定の社会構造や主観的利益を，社会的・政治的に特権化された出発点として設定することはできない。それらの意味やアイデンティティを暫定的であれ確定するのが言説であり，主体は言説的に「構成」される。この「構成」は常に権力を伴う形で実行されるため，権力関係を軸とした「政治」が優位に立つものとして捉えられるのである。

　第二には，社会運動論を中心として社会学で展開されている「フレーミング論」である。フレーミング論は，社会運動の発生や成否は，単に社会変動や機会構造といった構造的要因に規定されるのではなく，その参加者が「自身の生活や世界一般の出来事を，『位置づけ，認識し，同一化し，分類する』ことを可能にする『解釈の図式』」(Snow et al., 1986: 464) を与えられることによって初めて，社会運動が構成され，多くの支持者を獲得し成功するとする。したがって社会運動の成否は，「集合行為を正当化し動機付けるような，世界や自己に関する共有理解を形成する，人間集団による意識的な戦略的努力」としての「フレーミング」(McAdam et al., 1998: 6) に依存している。この理論は，参加者の間での認知的過程を重要視し，「解釈の図式」が参加者の間で「共有」され拡大する過程と戦略に焦点を当てることにより，動態的な分析を可能にした。

　第三には，国際関係論における「コンストラクティヴィズム」の展開が挙げられる。国際関係論において，国家を唯一確立された主体とし，その「利益」に基づいて分析を行う「合理主義」ないし「実証主義」が大きな影響力を持ってきた。それに対しコンストラクティヴィズムは，国家というアクターとその利益自体が，何らかの規範的要素によって「構成」されている点を強調し，その「規範(ノルム)」の間主観的な共有の観点から，国際関係を分析する (Wendt, 1999)。この中で，「アクターの適切な行動に関する集合的期待」としての「規範」(Katzenstein, 1996: 5) は，国家などのアクターの行動を「構成」するとともに，それらのアクターの行動によって国際構造や制度も「構成」される。コンストラクティヴィズムは，「認知過程」や「間主観性」といった要素に着目しつつ，構造と主体との間の相互構成性を論じることによって，政治的ダイナミクスを包摂しようとするのである。

　比較政治学の隣接領域において生み出されたこれらの理論枠組は，「言

説」「フレーム」「規範」と呼び名こそ異なるものの,ある間主観的要素を,それぞれの分析対象を解明する主要な説明変数にしている点で,比較政治における「文化主義」の系譜と同様の方法的立場をとる。しかし前項で扱った「文化主義」の系譜が「文化」の「共有」を出発点とし,その意味で構造主義的色彩も強かったのに対し,これらの諸理論は,間主観的要素が主体の戦略的行為によって「共有」を拡大する過程を重視し,その「構成」的影響力によって結果を説明するという点に決定的な重要性を持つ。同じく間主観的要素に着目しながらも,その主体的な構成性に重点を置くことにより,構造主義的傾向を克服するとともに,動態的な変化の説明を射程に入れるのである。

こういった隣接領域での動向に直接的・間接的な影響を受けながら,比較政治学においてこの「構成」性に力点を置いた分析を目指すのが「アイディアの政治」であると思われる。逆に言えば,比較政治の文化主義の系譜にあって「アイディアの政治」が固有の特徴を持つならば,それが単に「アイディア」という間主観的要素を説明変数として取り込んだという点ではなく,その「アイディア」がいかに様々なアクターの間で「共有」され,ある政治的結果がいかなる形で「構成」されたかに着目する点,そしてその「構成」の結果として政治変化の動態的な分析を可能にする点に求められなければならない。

したがって「アイディアの政治」で重視されるのは,第一にアクターの役割である。ゴールドシュタインとコヘインによれば,アイディアとは「個人によって保有されている信念」(Goldstein/Keohane, 1993: 3) であり,ベルマンは「アイディアは,あるアクターと結びつくときにのみ,政治に影響力を及ぼしうる」(Berman, 1998: 21) とする。「アイディア」とは,あらかじめ共有が前提とされるものではない。そうではなく,当初はある一部のアクターのみに保有されていたアイディアが,多くのアクターへと「共有」されていく過程こそが,結果を説明する鍵となるのである。

しかし,共有過程が重要ということだけであれば,豊かな権力資源を持ったアクターが影響力を行使し,そのアイディアを拡大していくこともありうる。その場合,古典的な多元主義との違いは明確ではない。「アイディアの政治」において重視されるのは,その共有過程が,アクターがあらかじめ持つ権力資源の面からではなく,「アイディア」そのものが「影響力」

の源泉となる点から説明される点にある。したがって第二に重要となるのは、その「共有」や「構成」へと向けた、「アイディア」そのものの「影響力」である。

「アイディア」はいかなる影響力を持っているのであろうか。例えばシュミットは、そこには認知的機能と規範的機能があるとする。認知的機能とは、「現在の諸問題に対して効果的な解決」を提供するという点からその正統性を得る機能であり、規範的機能とは、「国家的価値の観点からその適切性を証明すること」を通じて、正統性を得る機能である。これらの機能が働いた時、そのアイディアへの同意を通じて「共有」が進行するとされる（Schmidt, 2002: 213）。ほぼ同様の機能を、ゴールドシュタイン／コヘインは「因果的信念」と「原則的信念」という形で提示している（Goldstein / Keohane, 1993: 8f.）。いずれにしろ、そのアイディアの備える「適切性」（Risse, 2002: 602）こそが影響力の源泉となって、「共有」が拡大されると見る点は、「アイディアの政治」の論者の間でも合意がある。

したがって、「アイディア」そのものが内包する「影響力」の観点から、アクター間での「共有」過程を軸に、政治的結果の「構成」を分析する理論、これが「アイディアの政治」が備える固有の特徴であると言えよう。この構成性への着目の結果、質的側面も含めて政治変化を説明する可能性があらわれるのである。

3 「アイディアの政治」の理論

「アイディアの政治」は以上のような固有の特徴と可能性を持つが、これまで試みられてきた「アイディアの政治」の諸研究は理論的に言って必ずしも一枚岩ではない。むしろ、「これまでのアイディア的変数を用いた諸研究は、部分部分の寄せ集めでしかなかった。……それらの知見の一般化可能な結びつきは、希薄であり乏しい」（Berman, 2001: 231）との評価もある。法則定立性や演繹性を重視し、方法主導的な傾向を持つ「実証主義」学派に対して、「アイディアの政治」は個別事例研究的かつ帰納的で、結果、対象主導的な傾向を持つ「理念主義」学派に近いため、そのことが理論的体系化を妨げてきたと言えるだろう。本節では、これまでの「アイディアの政治」の研究蓄積に分け入り、できる限り体系化しながら、前節で導き出した可能性を検討していきたい。

(1) アイディアはなぜ重要なのか？——アイディアの影響力

　いかなる場合に「アイディアが重要である The Idea matters」と言えるのであろうか。政治変化を引き起こす要因はアイディア以外にも様々考えられるが，どのような場合に説明変数としての「アイディア」の個別の重要性が析出されるのであろうか。

　まず，「帰無仮説」(King/Keohane/Verba, 1994) の存在から「アイディア」の重要性を導き出す方法がある。例えばジャクソンは，「なぜ1950年代に突如として急速な脱植民地化が生じたのか」という問題に関し，脱植民地主義という規範的アイディアの拡大を決定的な要因とする。この問題に関しては，各国の経済的利益やパワー・ポリティクスの観点からの説明も想定されうる。しかし1935年と1955年を比較した場合，利益やパワーの点では大きな変化はなく，それでも脱植民地化が起きている点からすれば，対抗仮説である「アイディアの政治」は，より妥当性を持つものとして浮かび上がる (Jackson, 1993)。

　この方法は，ある要因を説明変数として浮かび上がらせる基本的な手続きの一つとして，「アイディア」という要因に注目する場合にも，多くの論者が基礎とするものである。しかしこれだけにとどまる場合，「アイディアが重要であった」ことは理解しうるが，「アイディアはなぜ，どのように重要だったのか」という問題には答えてはいない。つまり，「アイディア」はどのような影響力を持ったのか，という問題が残るのである。

　この問題を考えるにあたっては，まず「合理的選択理論」の側から「アイディア」に注目した研究を参照するのが良いだろう。ギャレット/ワインガストは，ECにおける単一欧州議定書 (SEA) の締結を，諸国家の単純な「合理的選択」からは説明できない事例とする。各国の利得上，このような協力関係が生じることは自明ではないし，SEAという一つの均衡に収斂するかどうかも流動的である（複数均衡の存在）。彼らは，SEAが一つの均衡となった理由として，欧州司法裁判所という制度が，各国が協力した場合の利得を上昇させるとともに，裏切りの相互監視を可能にする「共有された信条体系」を生み出し，それが「フォーカル・ポイント」として機能したことを挙げる (Garret/Weingast, 1993)。

　このギャレット/ワインガストの研究は，基本的には合理的選択制度論

の中に足場を置きつつも，制度が生み出す「共有された信条体系」を媒介項として，各国間の協力の形成を論じている。「アイディア」は各アクターの利得を誘導し，「集合行為問題」を解決する。「なぜアイディアが重要か」という問題に対して，「フォーカル・ポイント」としての機能が析出されたのである。ただし，この研究において「アイディア」は，国際司法裁判所という制度によってあらかじめ共有されたものとして提示され，その生成や共有のプロセスが明確でないため，構造主義的な性格を残すとともに，アイディアの存在が外生的であり，付随的・補助的な役割にとどまる(Blyth, 2002: 26; Lieberman, 2002: 699)。

これらの問題を抱えるとはいえ，「フォーカル・ポイント」という術語を用いるか否かに関わらず，ある「アイディア」の存在がアクター間の協力や連合形成の鍵となり，その結果政治変化が生じたとする見方は，一つの軸となる。マクナマラは，やはりECの事例を取り上げつつ，なぜ加盟各国は欧州通貨制度(EMS)の形成に成功したのかを論じている。彼女は，それ以前に試みられた「スネーク」の失敗と，このEMSの成功とを比較し，その決定的要因は「ネオ・リベラル」のアイディアにあったと結論づける。スネークの時期においては，ケインズ主義的なアイディアが各国において主流であったため，財政出動を可能とする一国レベルでの政策的自律性がもたらす利益の方が，国際的な通貨協力によるそれを上回ると認識され，結局スネークは破綻した。しかしEMSの形成期においては，通貨の安定性などを強調する「ネオ・リベラル」のアイディアが各国間でコンセンサスとなったため，為替変動範囲の固定に関しても広く同意が得られたとするのである(McNamara, 1998)。

この場合，なぜそのアイディアは共有されたのであろうか。マクナマラは，そのアイディアが次のような機能を持ったためだとする。つまり，①問題の定義，②その問題に対するオルタナティヴ的な解決策の供給，③政策の効果の証明の三つである(Ibid.:6)。この場合，①経済的停滞の原因をケインズ主義に求め，②マネタリズムの理論が新たな解決策として提示され，③通貨緊縮政策を取りつつ経済も良好である西ドイツの経験が，それらの政策の効果の証明として機能した。マクナマラは，アイディアが上記のような条件を満たした場合，政治変化の要因となる影響力を備えるという理論的含意をも導き出したのである。

しかし，このような機能を備えた「アイディア」が伝播し共有に至ることは自明であろうか。影響力はあくまで相対的に測られるものであり，ある機能を備えた「アイディア」が常に最も強い影響力を行使するとは限らない。つまり，いかなる機能を備えた「アイディア」であれ，それが共有されるかどうかは別の考察を要する問題である。マクナマラはこの点を直接的に結び付けてしまうことによって，自動的な波及・伝播という論理に陥り，「アイディアの効力がどのように生じるのかを，明確に理論化していない」（Blyth, 2002: 23）という批判を受ける結果となる。結局，あるアイディアが影響力を持ちえたかどうかは，そのアイディアの存在や内容自体だけで測ることはできない。いかなる対抗や共鳴といった「政治的ダイナミクス」を持つプロセスを経て，それが多くのアクターの間で共有され，新たな制度の形成に至ったかという点の理論化が必要となる。

(2) アイディアはどのように重要なのか？──「共有」の過程と選好変容

この論点に関してまず取り上げるべきは，シキンクによる試みであろう（Sikkink, 1991）。彼女は1950～60年代のブラジルとアルゼンチンの経済政策を取り上げ，前者では「開発主義」と呼ばれる経済政策が成功したのに対し，後者では失敗したのはなぜかを論じている。

彼女によれば，この「開発主義」のアイディアの存在それ自体が，両国の間の分岐の要因となったわけではない。なぜならこのアイディアはブラジルにおいてもアルゼンチンにおいても，政治的リーダーのレベルでは受容されたからである。分岐の要因は，どのようにそのアイディアがその他のアクターに「共有」され，正統性を獲得したかにある。

したがってシキンクは，この「開発主義」というアイディアと国内政策過程に関わる重要なアクターとの間での共鳴関係，およびそれに基づく連合形成の過程に焦点を当てる。例えば，ブラジルにおいては，この「開発主義」アイディアが同国の「ナショナリズム」と接合される形で定義されたため，一国的な工業発展から利益を得る国内産業団体との間でもそのアイディアが共有され，広範な連合形成がなされたのに対し，アルゼンチンにおいては，同様のアイディアが逆に海外資本を重んじる「コスモポリタニズム」と接合されて定義されたため，国内の産業団体からの支持を十分に獲得できなかったなど，国内アクターの間での「共有」が進まなかった

のである。

　両国の分岐の要因は、ある機能を持ったアイディアの「存在」それ自体ではなく、そのアイディアが他のアクターに共有されていく「過程」にある。シキンクは、この共有や連合形成の過程を中心として、あるアイディアが成功するか否かは、他のアクターの「利益」との関係にあるとする。「アイディアは、利益についての認識を変容させる」(Ibid.: 243) のであり、アイディアを通じて他のアクターの選好を変容させることにより、そのアイディアへの「共鳴」を獲得し共有を広げていく戦略的行為がその成否を分ける。

　シキンクはこういった「選好変容」に理論的には注目しつつ、実際の分析においては、連合形成の過程が、そのアイディアが既存の利益といかに「合致」したか、したがって既存の利益に合致する形でそのアイディアがいかに定義されたかにとどまる傾向がある[3]。しかし、アイディアが受け手のアクターの側の「選好変容」をもたらすことによって、その共有が拡大されるという見方は、その後の研究においても鍵的な要素となりつつある。

　ホールは、アイディアを説明変数とした政治研究を行う場合、この「選好形成」こそを最も重要な要素に位置づける。アイディアは「アクターの物質的利益に関する認識を構成し、物質的諸力と緊密に相互作用するもの」(Hall, 2005: 131) であり、したがって選好は、「アクターが、世界やその中に自身が置かれる状況に関し、解釈を試みる過程を通じて発展する」(Ibid.: 136)。特に、アクターの利益は多元的・重層的に存在するのであり、どの利益を重視するかという重み付けは、アイディアによってなされる。

　彼は、欧州通貨統合（EMU）に対する英仏独の対応の相違を、アイディアによる国家の選好形成の相違、特に多元的な利益の中でどれを重視するかという「重みの設定」の観点から分析している。例えば、フランスの場合は「ドイツ封じ込め」「為替レートに関する主権の維持」「ヨーロッパ経済の発展」などの複数の選好のうち、通貨統合というアイディアが、「ドイツ封じ込め」による利益の達成と「ヨーロッパ経済の発展」を可能にするものとして機能した。それに対し、イギリスの場合は、「ドイツ封じ込め」を英米同盟の観点から可能にする文脈があった上に、ナショナリズム的なアイディアの観点から「為替レートに関する主権」の選好が重視された。通

貨統合のアイディアは「ヨーロッパ経済の発展」という選好を浮かび上がらせるにとどまった。このように，複数ある選好の間でどれに「重み」を置くかに関しアイディアが機能し，政策的分岐につながっている。

しかし，連合形成へと向けた戦略的行為の成否のポイントが「選好形成・変容」にあるならば，これらの「アイディア」の受け手となる主体へと視点を広げる必要も生じる。どのような場合，いかなる形で受け手の側は「選好」を「変容」させるのだろうか。

「アイディア」を説明変数としながら，1930年代における「埋め込まれた自由主義」制度の形成と，80年代以降におけるその解体について，アメリカとスウェーデンの比較を行ったブライスは，これらの選好変容が生じる前提条件として，既存の制度が「不確実性」を高め，各アクターの選好が「揺らぎ」の状態に入る過程を重視する。その不確実性を減少させるためにいかなる制度が望ましいかについてアイディアが不在，ないしは競合する状況となり，その中にあるアクターにとっては，どのアイディアに従えばどのような利益が得られるのかが不明確な状況となる[4]。30年代の大恐慌時のアメリカはこの「不確実性」の状況にあり，その中で「経済の働きを描写し体系的に説明する解釈フレームワーク」としての経済的アイディアが複数登場し，いかにその不確実性を減少させるかをめぐって競合した。この不確実性は単に社会構造の客観的変化によって生じるのではない。既存の制度を支えるアイディアの矛盾や非有効性を暴き，それを脱正統化する競合的アイディアの存在によって，この過程は開始されたり強められたりするのである（Blyth, 2002: 36f.）。

この中で，どのアイディアが優位になるかは，アクターの不確実性の認識を縮減しながら，揺らぎの状態にある受け手の選好を定義・変容することに成功し，多くのアクターとの間での連合形成をなしえたか否かによる。また，この連合形成いかんで，その後に形成される制度の強さや性格が分岐する。例えば，大恐慌以後のアメリカにおいては，「経済成長主義」のアイディアの優位の下，政府とビジネスとの間での連合形成が可能となったが，農業セクターは排除され，また労働側とも限定的な連合形成にとどまる。したがってアメリカは限定的な「埋め込まれた自由主義」の制度となり，その後に現れる「ネオ・リベラル」のアイディアに対して脆弱となる。他方スウェーデンでは，労働者と農業セクターの選好とが同列に形成され，

連合形成が行われた。したがって，ビジネス・労働・農業の強固な連合が形成され，完全雇用などをより強調する「埋め込まれた自由主義」の制度が形成されるとともに，その後の「ネオ・リベラル」のアイディアに対してもより強固となった。

これらの過程において，アイディアは，一方で既存の制度を攻撃し脱正統化する武器となり，他方で新たなアイディアの下に連合形成を可能にする点で，それ自体「政治権力」(Hall, 1989) の源泉として変形的な力を持つ。しかし一般の「武器」が，人間の手によって用いられたとき初めてその効力を発揮するように，「アイディア」もまた，あるアクターの戦略的行為と結びついた時にのみ，その影響力を発揮しうるのである。

このブライスの理論は，「選好変容」の生じる条件をスペシファイしつつ，連合形成など本稿でもこれまで重視してきた過程を統合することで，「アイディアの政治」を現時点で最も体系化したものと評価できる。不確実性の中でのアイディアの発生や競合，アイディアを用いた選好変容と連合形成・共有の過程を重視し，そのアイディアの持つ影響力を析出しながら制度形成・変化，政治変化を説明する。「アイディアの政治」とは，単に「アイディア」に着目したこと自体ではなく，「アイディア」という要因によってこれらの過程を明らかにする点にその固有の特徴があり，「構成性」を特に重視する理論であると言える。

また，このようにブライスの議論が特に体系性を備えている理由の一つは，アイディアと，利益や構造との関係性を重視している点にあると思われる。「アイディア」という要因はそれ自体だけで機能を発揮するわけではない。あるアクターの戦略的行為により，他のアクターの選好を形成し変容させる過程（利益との関係）や，社会構造的な変化を「不確実な状況」として解釈する過程（構造との関係）においてこそ，「アイディア」の影響力が浮かび上がるのであり，利益や構造との関係はその不可欠な条件であると言えよう。

(3) 「アイディア」は，どのような条件の下で重要となるのか？
　　——アイディアと制度

しかし，「アイディア」と「構造」との関係の観点から言えば，もう一つ考察されるべき論点が残されている。つまり，「アイディア」はどのような

回路を通じその効力を発揮するのか，またその回路によっては効力に差異が生まれるのではないかという問題であり，それは制度との関係という論点を与えている。

「冷戦はなぜ終焉したのか」という問題を，ソ連の外交政策の変化とアメリカ・西ドイツの対応を取り上げ分析したリセーカッペンは，その要因は国内的・国境横断的な知識共同体によって生成された「アイディア」にあるとした。しかしそれらのアイディアは各国において異なる形で受容されており，その要因は各国の政治制度にある。したがってアイディアのみでその分析を完結させることは不可能であり，政治制度のような構造的要因を盛り込むことが不可欠と結論づける（Risse-Kappen, 1994）。

確かに，これまで見たように「アイディアの政治」においては，多くのアクターの間でそれが共有され「正統化」される過程が重要なポイントとなるが，その正統化の過程には一定の手続き的ルールが関わっており，アイディアが効力を発揮するか否かにおいて，これらの制度を踏まえることが重要となる。例えばブライスの研究では，80年代以降の「自由主義の脱埋め込み化」の進展において，アメリカとスウェーデンの間で違いも見られるとされる。その理由として，その「ネオ・リベラル」のアイディアが世論レベルにまで浸透したか否かが挙げられるが（Blyth, 2002: 246），なぜその違いが生じたかについては言及されていない。問題となるのは，そういったアイディアが，エリート・レベルから大衆レベルにまでいかに拡散されるかという伝達の回路であり，ここには一定の制度的要因も絡む。

したがって，「アイディアの政治」と「制度論」との理論的接合が，「アイディアの政治」の理論的発展を目指す上で重要な課題となろう。しかし他方で，「アイディアの政治」に制度的要因を組み込むことは，困難を伴う課題でもある。なぜなら「制度」を説明要因として組み込むことは，理論的発展性につながる可能性とともに，その方法によっては，これまで「アイディアの政治」が追求してきた，「内生的要因としてのアイディアの析出がいかにして可能か」という問題や，アイディアを武器とした行為者の戦略に焦点を当てることで構造主義的発想を脱却し「政治的ダイナミクス」を含む説明を可能にするという特徴を，振り出しに戻してしまう危険性も持つからである。

例えば，先に取り上げたシキンクは，ブラジルとアルゼンチンとの間で

アイディアの拡大が異なったもう一つの要因として，国家官僚制に代表される国家制度の相違を挙げる。ブラジルの場合は強力に中央集権化された国家を持ち，特に「開発主義的アイディアは，技術的解決や経済を国家が方向付けるということを強調するため，ブラジル固有の『自律的官僚制』のエートスと特に共鳴」(Sikkink, 1991: 12) した。それに対し，アルゼンチンでは国家が相対的に弱く，組合や政党といった勢力の影響を強く受けるため，開発主義プログラムが有効に具体化されなかったとされる (Ibid.: 22)。

しかしこの分析は，両国の差異の要因を，結局のところアイディアではなく，国家や官僚制といった「制度」構造に帰してしまう。彼女は自身の方法を単なる「アイディアの政治」ではなく「制度－解釈アプローチ」と名づけているが(Ibid.: 26)，それは彼女がこの点を自覚していることのあらわれでもあろう。「アイディア」に着目しつつも，結局は制度という外生的要因に説明変数としての決定性を付与してしまう危険性は常に存在する。

このように，「アイディアの政治」に制度的要因を組み込むことは，一方で大きな困難性をはらむ。しかしながら，正統化の回路としての「制度」的要因を，「アイディアの政治」に組み込むことは，その理論的発展を考える上では不可欠の課題でもある。アイディアと制度とを，どちらかを特権化することなく，統合的かつ内生的な説明変数とすることはいかに可能であろうか。

ここで注目したいのは，シュミットの試みである。彼女は，「諸政策アクターが，ある政策プログラムを生み出したり正統化したりする努力において，相互に語り合ったり，大衆に向けて語られる内容全て」(Schmidt, 2001: 210) と定義される「言説」に注目するが，それは二つの意味を含む。第一に「一連の政策アイディアや価値」，すなわち内容としての「言説」であり，これは本稿で扱っている「アイディア」と同義とみてよい。注目すべきは第二の意味であり，シュミットによればそれは「その利用に関して，政策の公式化とコミュニケーションへと向けた，相互行為の過程」であり，その過程は，制度的文脈の中に位置づけられなければならない (Schmidt, 2004: 184)。「内容」と「相互行為」，この二つが結びついたとき初めて，「言説」の因果的影響力は明らかになる (Schmidt, 2002: 6)。

あるアイディアに基づき何らかの政策プログラムが形成される場合，そ

れがどのようなコミュニケーション的相互行為を経て正統化されるかは，常に「言説の制度」に依存しているのであり，あるアイディアの「共有」を目指す戦略的行為も，この制度の存在によって変わりうる。シュミットは代表例として，「伝達的言説」と「調整的言説」の二つを挙げる（表1）。前者は一般大衆に向けて政策の必要性と適切性について説得を試みる過程であり，後者はより政策形成に近いアクター間での共通の観念的フレームを与える過程,すなわちエリート間での合意を形成する過程である(Schmidt, 2001: 230; Schmidt, 2004: 198)。この二つの組み合わせによって，各国の言説の制度は構成されており，例えばイギリスは単一アクターシステムとして伝達的言説の要素が強く（図1），逆にドイツのように連邦制をとる国家では，多元的アクターシステムとして，調整的言説が重要となる（図2）。

　これらの言説の「制度」は，例えばシキンクの例で挙げた「自律的な官僚制」のような国家の制度能力や，歴史的制度論の言う経路依存性とは異なる (Schmidt, 2004: 188)。ここで重視されているのはあくまで，どのような相互行為を通じて選好変容を伴いつつ「アイディア」の共有が生じるかという過程そのものであり，それがどのような回路を通じて行われるかである。これまで見てきたように,「アイディアの政治」において最も重視されるのはその「共有」を通じた正統化の過程であり，共有を可能にするのはアクター間の相互行為である。この相互行為を保証する回路がいかに形成されているかが，そのアイディアの影響力や，アイディアの影響力を高める戦略的行為に影響を与えていると言えよう。シュミットは各主観の間に広がる相互行為に焦点を当てることで,「間主観的要素」としてのアイディアにより内生的な形で，制度的要素を組み込んだと言えるのではないだ

表1　言説の相互行為の次元

機能	アクター	対話者	アイディアの生成者	目的	形態
調整的	政策アクター	相互	知識共同体	政策プログラムの構築	政策アクターの討議・熟慮のための言語や枠組みを付与
			言説連合	合意達成	
			アドボカシー連合		
			政策企業家		
伝達的	政治的アクター	公衆	政策アクター	公衆への伝達	公的討議や熟慮のためにアクセス可能な言語へとプログラムを翻訳
			政治的企業家	情報の指針や正当性の供給	

(Schmidt, 2002: 231)

図1　単一アクターシステムにおけるアイディアと言説のフロー

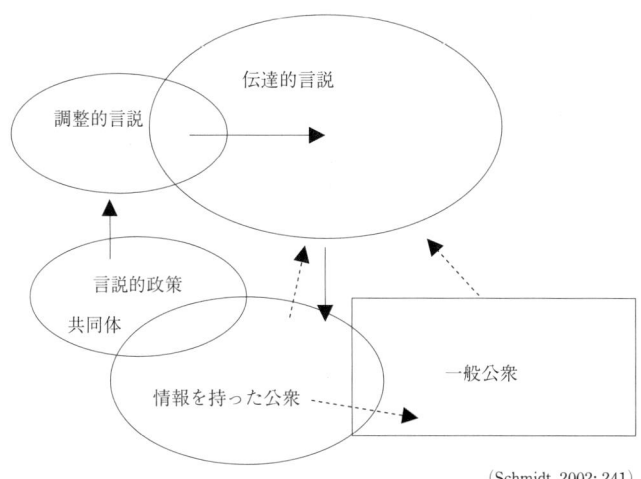

（図：調整的言説、伝達的言説、言説的政策共同体、情報を持った公衆、一般公衆）

(Schmidt, 2002: 241)

図2　多元的アクターシステムにおけるアイディアと言説のフロー

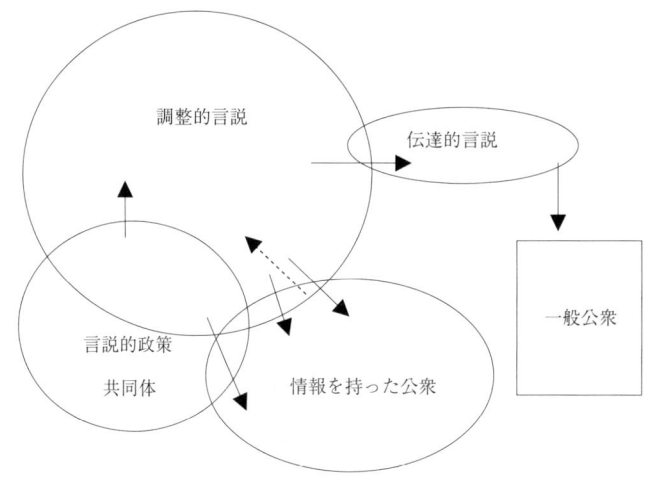

（図：調整的言説、伝達的言説、言説的政策共同体、情報を持った公衆、一般公衆）

(Schmidt, 2002: 243)

ろうか。

　また，これまでの議論や「アイディアの政治」の研究蓄積において，この相互行為は，あるアクターから他のアクターへの，一方向的な戦略的行

為が前提とされがちだが，必ずしもその過程はこれにとどまらないことを示してもいる。リセは，これらの相互行為の様式として，「説得」の他に「議論 argumentation」と「熟議 deliberation」を挙げ，これらがアクター間の合意形成や，国際レベルでの公共言説の形成に対し果たす役割を，冷戦の終焉とドイツ統合や，国際的人権レジームの形成の事例をもとに示した（Risse, 2002）。これらは端緒的な試みではあるが，我々はそこに，これまで規範的に論じられることの多かった熟議理論を，経験的研究へと発展させる可能性を見ることもできよう。

4 「アイディアの政治」の射程と展望
――比較政治学における可能性

「アイディアの政治」は，その分析対象の範囲を拡大しつつある。アイディア自体の持つ「適切性」という機能への着目から，政策の「規範」的側面がその前面に出る人種やジェンダーといった「ソフト・トピック」に対象が限定されがちであるという批判もあった（Torfing, 2005: 25）。しかし近年では，本稿で扱ってきた様々な研究からも示されるように，政策理論的なアイディアと実際の政策・制度との関連が比較的明確である経済政策の領域や，多元的なアクター間での協力形成から制度形成へという過程が明確な EU あるいは「ヨーロッパ化」の諸問題の分析にもよく用いられてきている。また，本稿の冒頭部に掲げた福祉国家研究においても，この問題を克服する試みは開始されており，「アイディアの政治」がそのための新たな理論枠組として検討されつつある[5]。

これらに共通するのは，事例レベルからすれば大きな転換点の途上にある現象であり，理論的観点からすれば，「制度形成」を中心とした「政治変化」の説明を求められる点にあろう。それは，「アイディア」という間主観的要素に着目し，その諸アクターの間での共有と，その結果可能となる制度形成の過程を，「アイディア」に固有な影響力を析出しつつ論じることで，転換期の政治変化を，政治的ダイナミクスを伴う形で分析しうる可能性を持つものと位置づけることができる。

この点を前提としつつ，「アイディアの政治」の比較政治学における可能性について，最後にいくつかの点を指摘して本論を閉じたい。取り上げた諸研究にも明らかなように，「アイディアの政治」は比較研究でよく用いら

れている。このことは,「アイディアの政治」が比較政治学に浸透し始めていることと同時に,「アイディアの政治」に固有の問題点を克服するために,「比較」という手法が重要視されていることも示している。

繰り返し述べている通り,「アイディア」とは間主観的要素であり,基本的には,また最終的には,解釈主義的に析出されるよりほかない（Ross, 1997）。そこには,分析者に解釈の恣意性の危険性も残されている。完全に客観的に析出することは困難あるいはかなりの程度不可能でもあるが,これらの恣意性をできる限り排除し,分析に説得性を生み出すことが必要であり,その手段として「比較」の手法が用いられているのである。例えば,古くはJ・S・ミルによって提起され,現在の比較政治学においても基本的な方法とされている「一致法」と「差異法」の手順等によって（河野, 2002）,「アイディア」の要素の析出が行われている。「アイディアの政治」は比較研究の中でこそこの「恣意性」の制御が可能であり,今後も比較方法的にこの点を突き詰めていくことが重要になってくるだろう。同時に,「アイディアの政治」に対してよく行われる「個別事例研究的」という批判に関しても,多くの事例を比較の観点から取り上げることにより,その間にある普遍性と特殊性を導き出し,一種の「理念型」を形成することで,克服する可能性を持つ（Howarth, 2005: 334）。

「アイディアの政治」は,「理念主義」に位置し解釈主義的な方法を基礎としながらも,言説分析や社会構築主義の潮流で重視される「理解」にとどまらず,いかなる形で「因果関係」を説明できるかという点に取り組むものである。その結果として,行為者の「選好」の変容や,不確実性の高まりという構造的変化,言説的制度との関係をその理論の中に取り込んできた。逆に,合理的選択や新制度論の側から,「アイディア」の要素に着目する試みも多数見られる。近年,合理的選択論など実証的に「因果関係」を証明することを重視する潮流においても,分析の前提となる主体の「選好」を特定する際に,アイディアや信念,文脈的要因を通じた「選好形成」の視点を取り込み,「解釈」的方法を接合した分析の理論化が追求されている（例えばBates, et al.,1998; Katznelson/Weingast, 2005）。このことは,合理的選択やゲーム理論の側からも,「アイディア」の要素を取り込むことが,実証的な「因果関係」の分析に資すると判断されつつあることを意味する。

このように,「アイディアの政治」は,従来の「文化主義」の枠にとどま

らず，主体の選好の観点から分析を展開する「合理主義」や，社会構造や制度の規定性に注目する「構造主義」との間での対話や交錯を可能にする媒介項となりうる。この点にも，21世紀における「政治学の新潮流」としての，「アイディアの政治」の理論的可能性が孕まれていると言えよう。

(1) 例えば，日本における標準的な政治学の教科書においても，言及されることは決して多くはなく，言及されても簡単な紹介にとどまる（例えば，伊藤・田中・真渕，2000：353；久米・川出・古城・田中・真渕，2003：285）。日本における比較政治研究においては，数としては多くはないが（例えば，内山，2005），明確に「アイディア」という術語を用いないものの類似の枠組みで分析を行ったものはいくつか存在する（例えば，内山，1998；宮本，1999）。

(2) 「実証主義」「理念主義」については，（富永，1993）。また，現在の「アイディアの政治」の広がりは，集合行為問題の解としての「制度形成」をどう説明するかという，既存の合理的選択論の問題を克服するために，それらの論者の間で「アイディア」の導入が試みられたところから始まった面もある。(Garret/Weingast, 1993; Katznelson/Weingast, 2005)。

(3) ただし，アイディアはその中に様々な要素が「接合」されることによって，様々な利害に「合致」可能となり，その影響力を増すというシキンクの見方自体は，「アイディアの政治」における行為者の戦略の重要性の一端を示す重要な視点である。

(4) ブライスは明示しないが，この観点は，「アイディアの政治」を歴史的制度論ないしは政治的機会構造論と統合しようとする試みを含んでいる。リーバーマンは，この点により自覚的であり，①統治制度，②組織環境，③政治言説という，政治秩序を構成する各種の「制度」が相互に「衝突」を引き起こした場合，新たに「アイディアの政治」が作用する機会構造が開かれるとする (Lieberman, 2002: 703)。つまり，政治は多様な「経路」によって条件付けられており，それらがあるアクターの「アイディア」に有利・不利に働いたりするメカニズムを形成しているとするのである。

(5) 例えば (Cox, 2001)。また，比較福祉国家研究における「アイディアの政治」の展開と必要性を論じたものとして（宮本，2006）を参照。筆者も別稿において，「アイディアの政治」も意識しつつ90年代以降の社会民主主義政権期における福祉国家の変容を分析しているので参照していただきたい（近藤，2002-3；2006）。なお，本稿においても，本文中で体系化した「アイディアの政治」の理論を用いて，英独の福祉国家改革を比較する「実証編」を展開する予定であったが，紙数の都合もあり割愛せざるを得な

かった。他日に期したい。

References
Almond, G. A. and Verba,S. (1963) *The Civic Culture*, Princeton U. P.
Bates, H. R., Greif, A., Levi, M., Rosenthal, J. and Weingast, B. W. (1998) *Analytic Narratives*, Princeton U. P.
Berman, S. (1998) *The Social Democratic Moment,* Harvard U. P.
—— (2001) "Ideas, Norms and Culture in Political Analysis," *Comparative Politics*, 2001.
Blyth, M. (2002) *Great Transformations*, Cambridge U. P.
Cox, R. H. (2001) "The Social Construction of an Imperative," in *World Politics*, 53.
DiMaggio, P. J. and Powell, W. W. eds. (1991) *The New Institutionalism in Organizational Analysis*, The University of Chicago Press.
Garret, G. and Weingast, B. R. (1993) "Ideas, Interests, and Institutions," in Goldstein and Keohane eds. (1993).
Goldstein, J. and Keohane, R. O. eds. (1993) *Ideas and Foreign Policy,* Cornell U. P.
Hall, P. A. ed. (1989) *The Political Power of Economic Ideas*, Princeton U. P.
—— (2005) "Preference Formation as a Political Process," in Katznelson and Weingast, (2005).
—— and Taylor, R. (1996) "Political Science and the Three New Institutionalisms," *Political Studies*, 44.
Howarth, D. (2005) "Applying Discource Theory," in Howarth and Torfing (2005).
——, Noval, A. J. and Stavrakakis, Y. (2000) *Discourse Theory and Political Analysis*, Manchester U. P.
—— and Torfing, J. (2005) *Discourse Theory in European Politics*, Palgrave Macmillan.
Inglehart, R. (1977) *The Silent Revolution*, Princeton U. P.
伊藤光利・田中愛治・真渕勝（2000）『政治過程論』有斐閣
伊藤修一郎（2002）「社会学的新制度論」河野勝・岩崎正洋編『アクセス比較政治学』日本経済評論社
Jackson, R. H. (1993) "The Weight of Ideas in Decolonisation," in Goldstein and Keohane (1993).
Katznelson, I. and Weingast, B. R., (2005) *Preferences and Situations*, Russell Sage Foundation.
Katzenstein, P. J. (1993) "Coping with Terrorism," in Goldstein and Keohane eds. (1993).

―― (1996) "Introduction: Alternative Perspectives in National Security," in do. ed. *The Culture of National Security*, Columbia U. P.

King, G., Keohane, R. O. and Verba, S. (1994) *Designing Social Inquiry*, Princeton U. P.

河野勝（2002a）「比較政治学の方法論」河野勝・岩崎正洋編『アクセス比較政治学』日本経済評論社

―― （2002b）『制度』東京大学出版会

近藤康史（2002-3）「現代イギリス福祉国家の変容に関する比較政治学的研究・序説（一）（二）（三・完）」、『筑波法政』第32～34号

―― （2006）「『第三の道』以後の社会民主主義と福祉国家――英独の福祉国家改革から」、宮本太郎編『比較福祉政治』（早稲田大学出版部）

久米郁男・川出良枝・古城佳子・田中愛治・真渕勝（2003）『政治学』有斐閣

Laclau, E. and Chantal, M. (1985) *Hegemony and Socialist Strategy*, Verso.

Lichbach, M. I. (2003) *Is Rational Choice Theory All of Social Science?*, The University of Michigan Press.

Lichbach, M. I. and Zuckerman, A. S. eds. (1997) *Comparative Politics*, Cambridge U. P.

Lieberman, R. C. (2002) "Ideas,Institutions and Political Order: Explaining Political Change," *APSR* 96(4).

McAdam, D., Tarrow, S. and Tilly C. (1997) "Toward an Integrated Perspective on Social Movements and Revolution," in Lichbach and Zuckerman (1997).

――, McCarthy, J. D. and Zald, M. N. (1998) "Introduction: Opportunities, Mobilizing Structures, and Framing Process," in McAdam, McCarthy, and Zald (1996) *Comparative Perspectives on Social Movements*, Cambridge U. P.

McNamara, K. R. (1998) *The Currency of Ideas*, Cornell U. P.

宮本太郎（1999）『福祉国家という戦略』法律文化社

―― （2006）「福祉国家の再編と言説政治」、同編『比較福祉政治』早稲田大学出版部

Pierson, P. ed. (2000) *The New Politics of Welfare States*, Oxford U. P.

Putnam, R. (1993) *Making Democracy Work*, Princeton U. P.

Risse, T. (2002) "Constructivism and International Institutions," Katznelson and Milner eds. *Political Science: The State of the Discipline*, W. W. Norton and Company.

Risse-Kappen, T. (1994) "Ideas do not float freely," *International Organisation*, 48.

Ross, M. H. (1997) "Culture and Identity in Comparative Political Analysis," in

Lichbach. and Zuckerman. eds. (1997).
Schmidt, V. A. (2002) *The Futures of European Capitalism*, Oxford U. P.
—— and Radaelli, C. M. (2004) "Policy Change and Discourse in Europe," *West European Politics*, 22(2).
Sikkink, K. (1991) *Ideas and Institutions*, Cornell U. P.
Skocpol, T. (1994) *Social Revolutions in the Modern World*, Cambridge U. P.
Snow, D. A., Rochford, E. B., Worden, S. K. and Benford, R. D., (1986) "Frame Realignment Process, Micromobilization, and Movement Participation," *American Sociological Review*, Vol. 51.
Thelen, K. and Steinmo, S. (1992) "Historical Institutionalism in Comparative Politics," in Thelen, Steinmo and Longstreth, eds. (1992).
——, Steinmo S. and Longstreth, F. eds. (1992) *Structuring Politics: Histrical Institutionalism in Comparative Analysis*, Cambridge U. P.
富永健一 (1993) 『現代の社会科学者』講談社現代文庫
Torfing, J. (2005) "Discourse Theory: Achievements, Arguments and Challenges", in Howarth and Torfing (2005).
內山融 (1998) 『現代日本の国家と市場』東京大学出版会
—— (2005) 「政策アイディアの伝播と制度――行政組織改革の日英比較を題材として――」『公共政策研究』第5号
山田真裕 (2001) 「政治文化論」, 岩崎正洋・河野勝編『アクセス比較政治学』, 日本経済評論社
ヴェーバー, マックス (1972) 「世界宗教の経済倫理 序論」, 大塚久雄・生松敬三訳『宗教社会学論選』, みすず書房
Weir, M. (1992) "Ideas and the Politics of Bounded Innovation," in Thelen and Longstreth (1992).
Wendt, A. (1999) *Social Theory of International Politics*, Cambridge U. P.

「制度改革」の政治学

―― 日本政治の変化をめぐる日本政治研究の展開 ――

森　正*

1　日本政治の変化，日本政治研究の変化

「日本の現実政治の錯雑した動向を通じて政治のもろもろの運動法則を読み取り，またかくして得られた命題や範疇をたえず現実によって検証しつつ発展させて行かなければならぬ」

丸山眞男は戦前期の日本政治学が現実政治との間に相互交渉がなかった点，すなわち政治学の現実政治に対する非力性を反省，批判しそうした状況を生んだ大きな原因の1つとして，明治維新以降の政治体制の存在を指摘した。そのうえで，第二次大戦後の政治学の再建に向けて，丸山は政治学の「現実科学」化を提唱した[1]。

第二次大戦後の民主化，自由化，経済発展はわが国の政治学に変化をもたらした。明治維新以来の法治国家の絶対化を前提とし，行政官僚の養成を主目的とした「国家学」から，現実の政治過程の理解，説明さらには政策の立案，提言へとその目的，意義を大きく転じた。

上述の丸山の主張から25年が経過した20世紀第4・四半期においては，猪口孝が指摘するように，政治学を囲繞する環境は，さらなる変容を見せた[2]。

第1の変化が政治学コミュニティの量的拡大である。猪口は日本政治学会会員名簿を基データとして，1980年代の政治学コミュニティの分析を行った。政治史，政治思想を専門とする研究者がおよそ半数に上っているとする[3]。同様に2006年度の日本政治学会会員名簿によると，実証的，経験的研究を専門分野として申告している研究者は大幅に増加している[4]。ま

---

*　愛知学院大学総合政策学部教員，日本政治論

た日本政治学会の設立後，日本選挙学会をはじめ，日本公共政策学会，日本公共選択学会，日本比較政治学会など，実証的，経験的研究を研究課題の中心に据えた学会も数多く誕生し，政治過程，投票行動，政治意識の研究はいまや多岐にわたる発展を遂げている。

　第2が質的変化である。政治学コミュニティの量的変化は，必然的に政治学の質的な変化を促した。猪口は日本政治学の質的変化を，(1)実証主義の強まり，(2)理論的関心の高まり，(3)日本政治に対する研究の増加，の3点に要約している[5]。さらに，こうした実証的，経験的な政治学が事例研究を扱う研究と世論調査を素とした研究が多いことを指摘している。

　質的変化については，曽根泰教も1985年に公刊された「変わる政治，変わる政治学」と題したレビュー論文の中で，第4・四半期における日本政治の変化と日本政治研究の変化について整理をしている。1955年体制の成立以後，1980年代までわが国の政治状況は自民党一党優位体制，派閥抗争やムラ型，ドブ板型の選挙戦の実態，族議員を中心とする"鉄の三角形"の存在など，日本政治の「安定」，「継続」，「構造」が強調される傾向にあった。しかし「安定」が強調され，「変わらぬ」政治とされていた日本政治において，1980年代に入り，政治学があたかも伏流水のように生じていた変化を明らかにしたとしている[6]。一方で，多元主義アプローチという政治学自身の変化，いわゆる「変わる政治学」を通じて，日本政治を分析，検討した場合，新たな側面を照射することに成功した，とも言えるだろう。

　猪口の指摘に加え，さらに第3の変化を挙げるならば，政治学をめぐる外的環境の変化，すなわち日本政治そのものの大きな転換が指摘できよう。20世紀から21世紀にかけての前後各10年はまさに「改革」，「変化」がキーワードとなった。1993年の政界再編，政権交代，選挙制度改革に始まり，行政改革，地方分権改革，金融改革，財政改革など，戦後日本の政治・経済のあり方を性格付けた様々な制度，システムに"構造疲労"が生じているとして，改革の俎上に載せられ，改革の処方箋が検討された。

　年報委員会より本稿に与えられた課題は「21世紀における日本政治研究，投票行動研究の方向性，発展方向を模索せよ」というものである。そこで本稿では，この第3の変化，20世紀第4・四半期以降21世紀初頭にかけてのわが国の政治学コミュニティにおける日本政治研究，投票行動研究の動向を再整理する。先述した曽根論文が発表された当時から20年が経過し，

世紀を跨ぐ形で日本政治の変化はより一層明らかなものになっている。この間の日本政治研究の諸業績をすべて網羅的にフォローすることは筆者の能力を大きく超える。そこで，上述した「改革」の10年をめぐって，政治学がどのような役割を果たしたのか，さらには「改革」を政治学がどのように評価したか，に焦点を当てる。

政治改革をめぐる一連の議論では，政治学者自身が現実政治への強い批判を表明し，政策決定過程への積極的な参加が見られた。その意味で，丸山が言うところの「現実科学」化に向けての大きな一歩であったと位置づけられる。一方で，現実政治との間に一定の距離を置きつつも，計量分析や数理分析など政治現象を実証的に分析する試みもこの時期急速に広がった。いま，改めて政治改革をめぐる一連の諸研究に注目し，政治改革論議をめぐる政治学のスタンス，現実政治との距離をめぐる2つの学問的潮流の整理を通じて，21世紀の日本の政治学における新潮流，「現実科学」化の可能性について検討し，展望する[7]。

2　制度改革をめぐる政治学の分化

先述したように，20世紀を跨ぐ前後10年間，政治学を囲繞する環境および政治学自身も「改革」をめぐって大きく変化した。その中で政治学には，2つの方向性，学問的潮流が見られた。

第1の潮流は，政治改革論議に代表される現実政治に積極的に関与し，政策提言を試みる流れである。そしてもう一方の潮流は，合理的選択論，数理分析，計量分析を用いた実証分析により，ミクロの政治的アクターの行動やその帰結としての政治現象の変化，因果関係を明らかにする流れである。

2.1　制度改革への積極的な参画
2.1.1　選挙制度改革

1990年，第8次選挙制度審議会は，政府に対して衆議院の選挙制度を「小選挙区比例代表並立制」への改正を答申した。さらに1992年には，民間から各政党の政治改革への取り組みを監視し，改革の推進を企図して，学界，財界，労働界，ジャーナリズムも参加し，「政治改革推進協議会」（略称：民間政治臨調）が設立された。民間政治臨調では，具体的な政策提言にウ

ェイトが置かれ，マスメディアや政治家とも頻繁に接触を重ねることで，その政策提言が現実政治にも一定のインパクトを持ち得るに至った点に特徴がある。

国民の根強い政治不信や政党政治の危機が，中選挙区制といった制度と深い関係を持つ点，さらにそのメカニズムについては，民間政治臨調とは別に，山口二郎によっても指摘されている。中選挙区制の下で政権獲得を目指す場合，同一選挙区から同一政党に所属する候補者を複数擁立することが不可欠となる。候補者個人の後援会を中心としたサービス合戦を中心とする選挙戦が展開され，その維持・拡大のためには必要以上の政治資金や利益誘導が必要となり，いわゆる「カネのかかる政治」がもたらされている。また，各候補者は党内の派閥に所属することで，選挙支援や役職人事配分等の恩恵を受けるが，一方で首相のリーダーシップ不在の派閥政治をもたらすことになる。換言すれば，利益誘導政治の解消や責任ある政治体制，政権交代のある政党政治を確立するためには，中選挙区制の改革が必要となる[8]。

民間政治臨調は，政党政治が閉塞状況に陥っており，制度疲労の極限に達している，と指摘し，戦後の政治・行政システムの抜本的な見直し，特に中選挙区制の廃止を訴え，「小選挙区比例代表連用制」導入の他，政党改革，内閣改革，国会改革，地方分権改革など包括的な改革案を盛り込んだ「民間政治改革大綱」を提言した[9]。

民間政治臨調の活動に代表される政治改革の過程においては，学界からも積極的な参加が見られた。政治改革をリードしたこれらの論議の底流には，冷戦構造の崩壊といった国際環境の変化，一方で1党優位政党制，自民党の長期政権，相次ぐ政治腐敗と「変わらぬ政治」に対する批判，焦燥があったものと考えられる。同時に，1980年代に登場した「変わる政治学」，多元主義アプローチの持つ価値中立性に対する疑義，さらには政治学の現実政治へのレリヴァンスの追求といった点で政治学と現実政治の相互交渉による新たな関係を構築する試みでもあった。

選挙制度審議会，民間政治臨調の双方に参加し，論議の主導的な役割を担った1人である堀江湛は制度改革の目的と意義を次のように語っている。

「国民の高まる政治不信や議会政治の危機の原因を探っていくと，

いずれも現行中選挙区制と深く関わっていることがわかる。制度さえ変えれば改革が実現すると考える制度信仰のオプティミズムは捨てなければならないが，病弊の真因が制度と構造的に関わっているならば，制度を変えない限り改革は不可能である[10]」

また，民間政治臨調の主査を務めた佐々木毅も以下のように論じている。

「この悪循環から脱出する道は，一言でいえば，制度の力を確立することであり，そのためには政治資金制度，選挙制度を出発点にした制度の改革は必要不可欠の第一歩である[11]」

堀江，佐々木らの主張からもわかるように，民間政治臨調に代表される政治改革への積極的な参画においては，改革の目標，理念を示すとともに，制度の改革を通じて，政党，政治家，有権者の行動ルールを変革していくことを企図している。「変わらぬ政治」を招来した制度の機能不全と問題点，さらには現実をより改善する解決策としての制度の操作能力，機能が大きく強調された。

2.1.2　マニフェストの導入

選挙制度改革からほぼ10年が経過し，2回の総選挙を経験した2003年，日本における新たな有権者－政党関係を築く試みとして，選挙戦において各政党にマニフェストの提示を求める運動が広がり，2003年4月の知事選挙，11月の衆議院総選挙では各党がマニフェストを提示した選挙戦が展開された[12]。

マニフェストの導入を積極的に訴え，働きかけたのは，民間政治臨調の活動を引き継ぐ形で1999年7月に財界，労働界，ジャーナリズム，学界，自治体関係者ら約120人から組織された「新しい日本をつくる国民会議」（略称：21世紀臨調）である[13]。

過去10年にわたる政治改革，選挙制度改革は，政権交代可能な政党政治や政策過程における責任ある政治主導体制を目指したものだったが，未だその確立には至っていない。21世紀臨調はその原因として，制度を機能させる新しいソフトウェアやルールが欠けていたためと分析している[14]。21

世紀臨調の提言では，抽象的なスローガン，総花的な項目の羅列に終始していた従来型の選挙公約から脱し，検証や評価が可能であるような具体的な目標（数値目標，達成時期，財源の裏づけ等），実行体制や仕組み，政策実現の工程表（ロードマップ）の提示を強く求めている。その結果，「選挙競争における各党のマニフェスト提示→有権者によるマニフェストの選択→新政権によるマニフェストの実施→マニフェストの評価→次期総選挙における有権者によるマニフェストの選択」といったサイクルの実現，つまりマニフェストを通じた有権者－政党関係の再構築を目指したものである。

　マニフェスト導入の意義としては，第1にマニフェストを作成する段階では，政党内の合意形成が求められる。マニフェスト選挙は政党の意思決定システムの変革，政党の持つ意見集約機能を促すことになる。第2に与野党がマニフェストを提示することによって，現実的かつ具体的な政策プログラムを提示し，有権者に判断基準を提示することが可能になる。与党はマニフェストの達成度が問われ，野党は与党に代わり得るマニフェストを提示すれば政権交代が可能になる。第3にマニフェスト選挙後に形成された政権ではすでに政策の優先順位，実施手段が明示されているため，内閣と官僚との関係も変わり，政治主導の政権運営が可能となる。政治改革，制度改革の実効性を高めることを企図し，21世紀臨調は政党内意思決定，政党間競争，政官関係に変化を促すマニフェスト選挙の導入を提言した[15]。選挙制度改革に続き，このマニフェスト導入の過程でも政治学者の積極的な参画が見られ，その提言は現実政治に一定の影響力を及ぼすことにも成功した。

2.2　実証的分析の展開
2.2.1　日本型投票行動モデルの構築と分析

　政治改革，制度改革に学界からの積極的な参画が見られる一方で，1990年代以降，数理モデル，合理的選択論，計量分析などを通じて，ミクロのアクターの行動に焦点を当て，実証的な分析を行う研究も数多く登場した。

　投票行動研究が抱えるジレンマとして，小林良彰は「一般化か個別化か」という問題を指摘している。つまり，投票行動や政党支持を説明する要因を個別の選挙の分析を通じて検証する研究と個々の選挙結果の説明，解釈を主眼に置く研究のいずれに重点を置くか，という問題である[16]。また，

田中愛治も投票行動研究には個々の選挙結果をその時々の政治，経済，社会状況から明らかにすることを目的としたアプローチと投票行動に関する一般的な中間理論構築を目指すアプローチの2つに整理している[17]。この2つのアプローチの相違はデータソースである世論調査の差異とも大きく関係する。投票行動研究が行われた当初，全国的な世論調査の実施は少なく，限られた地域，選挙区を対象とした世論調査を用いて個別選挙の意義を明確にする研究が多かった[18]。一方で，近年ではJES調査に代表される全国規模のパネル調査に基づき，従来，投票行動研究で議論されているテーマを検証する一般化の傾向が強まり，選挙制度や多党制といった点で米国とは異なった特徴を有する日本型モデルの構築，発展を目指す研究が増えている。

投票行動に最も影響力を与える要因は政党支持である。そこで政党支持および政党支持なし層を被説明変数とした研究，政党支持概念の再構築を目指す研究が行われた。三宅一郎は「政党支持の幅」概念を提示し，有権者の投票政党の選択が一定のレンジの中で変化することを示している[19]。また，蒲島郁夫はバッファープレイヤー（牽制的投票者）概念を提示し，自民党支持者でありながら自民党に安定多数を与え続けることには懐疑的な有権者像を示した[20]。一方，田中愛治はシステムサポートの概念を提示し，自民党への支持が経済政策遂行能力への消極的支持であることを明らかにした[21]。政党支持なし層についても，政党支持を持つ層の残余として捉えず，学歴や政治関心が高い層の中に意識的に政党支持なしを選択する積極的無党派層の存在を示し，理論化を進めている[22]。また，三宅，蒲島は，政党支持要因，候補者要因（特に地元利益誘導），選挙における争点の3要因の相互作用について統合的なモデルの構築を試みている[23]。

選挙制度に関する研究としては，比較政治学的に見ても稀な中選挙区制の持つメカニズムを分析した諸研究がある。河野勝，S・リードは中選挙区制における各選挙区レベルの候補者数をデュヴェルジェの法則を援用し，中選挙区制において実質的な候補者数が選挙区定数＋1に均衡していくことを示した[24]。また，水崎節文は各候補者得票の分散から，地域偏重度と各選挙区における得票数の地域偏重度を指数化し，中選挙区制における保守系候補者の地域割り，棲み分けの状況を明らかにした[25]。建林正彦は選挙区レベルの得票の地域割りと専門政策領域の2次元の棲み分けが行われ

ていた状況を指摘している[26]。

2.2.2　数理分析・計量分析の相互作用

　合理的選択論に基づくアプローチは，米国では1980年代から登場していたが，日本政治分析でも積極的に導入が図られた。日本における同アプローチの先導者の1人である河野勝によれば，合理的選択とは「個々の政治的アクターたちが，与えられた制約の中で自らが得る『効用』を最大化することであり，合理的選択理論とは，そうした選択の（積み重ね）の結果として政治現象のパターンを説明しようとする考え方」である[27]。政治過程におけるアクターに焦点を当てる点で多元主義的アプローチとは共通するものの，多元主義論がともすればアクター間の影響力関係に問題を集約しがちであるのに対し，複数のプレイヤーの戦略性を高い一般性をもって理解可能な形で提示し，さらに経験的データに基づく実証が行われる点で特徴を持つ。さらに，演繹的なモデルの構築と計量的な実証分析の相互作用や投票行動以外の領域にも積極的な応用が図られた。

　議員の行動については，プリンシパル・エージェントモデルという一貫した分析枠組みを導入し，日本政治における政治家－官僚関係，有権者－政治家関係，政治家－司法関係の説明を試みたラムザイヤー，ローゼンブルースの研究が挙げられる。また，自民党におけるポスト配分ルールが定着したプロセスを明らかにした河野の他，中選挙区制下の議員の再選追求行動から防衛政策への態度を分析した永久寿夫，同じく中選挙区制の下で自民党議員が地域割りと族（専門政策領域）の棲み分けによってナッシュ均衡を実現し，議員相互の再選可能性の拡大を図っていることを明らかにした建林，さらには政界再編期の自民党議員の離党行動を分析した加藤淳子などの諸研究がある[28]。

　また，合理的選択論を拡張する試みとしては，官僚制を対象とし，「なぜある政策が実現し，ある政策が実現しないのか」を，演繹的モデルを展開して，官僚と他の政治的アクター，官僚間のゲームを取り上げた曽我謙悟[29]や集合行為論の概念を援用して市民ボランティアグループ内における選挙活動の参加，フリーライダーの発生についての説明を行った鬼塚尚子らの研究がある[30]。また，堀内勇作は主要な意思決定主体の持つ選択肢，選好を分析的叙述する分析的物語（analytic narratives）の手法を用いて，バ

ブル経済後の財政・金融出動が遅れた原因を考察している[31]。

一方，投票行動研究では，多党制かつ多次元空間理論を視野に入れた数理モデルの構築，実証も行われている。小林良彰は政党間期待効用差と政党帰属意識とを組み合わせたダイアメトロスモデルを構築している[32]。谷口尚子は従来，争点態度投票モデルで論争となっていた方向性モデルと近接性モデルを多党制下で比較検討している[33]。また，山本耕資は投票参加と投票方向を統一的に説明する入れ子型ロジットモデルによる計量分析の推定結果を数理モデルに投入し，政党間の均衡点を算出している[34]。

こうした数理モデルはある前提をもとに演繹的に理論仮説が導出されることから，計量分析を行ううえでも明確な分析枠組みを提示し，推定結果のより理論的な解釈や他時点で行われた選挙分析との相互比較をより可能にする。また，計量分析から得られた知見を数理モデルと照合することで数理モデルの前提そのものを再検討させる。その意味で，数理分析と計量分析との相互作用の試みは，日本の投票行動研究においても重要な役割を果たしたと評価できる。

3 政治改革とそのインパクト

3.1 有権者－政党関係の変化

1993年の政界再編，細川内閣による選挙制度改革，つづく1996年には小選挙区比例代表並立制による衆議院総選挙が実施され，選挙制度改革とそのインパクトを解明する試みが行われている。換言すれば近年の投票行動研究，政党研究は制度変化の中で有権者や政党，候補者といった各アクターが適応していくプロセスを実証的に明らかにする作業と言えるだろう。

並立制下における候補者擁立戦略，選挙区レベルでの政党間競争については，河野，リード，浅野正彦らの研究がある[35]。

選挙運動の変化については，並立制導入後初の選挙において特定の選挙区を対象として，丹念にフィールドワークを行った，大嶽秀夫，朴喆熙，谷口将紀らの研究がある[36]。朴は個人後援会を主体とした選挙キャンペーンが並立制下でも盛んに行われており，中選挙区制時代と変わらずに個人本位の選挙活動が行われていると指摘している。一方で，谷口は静岡県のフィールドワーク，世論調査を通じて，小選挙区制下ではいわゆるドブ板選挙は生じていないと結論づけている。

選挙制度改革をめぐる議論では「政党本位の選挙」の実現が謳われた。政策本位の選挙が実現されたか否か，候補者が提示する選挙公約に関する分析としては，小林良彰，鈴木基史，品田裕，堤英敬らの研究があるが，いずれの分析も政党間に明確な対立軸が形成されていない状況を示している[37]。また，1993年から2000年まで3回の総選挙における有権者レベルから見た政党の主観的認知を分析した小林によると，自民と野党第一党間の有権者の主観的な政策距離は接近しつつあるものの，両党の主観的な政策位置は有権者の最適点からむしろ離れていく傾向にありとしている。つまり，有権者の実質的な選択権は狭まり，しかも有権者と政党の距離が離れたものになっており，政策本位の選挙になったとは言いがたいと結論づけている[38]。

　選挙制度審議会の答申にも触れられていた「小選挙区制には政権交代の可能性が高い」とする論拠，2大政党制による政権交代可能な政党システムへの移行については，並立制が導入される以前から疑問が寄せられていた。特に和田淳一郎，蒲島郁夫，岸本一男は数理モデルを用いて，並立制の下では必ずしも2大政党制には移行しないことを演繹的に示している[39]。また，リードらは「M＋1」ルールが日本の小選挙区制においても妥当していることを示したが[40]，あくまでも「M＋1」ルールは有力候補者が2名に近づくことを示したに過ぎず，全国レベルで2大政党制が実現することは意味しない。

　さらに，選挙制度改革ではクリーンな政治，カネのかからない政治の実現が主張されていたが，その効果に関する実証研究には，選挙運動そのものに関わる研究と選挙を通じた利益配分システムの解明の2つに分類される。

　前者に関する研究として，佐々木毅らは政治資金報告書を調査し，政治資金規正法改正後の資金管理団体，後援会，政党支部間の政治資金の流れについて詳細に分析している[41]。また，川人貞史は2000年総選挙における選挙運動費用と選挙結果との関連について分析し，関連が見られないことを明らかにした[42]。

　後者に関する研究として，名取良太は並立制移行後の補助金配分メカニズムを分析し，小選挙区制そのものが中選挙区制における各候補者の地盤を細分化したものであり，市区町村レベルで見ると各候補者の集票構造に

大きな変化を生んでおらず，依然として補助金配分に政治的バイアスがかかっていることを検証し，選挙制度改革に腐敗除去の効果がなかったことを検証している[43]。同様に大和田宗典は2001年に参議院で導入された非拘束名簿方式の候補者得票に着目し，官僚OB候補の得票と補助金配分との関係について明らかにしている[44]。また，小林らは各小選挙区に配分された補助金，地方交付税は，都市化の影響をコントロールしても自民党得票率と強い関連を示していることを明らかにし，選挙制度改革の前後に関わらず，「票と補助金の交換システム」が健在であることが示されている[45]。

並立制下における有権者の意識についての分析も4回の選挙を通じて蓄積されている。小選挙区票，比例区票の2票の使い分けについては三宅，平野が[46]，争点態度投票モデルについては，鈴木，小林らが[47]，業績評価投票モデルについては今井亮佑，大和田が[48]，党首評価モデルについては，森内閣を対象とした蒲島・今井の他，小泉ブームを分析した池田謙一，山田真裕らの諸研究がある[49]。

また，1993年以降，連立政権が常態化している。政党間競争の変化については，加藤淳子・レイヴァーらによる連立政権形成の一連の研究が挙げられる。ゲーム理論におけるシャプレイ値や政策次元とポスト配分を考慮に入れた数理モデル（ポートフォリオ・アロケーションモデル）を援用して，連立政権の形成を説明している[50]。

3.2 族型意思決定から内閣主導型の政治決定へ

政治改革をめぐる議論では，政治資金，選挙運動，政党システムといった有権者－政治関係の変化に留まらず，責任ある政治体制の確立，政治のリーダーシップの回復も目的の1つとされた。つづいて，政策決定過程，政官関係の変化について，概観する。

1980年代，従来までの政官関係における官僚主導論の通説に対して，猪口・岩井は「官僚主導大衆包括型多元主義」を前提として，族議員すなわち省庁を単位とした特定の政策分野について日常的に強い影響力を持つ中堅以上の議員の影響力が増した，としている[51]。原案作成は省庁が行うものの，族議員は地元，業界団体からの支援を受け，与党の政務調査会，部会での事前審査で省庁に説明を求め，調整を行うことで影響力を行使した。この事前審査制度は1962年に当時の赤城宗徳自民党総務会長から内閣官房

長官に出された申し入れに基づく慣行に過ぎないが，次第に党が政策決定の主導権を握る場として定着した。

また，自民党議員は，当選回数に応じて，党（政務調査会部会），国会（委員会），内閣（大臣，政務次官）等のポストを歴任しながら，特定政策領域に関する知識を身につけ，官僚と対峙しうるまでの影響力，専門性を身に付けていく。佐藤・松崎はそのプロセス，キャリアパスを，アグリゲートデータを基に明らかにしている[52]。

族議員が及ぼす影響力はあくまでも個別領域に過ぎないが，これは個々の省庁，利益集団と対応している。その結果，特定分野別に「仕切られた」形で鉄の三角形が構築され，全体的な調整機能は党の総務会，政務調査会に委ねられることとなった。このような与党による事前審査と自民党内の人事システムという2つの制度化が，官僚制に対する党の影響力の増大をもたらしたといえるのである[53]。

それでは，55年体制の崩壊に伴い，この族型意思決定はどのように変容したのだろうか。1993年，自民党政権に代わって誕生した細川護熙連立政権下で指摘されたのが，官僚主導の復活である。政官関係のうち，長期にわたって政権を維持し，族型意思決定を制度化させていた自民党が下野し，政党側の影響力が弱まったことによって，相対的に官僚の影響力が強まったとする。猪口は与党が長期にわたって政権を維持するという前提が崩れることで，与党の影響力が弱まったと指摘する[54]。中野実も細川，村山富市両内閣の政策決定を分析し，政官関係は相互牽制的なものに変質し，官僚が事前に政策を立案する程度が高くなったことを明らかにしている[55]。また，連立政権では個別政策の意見の不一致が政権の崩壊を惹起することを避ける傾向にある。その結果，連立与党間の一体性を優先させる，いわゆる"連立の縛り"が生まれ，自民党内の族議員の影響力が抑えられたとする野中尚人，土屋大洋による分析もある[56]。

一方，橋本龍太郎内閣の下で立案された中央省庁再編（2001年1月），さらに小泉純一郎内閣における内閣法改正（2001年6月）では，政策決定における政治主導が明確に打ち出された。具体的には官邸機能の強化，内閣府の設置など，総理がリーダーシップを揮いやすい環境を目指す制度改正が行われた。内閣府には総理を議長とする経済財政諮問会議が設置され，内閣全体の経済政策，財政政策，毎年の予算策定の基本方針を決定する場

となった[57]。その結果，小泉内閣では，こうした制度改革の影響を受ける形で内閣主導，首相主導の意思決定システムが確立した。政策決定の実質的な場が，族議員を中心とする自民党内の調整から，経済財政諮問会議に代表される内閣主導へと外部に移ることで，族議員の影響力は低下した。

こうした族議員の影響力を排除し，首相主導の政策決定が可能になった要因としては，先述した行政改革に加え，選挙制度改革，政治資金規制強化を通じて，中央集権的なシステムが構築されたことが指摘される[58]。自民党総裁，首相の権限強化は，選挙における公認権と政治資金の配分権に端的に示される。小選挙区比例代表並立制の導入により，公認候補は1人に絞られ，無所属候補は比例区での復活当選の可能性がなくなることに加え，選挙運動でも不利益を蒙ることから，総裁の持つ公認権は中選挙区制下のそれよりも強大なものになった[59]。また，政党助成金の導入は政治資金の配分権を総裁に与えることになった。郵政民営化をめぐる政治過程では首相が解散権を行使し，造反議員に対して公認を与えないことで，総裁の権限を確固たるものにした。

もっとも，小泉が内閣の命運まで賭けた郵政民営化と異なり，比較的軽視したとされる政策課題では，従来型の族型意思決定が維持・継続しているという指摘もある[60]。竹中治堅は政治主導，内閣主導の政策決定が，システムそのものの変化による帰結と捉え，1955年体制に代わる「2001年体制」が成立，定着したとしているが，小泉首相の持つ政治的基盤，リソース（特に世論による内閣支持），さらには党内の非主流派勢力を抵抗勢力と位置づけて対決的な姿勢をとるといった政治手法などの小泉首相個人の持つ要因の影響の大きさについては今後も検討が必要となろう。

4　規範分析と実証分析の相互作用を目指して

本稿では世紀を跨ぎ約10年を要した一連の制度改革に伴う日本政治の変化を概観し，さらにそうした変化の担い手ともなり，一方で分析を進めた「変わる政治学」の展開について検討した。より具体的には，多元主義アプローチ後の日本政治研究は2つの学問的潮流に整理され，一方で積極的に改革の動きに参画する潮流が，また他方で制度変化における政党，議員，有権者といった諸アクターのミクロレベルの行動，さらにその帰結を実証的に明らかにしていく方向性との2つの潮流が登場したことを示した。

10年以上にわたる政治改革という大きな政治の変化は，政治学の変化も強く迫っている。本稿に与えられたテーマに立ち戻って考えるならば，21世紀の日本政治研究の新潮流は，この2つの潮流を架橋，接合し，政治学の「現実科学」化という（古くて新しい）命題に応えることであろうと考える。先述した猪口は，近代日本の社会科学の進展を，政府の統治に資する「実用学問」，「御用学問」と，政府に対し原理的に反論を加える「反対学問」として整理したが[61]，学術研究としての政治学は，その両者いずれとも異なる「現実科学」としての道が考えられる。

　この架橋，接合の作業は，政治学の「現実科学」化のためには必要不可欠であるし，また可能な作業であると筆者は考えている。以下，改めて「現実科学」としての立場から2つの潮流の意義を考察したい。政策提言を行うには，どのような政治や社会が望ましいのか，理念を考え，政治や社会が現在いかなる状態にあるのかを分析し，理念と不都合な現状を埋める制度，処方箋を立案するといった手続きを踏む必要がある。さらに，制度改革の論議においては，導入すべきとされる制度が問題解決のための操作能力を有することを明らかにすることが必要である。冒頭の丸山の言を借りれば，制度の有する「運動法則」を論証するプロセスが必要となる。

　一連の政治改革をめぐる議論では，ウエストミンスター型の議会政治がモデルになったと考えられる。そこでは，ウエストミンスター型の議会政治が最も優れていることの論証や，中選挙区制度を並立制，連用制に改革することで，政治腐敗の問題，政治的応答性の問題が解決するメカニズムを示すことが重要となる。現実政治へのインパクトを優先させたがために，提言の裏づけとなる実証面の弱さは問題となる。

　確かに，民間政治臨調の提言では選挙制度を含めた政治・行政システムの包括的な改革案を提示している。しかし，改革の第1段階とも言うべき，中選挙区制の廃止，つづく並立制（もしくは連用制）の導入が，政治腐敗の除去，2大政党制による政権交代のある民主主義への移行，政党本位，政策本位の選挙競争などをもたらす必要十分条件を満たす制度であることが実証的に示されていたとは言いがたい[62]。たとえば，山口は中選挙区制の問題点の指摘という点では，改革論者と見解を同じくするが，中選挙区制に代わる制度としては比例代表制の導入を主張している。

　民間政治臨調の主張のうち，この弱点が端的に表われているのが連用制

の提案である。連用制は，比例区部分の議席配分方法において，各党の得票数を（小選挙区獲得議席数＋1）で除すことで，中小政党の小選挙区部分での不利を比例区部分で人為的に補うことを意図した制度である。与野党ともに比較的受け入れやすく，実現可能性の高い，換言すれば与野党間で対立し，暗礁に乗り上げていた政治改革論議を動かすことを企図した極めて妥協的な案であったと言える。改革の処方箋たる制度として，背景にある理念に加え，制度の操作能力についての検討も不明確であったと言わざるを得ないのである。

一方で後者の実証分析では，規範的議論との相互補完，現実政治へのレリヴァンスの追求が要請されるであろう。これも丸山の言を借りれば，たとえ精緻な実証分析を通じて，制度の持つ「運動法則」やアクター間の相互作用のメカニズムを明らかにしたとしても，現実政治との相互交渉を常に意識しない限り，政治学は「現実科学」たりえないのである[63]。その意味で，2つの潮流はいわば車の両輪のような関係にある。本稿でも紹介した政治改革の効果を実証的に分析した諸論考は，必ずしも制度改革の効果を肯定的に捉えているとはいえないものの，その知見は現状の制度が持つ問題点，さらに新たな制度設計に大きく寄与しうる点で，「現実科学」としての政治学の実現に向けて，分化した2つの潮流の対話を可能にする試みである。

さらに，2つの潮流の統合を図る試みとしては，選挙制度改革に留まらず，10年以上の時間を要した一連の制度改革が，何を対象として，いかなる目的で進められたものなのか，改めて理論的かつ体系的に解明される必要があるだろう。換言すれば，90年代以降の変化がなぜ，どの程度生じ得たのか，そして政治経済システムは今後どこへ向かうのか，といった論点が考えられよう。前者の積極的な政策提言への参加過程では制度の持つ操作能力についての実証的な裏づけが弱い点を指摘した。その結果，制度改革の試みが"一時の熱病"として矮小化されてしまう恐れがある。しかし，一方で後者のこれまでの制度論的均衡概念を用いた分析では，なぜ，そして，どの程度，合理的なアクターはゲームのルール自体を改変し得るのかという論点が，分析の射程外に置かれてしまうのである[64]。

統合に向けての1つのアイデアとして，制度改革以前の日本政治の状況をさまざまな政策領域における，さまざまなプレイヤーの行動を規定して

きた"部分均衡の集合体"と見立て，1990年代の一連の改革を"部分均衡から抜け出る過程"として把握することが考えられる[65]。日本の政治システムを構成するさまざまなゲームのルールが，異なる均衡へと収斂する際のアクター間の動態やその過程に分析が加えられる。こうした視点の導入は，均衡状態と考えられる制度改革以前の状態においても，なぜ制度変化が起こりえたのか，制度変革の程度やさらなる均衡状態を規定する要因は何かという論点に対して理論的なアプローチを可能にするのである。

本論冒頭に引いた丸山の言にもあるように，現実社会に対する政策提言と実証的，経験的な分析，さらには公共哲学に代表されるような規範的な議論の3者が排他性を持たず，相互補完性を担保し，政治学コミュニティの中での協働と分業を意識しあうことが，「現実科学」化という21世紀における日本政治研究の新潮流の確立に必要となるだろう。

（1）丸山（1964）
（2）猪口（1997）
（3）猪口（1996）
（4）2006年度日本政治学会会員名簿によると，日本現代政治論110人，政治過程論123人，選挙分析・投票行動論63人，行政学・行政理論136人・地方自治151人，政策分析63人，数理・計量分析17人に上る。
（5）猪口（1997）
（6）曽根（1985）。曽根は日本政治の変化について，(1)官僚優位論から政党優位論の変化，(2)エリート論から多元論へ（さらに多元論対コーポラティズム論の対比），(3)議会無能説から議会機能説へ，(4)選挙・地元利益の代弁者の議員像から，政策の専門家としての「族」の台頭，(5)決定における中心的機関としての自民党政務調査会部会の評価，(6)利益集団，圧力集団の再定義，(7)マス・メディアの政治的役割の規定のし直し，(8)地方政治の見方の変化（いわゆる3割自治論から地方政治自律説へ）の8点を指摘している。
（7）戦後日本における政治学の発展を概観した研究としては，大嶽（1994），田口（2001），森脇（2006）らの諸研究がある。特に政治過程研究については曽根（1985），小林（1997），河野（2003），選挙・投票行動研究については小林（1999，2004）などがある。
（8）山口（1993）。ただし，山口は中選挙区制に変わる制度として，比例代表制の導入を主張している。
（9）民間政治臨調（1993），佐々木（1999）

(10) 堀江（1995）
(11) 民間政治臨調（1993）
(12) 森（2006）
(13) 21世紀臨調による提言は社会経済生産性本部ホームページ（http://www.jpc-sed.or.jp/）から閲覧できる。
(14) 新しい日本を作る国民会議（2003）
(15) 森（2006）
(16) 小林（1999, 2004）
(17) 田中（1985）
(18) 例えば、京都市の有権者を対象とした世論調査を行った三宅・村松（1981）、三宅（1990）、1983年、札幌市の有権者を対象とした荒木・相内他（1983）、荒木（1994）、さらに86年総選挙を対象とした杣（1985, 1987）などが挙げられる。
(19) 三宅（1985）
(20) 蒲島（2004）
(21) 田中（1995）
(22) 田中（1997）
(23) 三宅（1995）、蒲島（2004）
(24) 河野（1996）、リード（1997）、川人（2000, 2004）
(25) 水崎（1992）
(26) 建林（2004）
(27) 河野（2003）
(28) ラムザイヤー・ローゼンブルース（1995）、河野（1991, 1994, 1995）、永久（1995）、建林（2004）、川人（1996）、加藤（1998）
(29) 曽我（2005）
(30) 鬼塚（2000）
(31) 堀内（2005）
(32) 小林（1994, 2003, 2006a）
(33) 谷口（2005）
(34) 山本（2006）
(35) 河野（2000）、Reed（2003）、浅野（2006）
(36) 大嶽（1997）、朴（2000）、谷口（2004）
(37) 小林（1997）、鈴木（2000）、品田（2002）、堤（2002, 2005）
(38) 小林（2005）
(39) 和田（1995）、岸本・蒲島（1997）
(40) Reed（2003）
(41) 佐々木他（1999）

(42) 川人 (2002)
(43) 名取 (2002)
(44) 大和田 (2005a)
(45) 小林・亀 (2004), 小林 (2005)
(46) 三宅 (2001), Hirano (2004)
(47) 鈴木 (2000), 小林 (2004, 2006a)
(48) 今井 (2003), 大和田 (2005b)
(49) 蒲島・今井 (2001), 池田 (2004, 2005), 山田 (2006)
(50) 加藤・レイヴァー (1998, 2003)
(51) 猪口・岩井 (1988)
(52) 佐藤・松崎 (1986)
(53) 猪口・岩井 (1985)。自民党における人事システムの特徴については，河野 (1991)，川人 (1996) による分析を参照。
(54) 猪口 (1994)
(55) 中野 (1996)
(56) 野中 (1998), 土屋 (2003)
(57) 曽根 (2005), ノーブル (2006), 竹中 (2006), 伊藤 (2006)
(58) 曽根 (2005), 竹中 (2006), 伊藤 (2006)
(59) 中選挙区，並立制下における自民党の候補者公認調整については浅野 (2006) を参照。
(60) 中村 (2006), 大沢 (2006)
(61) 猪口 (1997)
(62) 並立制が導入される以前からその問題点を指摘した研究として，小林 (1991)，石川 (1992)，五十嵐 (1993) などがある。
(63) 小林 (2006b) によると，政治学会会員を対象とした研究目的についてのアンケート調査において，行政学・地方自治論を専攻する者を除けば，日本政治研究，投票行動の研究者は価値観に基づく政治学研究に肯定的な回答を寄せている。
(64) 制度論が政治現象の変化を十分に説明し得ない点については，河野 (2002) の指摘を参照。
(65) 部分均衡概念を用いて政治改革の意義を考察した論考として，曽根 (2005)，伊藤 (2006) などがある。

参考文献

新しい日本を作る国民会議 (2003)「政権公約（マニフェスト）に関する緊急提言―新政治改革宣言・政党の立て直しと政治主導体制の確立」．
荒木俊夫 (1994)『投票行動の政治学―保守化と革新政党』北海道大学図書

刊行会.

荒木俊夫・相内俊一・川人貞史・蓮池穣（1983）『投票行動における連続と変化—札幌市の場合』木鐸社.

浅野正彦（2006）『市民社会における制度改革—選挙制度改革と候補者リクルート』慶應義塾大学出版会.

樋渡展洋・三浦まり編（2002）『流動期の日本政治—「失われた10年」の政治学的検証』東京大学出版会.

平野浩（1998）「選挙研究における『業績評価・経済状況』の現状と課題」『選挙研究』13号, 28-38頁.

Hirano, Hiroshi (2004) "Split-ticket Voting under the Mixed Electoral System in Japan." *Review of Electoral Studies*, no. 2., pp. 19-38.

堀江湛（1995）『政治改革と選挙制度』芦書房.

堀内勇作（2005）「『先送り』の構造—1992年夏, 公的資金投入はなぜ『先送り』にされたか」村松岐夫 編『平成バブル先送りの研究』東洋経済新報社.

五十嵐仁（1993）『一目で分かる小選挙区比例代表並立制』労働旬報社.

池田謙一（2004）「2001年参議院選挙と『小泉効果』」『選挙研究』19号, 29-50頁.

池田謙一（2005）「2003年衆議院選挙・2004年参議院選挙の分析—期待の政治のひとつの帰結と有権者」『年報政治学2005-Ⅰ　市民社会における参加と代表』木鐸社, 36-65頁.

今井亮佑（2003）「有権者と政治エリート—国会議員の活動と有権者の業績評価」『選挙研究』18号, 113-124頁.

猪口孝（1994）「新・族議員待望論」『中央公論』109巻3号, 104-113頁.

猪口孝（1996）『政治学者のメチエ』筑摩書房.

猪口孝（1997）「現代日本政治研究の問題と展望」『レヴァイアサン』27号, 141-160頁.

伊藤光利（2006）「官邸主導型政策決定と自民党—コア・エグゼクティブの集権化」『レヴァイアサン』38号, 7-40頁.

石川真澄（1992）「小選挙区比例代表並立制を批判する」『選挙研究』7号, 4-18頁.

加藤淳子（1994）「新制度論をめぐる論点：歴史的アプローチと合理的選択理論」『レヴァイアサン』15号, 176-182頁.

蒲島郁夫（2004）『戦後政治の軌跡』岩波書店.

蒲島郁夫・今井亮佑（2001）「2000年総選挙—党首評価と投票行動」『選挙研究』16号, 5-17頁.

Kato, Junko (1998) "When the Party breaks up." *American Political Science Review*, 92.

加藤淳子・M・レイヴァー（1998）「政権形成の理論と96年日本の総選挙」『レヴァイアサン』22号，80-105頁．

加藤淳子・M・レイヴァー（2003）「2000年総選挙後の日本における政策と政党間競争」『レヴァイアサン』33号，130-142頁．

川人貞史（1996）「シニオリティ・ルールと派閥―自民党における人事配分の変化」『レヴァイアサン』臨時増刊，111-145頁．

川人貞史（2002）「選挙協力・戦略投票・政治資金― 2000年総選挙の分析」『選挙研究』17号，58-70頁．

川人貞史（2004）『選挙制度と政党システム』木鐸社．

川人貞史（2005）『日本の国会制度と政党政治』東京大学出版会．

岸本一男・蒲島郁夫（1997）「合理的選択理論から見た日本の政党システム」『レヴァイアサン』20号，84-100頁．

小林良彰（1991）『現代日本の選挙』東京大学出版会．

小林良彰（1994）「投票行動のダイアメトロスモデル」『レヴァイアサン』15号，104-126頁．

小林良彰（1997）『現代日本の政治過程―日本型民主主義の計量分析』東京大学出版会．

小林良彰（1999）「わが国における選挙研究の系譜と課題」『選挙研究』14号，5-18頁．

小林良彰（2000）『選挙・投票行動』東京大学出版会．

小林良彰（2004）「わが国における選挙研究の系譜と課題Ⅱ」『日本政治研究』1号，171-180頁．

小林良彰（2005）「政治改革の効果測定―小選挙区比例代表並立制に伴う投票行動の変化と持続」『年報政治学2005-Ⅰ　市民社会における参加と代表』木鐸社，11-35頁．

小林良彰（2006a）「マニフェスト選挙以降の争点態度投票」『選挙研究』21号，7-38頁．

小林良彰（2006b）「市民社会と政治学の『市民化』」小林良彰・任爀伯（編）『市民社会における政治過程の日韓比較』慶應義塾大学出版会．

小林良彰・亀真奈文（2003）「並立制における投票行動の問題点」『選挙学会紀要』2号，3-17頁．

河野勝（1991）「自民党―組織理論からの検討」『レヴァイアサン』9号，32-54頁．

河野勝（1994）「戦後日本の政党システムの変化と合理的選択」『年報政治学1994』岩波書店，195-210頁．

河野勝（1995）「93年の政治変動―もう１つの解釈」『レヴァイアサン』17号，30-51頁．

河野勝（2000）「政治改革以降の『選挙制度』モデル」日本政治学会2000年度大会報告論文．
河野勝（2002）『制度』東京大学出版会．
河野勝（2003）「日本政治の分析視角」平野浩・河野勝編『アクセス日本政治論』日本経済評論社．
Kohno, Masaru(1997) *Japan's Postwar Party Politics*. Princeton University Press.
ラムザイヤー，マーク J．，ローゼンブルース，フランシス R．（1995）『日本政治の経済学』弘文堂．
丸山眞男（1964）『現代政治の思想と行動』未来社．
民間政治臨調（1993）『日本変革のヴィジョン』講談社．
三宅一郎（1985）『政党支持の分析』創文社．
三宅一郎（1989）『投票行動』東京大学出版会．
三宅一郎（1990）『政治参加と投票行動―大都市住民の政治生活』ミネルヴァ書房．
三宅一郎（1995）『日本の政治と選挙』東京大学出版会．
三宅一郎（2001）『選挙制度変革と投票行動』木鐸社．
三宅一郎・村松岐夫（1981）『京都市政治の動態―大都市政治の総合分析』有斐閣．
水崎節文（1992）「総選挙データ・ベースの開発とその利用」『岐阜大学教養部研究報告』27号．
水崎節文・森裕城（1998）「得票データからみた並立制のメカニズム」『選挙研究』13号，50－59頁．
森正（2005）「コートテイル・イフェクトの実証分析」小林良彰（編）『日本における有権者意識の動態』慶應義塾大学出版会．
森正（2006）「日本における市民社会＝政党関係の再構築の試み―マニフェスト導入の意義と課題」小林良彰・任爀伯（編）『市民社会における政治過程の日韓比較』慶應義塾大学出版会．
森脇俊雅（2006）『現代政治学―展開と課題』芦書房．
永久寿夫（1995）『ゲーム理論の政治経済学―選挙制度と防衛政策』PHP研究所．
中村圭介（2006）「改革の中の逸脱―労働政策」東京大学社会科学研究所（編）『「失われた10年」を超えてII―小泉改革の時代』東京大学出版会．
中野実（1996）「政界再編期の立法過程―変化と連続」『レヴァイアサン』18号，71－95頁．
名取良太（2002）「選挙制度改革と利益誘導政治」『選挙研究』17号，128－141頁．
野中尚人（1998）「先祖帰り？―連立政権時代における政策過程の変容」『レ

ヴァイアサン』臨時増刊号，37－67頁．
鬼塚尚子（2000）「市民参加のジレンマ―市民組織の選挙活動におけるフリーライダーの発生」『選挙研究』15号，139－151頁．
小野耕二（2002）「政治学の教科書には何が必要か」『UP』360号，14－24頁．
大沢真理（2006）「空洞化する社会的セーフティネット―社会保障改革の失われた15年」東京大学社会科学研究所（編）『「失われた10年」を超えてⅡ―小泉改革の時代』東京大学出版会．
大嶽秀夫（1994）『戦後政治と政治学』東京大学出版会．
大嶽秀夫編（1997）『政界再編の研究：新選挙制度による総選挙』有斐閣．
大嶽秀夫（2005）「『レヴァイアサン世代』による比較政治学」日本比較政治学会（編）『日本政治を比較する』早稲田大学出版部．
大和田宗典（2005a）「日本における政府支出と有権者行動」小林良彰（編）『日本における有権者意識の動態』慶應義塾大学出版会．
大和田宗典（2005b）「日本における業績評価と有権者意識」小林良彰（編）『日本における有権者意識の動態』慶應義塾大学出版会．
朴喆熙（2000）『代議士のつくられ方―小選挙区の選挙戦略』文藝春秋社．
リード，スティーブン R．（1997）「中選挙区制とM＋1法則」『総合政策研究』2号，235－244頁．
リード，スティーブン R．（2000）「中選挙区制における均衡状態」『選挙研究』15号，17－29頁．
Reed, Steven R. (2003) *Japanese Electoral Politics: Creating a new Party System*, Routledge Curzon, London and New York.
佐々木毅 編（1999）『政治改革1800日の真実』講談社．
佐々木毅・吉田慎一・谷口将紀・山本修嗣（1999）『代議士とカネ』朝日選書．
品田裕（2002）「政党配置―候補者公約による析出」樋渡展洋・三浦まり 編『流動期の日本政治―「失われた10年」の政治学的検証』東京大学出版会．
品田裕（2006）「2005年総選挙を説明する―政党支持類型からみた小泉戦略」『レヴァイアサン』39号，38－68頁．
曽我謙悟（2005）『ゲームとしての官僚制』東京大学出版会．
柚正夫 編（1985）『日本の総選挙1983年―田中判決選挙の総合分析』九州大学出版会．
柚正夫 編（1987）『日本の総選挙1986年―同日選挙，自民党300時代の登場』九州大学出版会．
曽根泰教（1985）「変わる政治，変わる政治学」『レヴァイアサン』1号，161－173頁．
曽根泰教（2005）「衆議院選挙制度改革の評価」『選挙研究』20号，19－34頁．

鈴木基史（2000）「並立制における投票行動研究の統合的分析アプローチ」『選挙研究』15号，30-41頁．
田口富久治（2001）『戦後日本政治学史』東京大学出版会．
竹中治堅（2006）『首相支配―日本政治の変貌』中央公論新社．
建林正彦（2004）『議員行動の政治経済学』有斐閣．
田中愛治（1985）「わが国における政治行動研究の最近の成果と動向」『レヴァイアサン』1号，174-182頁．
田中愛治（1995）「55年体制の崩壊とシステムサポートの継続」『レヴァイアサン』17号，52-83頁．
田中愛治（1997）「政党支持なし層の意識構造―政党支持概念の再検討の試論」『レヴァイアサン』20号，101-129頁．
谷口将紀（2004）『現代日本の選挙政治』東京大学出版会．
谷口尚子（2005）『現代日本の投票行動』慶應義塾大学出版会．
東京大学社会科学研究所 編（2006）『「失われた10年」を超えてⅡ―小泉改革の時代』東京大学出版会．
土屋大洋（2003）「1990年代の情報通信政策―NTT経営形態問題にとらわれた十年」『レヴァイアサン』32号，72-96頁．
堤英敬（2002）「選挙制度改革と候補者の選挙公約―小選挙区比例代表並立制と候補者の選挙戦略」『香川法学』22巻2号，90-120頁．
堤英敬（2005）「日本における政策争点とその変容」小林良彰（編）『日本における有権者意識の動態』慶應義塾大学出版会．
和田淳一郎（1995）「小選挙区比例代表並立制に関するゲーム論的一考察」『選挙研究』10号，32-40頁．
山田真裕（2006）「2005年衆院選における自民党投票と政治的情報量」『レヴァイアサン』39号，11-37頁．
山口二郎（1993）『政治改革』岩波新書．
山口二郎（1997）『日本政治の課題―新・政治改革論』岩波新書．
山口二郎（2001）『日本政治再生の条件』岩波新書．
山口定（1985）「戦後日本の政治体制と政治過程―その特質と変容」三宅一郎他 編『日本政治の座標』有斐閣．
山本耕資（2006）「投票政党選択と投票－棄権選択を説明する―計量と数理の接点」『レヴァイアサン』39号，170-206頁．

日本官僚論の再定義

——官僚は「政策知識専門家」か「行政管理者」か？——

宮本　融＊

はじめに—本稿の目的

　本稿の目的は,「政治学の新潮流」をテーマとする本年報において, わが国における政治学の焦点の一つである官僚制についての研究のレビューに経済産業省の近年の試みを加えて, 90年代以降変わりつつある政治環境に適用していこうとする官僚の姿につき新しい視座を提供することにある。

　戦後の官僚制研究は,「天皇の官吏」として統治機構そのものであった官僚機構を新憲法の下でどのように民主的な統制の下に服せしめるかという観点から出発した。このため, 55年体制が定着し政党政治に政策決定の重心が移行した後も, 長く「政治家と官僚のどちらが実質的に政策決定を支配しているか？」という観点を中心に議論が行われてきた。これに対し, 80年代のいわゆる日本型多元主義論争は, わが国においても官僚機構は独立して存在しているのではなく, 様々な圧力団体が政策に影響力を与えようとする政治アリーナとして機能しており, 自民党の包括的な委任の下で具体的な政策調整を担っていることを指摘した。日本型多元主義論争は, その後, 欧州諸国の多元主義との差異を巡りより精緻化されていくとともに, 具体的政策過程の実証分析に移っていく。こうした実証研究の中で, 90年代の景気低迷からの脱却が遅れている原因が官僚機構の政策変更能力に求められるようになるとともに, 一連の官僚不祥事の発覚に伴う国民の官僚機構への信頼感が大幅に低下したことを受けて, 官僚制の政策形成能力の限界が指摘されるようになる。更に, 官僚制優位の政策形成に伴う病理現象の象徴として技官制度に着目する研究も現れるようになっている。

＊　北海道大学公共政策大学院教員, 行政学・公共政策

本稿で注目しようとしているのは，官僚制を政策に関する専門知識を担う社会集団として捉えようとする近年の実証研究に共通する方向性である。ここには，伝統的行政学の立場からの研究と新制度論的な問題関心に立つ研究とのギャップという理論的課題と社会集団としての官僚の再生産のあり方という実践的課題の二つがある。

理論的課題について言えば，日本の官僚制研究には，伝統的な行政学的な流れと新制度論的な問題関心に基づく政治学的な流れの二つが必ずしも有機的に連関しないままになっている側面がある。特定の政策領域における専門知識を制度的に担う社会集団の政策形成過程における役割の分析ということでは同一の課題を扱っているはずであるが，制度の詳細とその変更過程を詳述しようとする行政学的研究は新制度論的アプローチにヴィヴィッドな反応を見せていないし，行政学における例えば最近の技官に関するケース・スタディが新制度論的アプローチから言及されることは少ない。このため新制度論的アプローチから見出されている発見が行政学的なソリッドな制度分析に十分に応用されていない。

この問題は，二つ目の実践課題につながっていく。日本の官僚機構は終身雇用の典型であり官僚としての地位は身分保障そのものであったから，社会的再生産を視野に入れた議論はこれまでの議論の中では比較的軽視されてきたものである。90年代のわが国における行政学と政治学の文脈の違いに基づくギャップは，官僚が担うべき政策知識集団としての再生産過程を過小評価することにつながり，ジャーナリズムの激しい官僚バッシングの時代に[1]，国民の共通財産である政策専門家としての官僚集団をいかに再生産するかという問題に政治学全体として十分に答えてこなかったのではないかというのが本稿の問題意識である。

本稿の主張は，以下の3つの視座を提示することにある。

第一は，官僚像の類型論の見直しである。政策形成過程における官僚の役割を実証的に明らかにする場合には，官僚自身がどのような役割を担うべきと考えているかという主体側からの認識を分析するアプローチと，実際の政策過程を検証する中でどのような役割を果たしてきたかを客観的に分析するアプローチの両方が必要である。類型論の見直しは，前者の自己認識の分析の再定義である。現在有力な学説では，戦前からの特権的官僚の意識を継承する「国士型」官僚から，55年体制の安定に伴い，政治家と

官僚自身は協力して政策形成を行うべきとする「調整型」官僚に，官僚自身の意識が変化しているとされる[2]。更に，70年代には多数を占めるにいたった「調整型」官僚は90年代の官僚バッシングを受けて，無原則かつ特殊利益との関係が密接すぎる政治に深入りすることを躊躇し[3]，行政官の政治的中立性を額面どおりに受けとめ，自らの役割を政治の与える課業の遂行に限定するという「吏員型」の官僚が増加していると考える[4]。こうした「調整型」から「吏員型」への移行はバッシングに伴う「萎縮」と理解される。これに対し本稿は，これは単なる「萎縮」ではなく，官僚自身のその役割の再定義であると見るべきであると考える。即ち，自民党一党優位体制の下において官僚は与党政治家の力を借りて社会との紐帯を保っていたが，族議員の衰退等の情勢変化に対応して，自ら直接「落としどころ」を見つけようとするのではなく，政治的中立性を保ち，慎重に価値判断に踏み込まないようにしつつも，政策形成過程を管理することで，政治家に「落としどころ」を見つけさせることに，自らの役割を再定義しようとしていることの反映であると読み替えるべきなのではないかということである。日本の官僚は，閉鎖的任用制を前提に，これまで採用時点での厳しい選抜をくぐった後は組織への忠誠を維持する「組織指向型」としてとらえられてきた。しかし，中堅官僚の辞職が少なくなくなってきた今日，中央省庁を離れながら，研究機関やシンクタンク，あるいは企業に属しつつも，出身省庁との政策ネットワークにはとどまり，政策変更自体にコミットする「プロフェッション志向型」として存在することも可能となってきているといえる。このため，あえて官僚としてとどまろうとする者は「行政管理者」としての官僚の役割に積極的な意義を見出しているのではないかということである。

　第二は，実証分析からの客観的アプローチの問題である。政策形成過程についての実証研究の蓄積は，70年代までに政策形成権力の重心は官僚から政治家に移行したことを発見したことに加え，80年代後半以降の与党による官僚制への強いコントロール下においても官僚は政策形成過程において大きな役割を果たしていることが再発見している。しかし，こうした「官僚の役割の再発見」は，過渡的現象の観察に過ぎないのではないかということである。

　研究動向を振り返れば，官僚の政治家に対する優位を主張する官僚優位

論に対し，いわゆる日本型多元主義論の立場から，自由民主党政権の長期化に伴う族議員の台頭により「政高官低」と呼ばれる現象が起きているという反論がなされてきた。この対立は，政策形成過程において支配的影響力を保持しているのは政治家なのか官僚なのかという問題を巡るものであり，長期にわたり一党優位体制を維持してきた自民党政治に対する評価と分かちがたく結びついていた。これに対し，90年代に入り政権交代が現実の可能性として視野に入ってくる情勢になると，より詳細な政策形成過程のダイナミズムについて分析が行われるようになる。こうした研究は，少なくとも特定の専門性の高い政策領域においては，与党の官僚への強いコントロールの下においても，官僚が具体的な政策立案過程において大きな役割を果たしていることを再発見している。しかしながら，こうした官僚の役割は，民主的正統性を帯びる政治家が果たすべき政策のプライオリティ付けや選択を代替するものとまでは，勿論いえない。これまで官僚が大きな役割を果たしているとされたケースは，大まかに二つなのではないか。一つは，政府予算の右肩上がりを前提とする「山分けの政治」の下で，政治から限定的に委託された裁量権の行使である。これが一般に80年代まで「官僚支配」として理解されてきたことの実態である。もう一つは，現在のように，歳出削減のために「あれか，これか」の選択，あるいは歳入増のために必要とされる増税といった「痛み分けの政治」が必要であるにもかかわらず，政党が国民に対しそうした選択を中途半端にしか問い得ていない状況において，財政投融資を含む様々な財源措置を講じたり，歳入中立という前提の下での税制改正を行うといった，いわば糊塗あるいは弥縫策を講じているケースである。官僚の役割の「再発見」とは，後者の過渡的なケースを分析しているということなのではないか。右肩上がりでない経済を前提とし，フロントランナーとして自ら国家目標を設定せざるを得ない21世紀のわが国において，小選挙区を前提として自民党が大きく変わっていく中で，真に大きな改革である「痛み分けの政治」を実現していくために，更に新たな政官関係が生まれつつあるのではないか。これが，本稿が提示しようとする第二の視座である。

　第三は，官僚の政策知識の問題である。本稿で指摘するのは，知識の中身とその使い方についてである。まず，政策知識の使い方についてみると，官僚の影響力は政策に関する専門知識の独占や関連する情報の収集・保持

により得られると考えられてきた。しかし，実証研究は，むしろ政治家や他の社会的有力集団と政策の方向性についての認識を共有することで，より大きな影響力を得ているのではないかと解されるものが多い。従って，官僚の影響力は知識の占有に限られないのではないかと正面から議論できるのではないかというのが本稿の立場である。

　これまでの議論の文脈では，官僚優位論が官僚の政策知識や情報の独占を官僚組織の影響力の源泉と指摘するのに対し，日本型多元主義論は，長期にわたり政権を維持し続けてきた自由民主党の政治家の側における政策知識の蓄積が官僚へのコントロール力を強化してきたという側面を指摘してきた。しかし，両者とも政策形成への影響力の源泉は専門知識の多寡や関連情報収集能力に基づくと考えていることでは同様であった。これに対し，官僚が必要と考える政策変更が「痛み分け」を伴うものであり，そのため政治家と一体となって改革を推進することが必要である場合には，政策情報を囲い込むのではなく，逆に他者と問題認識を共有することが官僚自身の影響力を向上させることになっているケースが多いといえるのではないかということである。前述の官僚像の類型論との関係で言えば，現在の「行政管理者型」官僚は，落としどころを自ら直接ではなく政治家をして探らしめる過程を管理しているのであり，政治家に対する影響力を特定の与党幹部政治家に対する政策情報の提供によって保持しようとするのではなく，政策に明るい与野党の政治家に幅広く提供することで社会との紐帯を保とうとしているのではないかということである。

　もう一つの官僚の持つ専門知識についての問題は，ここでいう「専門知識」とは何なのかということである。一般に考えられるような学問上の知識や法令といった制度の詳細に関する知識がここでいう「専門知識」の構成部分であることはいうまでもない。しかし，デフレ下における金融政策，銀行の破綻処理における会計の知識，あるいはHIVやBSEについての知識は，ジェネラリストである事務官僚はもちろん，霞ヶ関におけるスペシャリストである技術官僚においても手に余るものであって，実際政策立案に当っては外部専門家に頼る部分が大きい。こうした新しい高度の専門知識を必要とする政策分野を比較検討すれば，官僚の専門性とは個別の知識ではなく，どのような知識を組み合わせて，どの段階で，どのような形で，誰に向かって提示すれば，建設的な政策形成が可能となるかということに

関するより抽象的な知識と定義すべきではないかということである。「吏員型」という類型を「行政管理者型」として再定義すべきであると考えるのは，そこに専門家としての専門性があるとみるべきと考えるからである。

　本稿において示す，新しいタイプの官僚の形成を認識するとき，行政改革の方向性について再検討が必要なのではないかと思われる。官僚の担う役割が90年代後半以降変化しつつあるとすれば，その再生産の仕組みとしての公務員制度もそれに適応したものとしてデザインされるべきだからである。現在の公務員制度改革の議論は，政策形成のためにどのような専門知識が必要であり，そうした専門知識を担う専門家集団が社会の中でどのように再生産されるべきであるかという観点からの検討が十分であるとはいいがたい。中央省庁の内部では，自らの政策形成能力の低下が深刻であると認識されているが，そのための抜本的な改革は提案されていない。この問題は更に，中央省庁改革から一周遅れで行われている地方行革において拡大再生産されている。政策知識の関係者間での幅広い共有とそれに伴う政策決定過程の透明化のためには，官僚の役割の再定義が必要であり，本稿はそのためのささやかな第一歩である。

1　官僚像の変遷

　政策形成過程において官僚がどのような役割を果たしているかを類型化することは，容易ではない。実証研究の蓄積により，現時点では様々な分野における政策形成過程の諸段階における官僚の役割が明らかにされているが，類型という意味では，まず官僚自身が自らの役割をどのようにとらえているかという主体的認識を検討する必要がある。

　この点について現在有力であるのは，二つの座標軸により整理し，3つの類型があるとする立場であろう[5]。第一の軸は，政治との関係である。行政が政治の上に立つべきであり，政策をつくるべきなのは政治家ではなく官僚であると考えるのか，それとも行政は政治の下に立つべきであり，政策を作るべきなのは政治家であると考えるかということである。第二の軸は，社会との関係である。行政は社会と一定の距離を保ち利益集団の意見を直接聞かない方が良いと考えるか，行政は社会と協調し利益集団の意見を直接聞く方が良いと考えるかということである。こうした二つの軸によって，以下の3つの類型の官僚が存在すると説明する。

第一の類型は「国士型官僚」である。行政は，政治の上に立ち政策は官僚が作成すべきであり，社会とは一定の距離を保ち利益集団から直接意見を聞かない方が望ましいと考える官僚である[6]。政治家は個別の利益集団の利害に影響され近視眼的傾向を持つため，政策の内容について高度の専門知識を持ち個別の利害から中立である官僚が長期的視野にたって政策形成に主導的役割を担うべきであると考えるからである[7]。こうした官僚像形成の嚆矢となったのが辻清明の研究である[8]。辻の研究は，戦後官僚制改革において，それまでの特権的であり身分保障に守られてきた「天皇の官吏」をいかにして民主的統制の下に服せしめるかという関心から出発し，こうした特権的官僚の徹底的な民主化が必要であると主張した。もちろん，現実には特権的な官僚が政策形成において引き続き優越的地位を維持していると認識していたのである。こうした指摘は，その後の研究だけでなく多くの賛同を集め，官僚の通説的理解を形成することになった。

　第二の類型は「調整型官僚」である。行政と政治はどちらが上でどちらが下ということではなく対等であり，政策形成においては協調する関係にあると考える官僚である[9]。こうした官僚理解の嚆矢は村松岐夫である。村松は1975年の官僚の役割意識調査に基づき，官僚の中には政治の上に立とうとする「古典的官僚」もいるが，現実の政治状況の下において様々な利害の調整を行うことこそ自らの責務であると考える「政治的官僚」もいるとして，辻の特権的官僚論に対し反論した。村松やその後に続く研究により，辻がモデル化した「国士型官僚」が多数を占めていたのは60年代半ばまでであり70年代には「政治的官僚」あるいは「調整型官僚」が優勢になっていることが明らかにされてきた。

　広く知られているように村松らは，75年に引き続き85年においても同様の意識調査を行う[10]。これにより，80年代になると第三の類型としての「吏員型官僚」が現れてきたと結論付ける。行政は政治の下にあるべきであり，利益集団と話し合いながら利害調整を行うのは政治家の仕事であり，行政はあらかじめ定められた目的に従って政策を厳格に実施することが自らの責務と考える官僚である。村松らは同様の意識調査を2002年にも行っており，その結果この「吏員型官僚」が増加していることを発見した[11]。即ち，「行政の裁量は減少させるべき」であり，「行政において調整より能率が重要」であり，「大臣は上級公務員の意見や党内の意見より大臣自身の意

見を重要視する」と考える官僚が増加しているというのである。

「国士型」から「調整型」を経て「吏員型」へと変遷していく官僚の自己認識は，官僚の政治に対する相対的な地位の低下を反映するものであるが，村松自身も指摘するように官僚の自覚する国家意識から日本の政治過程を説明できる要素は大きくない。そもそも官僚は政策形成過程の一部なのであって，政治家と官僚が相互に協力あるいは反発しながら政策が形成されている。2002年の調査を総括して真渕は，「調整型官僚から（引用者注：吏員型官僚へ）の離脱は，政治と社会の変容に直接対応して起こったというよりも，それらを背景として90年代に噴出した官僚の不祥事，それに対する世論の非難への対応である」と考えることができ，「日本官僚制の成熟による役割の選択と言うよりも，病理的な反応であるといわなければならない」と結論付けている[12]。

しかしここで想起されるべきであるのは，こうした官僚像の類型化の出発点において村松は，分析対象としている官僚の行動の合理性を「追いつき型近代化」という政策目的が明確であった時代背景を前提にしていることに自覚的であったことである[13]。90年代以降の政治環境の変化は，官僚制の役割についても大きな変化をもたらしている。官僚制の役割を考える上でこうした変化を総括すれば，「吏員型」という消極的な官僚像がどこまで妥当なのであるかを問う必要がある。本稿の目的は，主体的認識において「吏員型」と見える官僚像を，新しい政官関係の中でより実証的に再検討とすることを通じ，より積極的な役割を担う「行政管理型」に読み替えることを提案することにある。

そのために，政策形成過程における官僚の役割を客観的に分析する実証研究の変遷を見る必要がある。

2　官僚制研究の焦点の変遷

(1) 官僚優位論

戦後の官僚制研究の出発点となった辻清明の問題意識は，GHQの間接統治の下で生き延びた官僚制を新憲法の下でいかに国会を中心とする民主的統制の下に服せしめるかにあった。しかし，彼の基本的な理論枠組み自体，単線的歴史的発展論というべきものであった。官僚制は当初，絶対王

政の下において「後見性原理」に基づく人民に対する超越的支配と厳格な資格任用制と服務規律により階統制を確立した絶対制的官僚制として成立する。しかし,市民革命により,強力な集権的性格と特権的な身分保障は剥奪され,その任免も「人民意志」に基づくものとしての猟官制的官僚制に変革される。しかし,これは政党制の特殊的利益との結合といった変質と国家の役割の拡大による「社会職能国家」の出現に伴い,「全体の奉仕者」として政治的中立と身分保障を与えられた上で,量的に拡大し質的に複雑化した行政機能を合理的に遂行するために,科学的人事行政により管理される現代官僚制に進化すると考えた[14]。もちろん,こうした枠組みはそのまま実証研究の基礎となるものではない。しかし,ニューディール思想に深く影響された GHQ により新憲法が起草され,自発的な民主化の過程を経ずして,新憲法の下での民主政治の運営をスタートせざるを得なかったことは事実である。このため,辻のいう,近代化の過程において,第二段階の市民革命を経ることなく第三段階に入ったため,絶対主義の残滓というべき天皇の官吏としての戦前の官僚制が,現在の行政国家の任を担うことになったという辻の問題意識は,官僚機構が政策形成過程の中核に位置する構造が変更されず,拡大していく権限が恣意的に行使されるのではないかという危惧に昇華し,それにつづく研究において深められることになった。

　こうした戦前と戦後の官僚制の連続面を強調する戦前戦後連続論は,学界においては相当期間多数派であった。例えば,河中二講は,戦前戦後を通じた日本官僚制の伝統的特質を「家父長主義」と身分制構造であるとし,官等身分制に結びついた事務分掌と稟議制に基づく分散的体制が,議会制への対応組織として成立した官房によって掌握されるという職権体制により制度的に固定されたとした上で,その後の占領行政や保守政権の下で機構と勢力を温存し反憲法的政治的役割を保っていると批判する[15]。また,佐藤竺のように行政法規との関係を重視する指摘もある。行政官僚制の極端な優越性が行政行為の公定力の原理として法律体系の中核に存続したために,戦後の憲法構造の変革にもかかわらず,維持されたと考えるのである[16]。

　後述するように,戦前戦後連続論は,その後,様々な批判を受けている。しかし,政策形成過程における官僚制の優位に対する批判は,骨格として

は，現在でも引き続き主張されている。例えば，松下圭一は「日本国憲法制定から50年たつにもかかわらず，日本の官僚法学，講壇法学では戦前型の理論パラダイムを転換できなかったため，憲法の運用は戦前と同じく『国家統治』から出発してい」たとし，今日でも現実は「イギリスの議院内閣制と遠く異なる，明治国家型の『官僚内閣制』にとどまってきた」とする[17]。日本の実態は「官僚内閣制」であって，「国会内閣制」に移行することが課題であるとするのである。

戦前戦後連続論の系譜であるこうした官僚優位論は，新憲法により明確に知事選出過程が官選から民選に変更された地方自治体にその具体的実現の契機を求め，そうした立場をとる多くの政治学者が地方自治の研究に重点を移していくことになる。近年の地方分権論議において，官僚の役割の縮小を求める意見が地方分権とともに主張されることになる背景にはこうした研究史の積み重ねが存在する。

他方，日本の官僚制研究には，こうした行政学的関心からの研究潮流とは別に，政治経済学的な関心からの研究潮流もある。80年代に入ると，主として海外の研究者により「日本の戦後の高度経済成長の原因は何であったか」という政治経済学的問題関心からのより積極的な官僚優位論も主張されるようになる。例えばチャルマーズ・ジョンソンは，日本は「発展指向型国家（Developmental State）」であって，「政府は産業政策，すなわち国内産業の構造，しかも国際競争力を高めるような構造の振興を優先」し，「経済活動を律する特定の手続よりも，国家的に支持された経済上の目標設定に重点をおいてきた」のであり，その政策形成過程においては「圧力団体や政治家に影響されはするが，日本のエリート官僚は，ほとんどの主要な意思決定を行い，ほとんどすべての法案を立案し，国家予算を管理するとともに，体制のなかにおけるすべての主要な政策の革新の源泉ともなっている」と説明する[18]。もちろん，官僚が単独で情報を収集し政策を立案できたわけではなく，天下りによって官僚が企業や業界団体に組織的に供給されることにより国家と市場をつなぐ人的ネットワークが形成され，政府と企業が密接な協力関係を築くことができたのであり[19]，こうした人的ネットワークは，産業報国会などの戦時下における総力戦に向けて構築された総動員体制に淵源を持つとして，戦前戦後の連続性が強調されるのである[20]。

こうした政治経済学的研究は，行政学的研究と同様に官僚優位論の立場に立つが，行政学的研究が民主的統制の不全という問題意識からそれを否定的に捉えるのに対し，官僚優位の「強い国家」が戦後の高度経済成長をもたらしたとし積極的な評価をすることになる[21]。

(2)　日本型多元主義論とネオ・コーポラティズム

　これに対し，多元主義の立場に立つ村松は，辻を批判して新憲法の制定により正統性の転換が行われたことを重視し，戦前と戦後は断絶していると主張する。そもそも「戦前の，正統性の根源たる天皇とそれを巡る元老と軍事勢力の支配するいわば宮廷体制であって，決して官僚がその主役であったというのではな」く，「スローガン的に『戦前は官僚国家であった』というのは余りに単純」であるとしながら，占領軍の統治は新憲法の運用について一定のオリエンテーションを与えたことや追放令により政治指導者があらゆるレベルで交代したこと等により，その後の議会制の運営は日本社会に定着していったとする[22]。こうした議院内閣制の定着の証明を，京極純一は国民の政治意識の面から行おうとするが[23]，村松は官僚及び国会議員へのサーベイ・リサーチの手法を用いて証明しようとするのである[24]。

　日本の政策決定において官僚の果たしている役割は，それほど優越的なものではないとする考え方の多くは，しかし，村松のように官僚制そのものを見つめることから発生してきたというよりは，より政治経済学的関心からのものが多いと思われる。特に，70年代の二度の石油ショックに伴う日本経済の低迷は，官僚主導型の経済発展への疑念を生じさせ経済政策へのより実証的な研究が進展することになった。こうした実証研究において分析される戦後の日本政治においては，新憲法の規定する議院内閣制が運用され，官僚が政権与党に対し絶対的優位を維持していないことは明らかであったから，コーポラティズムや多元主義の立場が検討されることになった。

　コーポラティズムは，経済政策上の労使協調の必要性という観点から注目を集める。60年代に蓄積された過剰流動性は70年代に入ると石油ショックを契機とする激しいインフレと景気低迷の並存というスタグフレーションを引き起こした。それから脱却するためには，政府，企業，及び労働組合の三者が協調し，物価上昇の抑制のために賃金引上げ要求の自粛を行う

必要があった。コーポラティズムは，こうした三者間の関係を説明するだけでなく，より実践的な労使協調の政治を形成しようとする概念として注目された。しかし，日本の場合，強力な官僚機構と企業団体に対し，労働運動側が，強力なナショナルセンターをもたず，企業別組合中心の分散的構造から脱却できなかったから，コーポラティズムの理論の適用は困難な過程であった。このため，日本では利益団体の政策過程への制度的参加が拡充していると言う意味で，欧州諸国と同様コーポラティズムが成立しているが，労働組合が排除されている点で異なるとする「労働なきコーポラティズム」といった概念が提唱された[25]。これに対し，日本の労働には資本と対等の立場で交渉する組織力がなく，後見役となる社会民主主義政権も存在しないのであるからコーポラティズムは存在せず政策過程の結果は偏った均衡にならざるを得ないという「デュアリズム」からの批判も強い[26]。このため「日本型コーポラティズム」とは，政策形成上の協調化の傾向を指摘するにとどまることになった[27]。

　多元主義の立場は，より幅広く経済政策を巡る政治過程を捉えようとする。例えば，猪口孝は，1983年の時点において，戦後の政治家と官僚の力の変化を，①占領期と経済復興期（1945～55年），②高度成長前期（1955～64年），③高度成長後期（1965～73年），④低成長期（1973年以降）の4つの時期に区分する。第1期において，政治家が公職追放のために権威を失い，かつ民間の利益集団も未成熟であった時期に影響力を大きくの伸ばした官僚は，55年体制の成立以降の第2期において経済発展の下で政権党と利益団体を自らの影響下に繰り込むことに成功する。しかし，政権党の伸張と利益団体の成熟に伴う官僚の相対的地位低下が，通産省の市場介入強化策の失敗以後の第3期において次第に明確になり，第4期の低成長期の訪れにより，官僚主導型経済発展中心国家体制の変質を余儀なくされていると捉える[28]。こうした過程を総括し，猪口は，日本を「官僚的包括型多元主義」と定義する[29]。日本は，フランスとともに官僚主導国家であるが，官僚が絶対優位ではないという意味において「多元主義的」であり，アメリカと異なり少数民族等セクターとして疎外されるものがないという意味において「包括的」であるからである。

　国際的比較の観点から，長期にわたる一党優位制の下で政策協調がなされている日本の政治過程は特徴的であったことから，猪口以外にも，村松

とエリス・クラウスの「定型化された多元主義」,佐藤誠三郎と松崎哲久の「自民＝混合体に方向づけられた多元主義」,中邨章の「分散型多元主義30」,曾根泰教の「一党優位型多元主義」など様々な形で「日本型」の多元主義の定義づけが試みられた31。しかし,こうした日本型多元主義論の広がりは,共通項として「定型化」,「方向付け」,「調整役としての官僚の役割の重視」,「協調の強調」を残すだけになり,ネオ・コーポラティズムとの違いが曖昧になることになった32。

　しかし,ここで留意しておくべきことは,日本型コーポラティズム論争あるいは日本型多元主義論争は,戦後日本の保守政治に対する否定的な評価を覆したことである。こうした側面を,象徴するのがいわゆる「書斎の窓」論争として記憶されている一連の議論である。戦後啓蒙型知識人世代に属する山口定が,「戦後政治の総決算」を掲げた中曽根政権に対し「一種の翼賛体制の再登場」として戦前との連続性という認識に立った危機感を表明したのに対し,より若い世代に属し実証的研究を志向した大嶽秀夫は,中曽根個人の認識は別として少なくとも政権の方向性としては戦後保守政治の継承路線であり「ナショナリズムの暴走」といった危険なものとはいえないと主張したのである33。出発点となった対談は,大嶽自身も書いているように,当初当人たちの間では特段ポレミックなものとは認識されていなかった。二人の間では,学問的にもかなり共通点があると認識されていたようであるし,出版されたものは結果として対立的な側面を鮮明な形で記述することになったものの,「世代的な対照性を明確に表現したもの」に過ぎないと認識されていたのである34。現時点からみると,政治学の問題として族議員や国鉄や電電公社の分割民営化にいたる中曽根政権の方向性について政治経済学の研究者が一定の肯定的評価を持つことは,半ば当然のことであると思われるため,筆者の世代にとってはこうした対談が大きな反響を呼んだことはいささか理解しがたい側面がある。しかし,この論争の本質は「実のところ日本政治の価値的評価を巡る論争」であった35。こうした論争が学界を超えて話題になること自体36,日本政治学の社会的影響の広がりと深化を示すものであるが,学界の側においてもこうした論争を契機に,実証研究がより一層進展していくことになる。

(3) 実証研究の進展と官僚の役割の限界の認識

こうして80年代末から，個別の政策分野毎に突っ込んだ実証研究が蓄積される。それまでの時代の論争は政治家と官僚のどちらが政策決定過程において支配的影響力を持つのかという観点を巡り，70年代初頭までの官僚優位論に対し，80年代は族議員の政策能力の高まりに伴う「政高官低論」といった政治家優位論が唱えられた[37]。しかし，新しい世代の実証研究は，逆に，官僚の強さを「再発見」することになる[38]。

前述のように，日本における官僚制の実証研究の出発点は，日本の高度経済成長の原動力の解明という経済政策への関心であったから，日本官僚論の中心は通産省と大蔵省という有力経済官庁を巡って展開されてきた。しかし，日本株式会社の司令塔としてその影響力の高さを指摘されてきた通産省についても，その後の研究は限界を発見している。

ジョンソンの官僚主導の発展指向型国家論に対し，リチャード・サミュエルズは通産省の影響力には限界があることを指摘する。典型的には，日本はエネルギーのほとんどを輸入に頼っているにもかかわらず，エネルギー産業の国営化を行ったことがないことを指摘する[39]。これは政府が，賢く「先見の明（prescience）」を発揮した結果ではない。日本においても，政府と企業の間では，政府は「管轄権（jurisdiction）」は持つもののその実際の行使に当っては企業側の了解を必要とする。企業としては，自律して実際の「管理（control）」を行っている。ここでは，「管轄権」は政府，「管理」は企業という棲み分けがあるのであって，その両者の関係には「相互承認（reciprocal consent）」の原則が存在すると主張する。政府と企業の間では，不断の交渉が行われているのであって，強い政府が直接に市場介入するような固定的な関係にはないということである。通産省の市場介入の限界については，デビッド・フリードマンが同様の主張を行っている。フリードマンは，堺市と長野県の工作機械産業の調査から，数値制御マシンに代表されるこの産業の成功は，劇的な中小企業の発展と市場に即応する不断の技術革新によりもたらされたことを指摘する。その上で，従来の学説が主張してきた，政府による生産者への支援と指導を強調する「官僚調整論（bureaucratic regulation theory）」も市場競争による生産性の向上を強調する「市場調整論（market regulation theory）」も日本の成功を誤解していると批判する[40]。日本の成功は，アメリカ型の規模の生産性の追及ではなく，数値制御工作機械等をフルに活用し多品種少量のフレキシブルな生

産によりニッチ市場を制覇したことによるのであって，国家介入の果たした役割はむしろ小さかったと主張した[41]。

最近の研究で，通産省についてその役割を比較的大きなものとして捉えているのは内山融である。ダニエル・オキモトが[42]，ジョンソンのように全体としての官僚制の強さではなく，政策分野毎に強い領域（経済政策）と弱い領域（分配政策）があると修正していることを更に展開し，70年代の経済的危機を契機として日本政府の市場介入政策が競争制限的介入から競争促進的介入に変化したと主張する[43]。その事例として，70年代に焦点を当てる。通産省は，73年の国民生活安定法の制定にいたる過程までは，競争制限的介入の強化が目指されたが，石油ショックに端を発する経済危機とロッキード事件に象徴される自民党政権の動揺という政治危機という70年代後半の変化の中で，競争促進型介入の強化に転換していくとするのである。内山は，この証明として石油ショックから73年の国民生活安定法の制定に至る過程と70年代後半の自民党政権の動揺の下での独禁法改正を中心とする過程を対比させるのである。しかし，その後の展開をみれば，この時点を日本政府による競争促進的介入への政策パラダイムの転換期と位置づけることには，いささか躊躇せざるを得ない。なぜならば，業界毎のいわゆる原局行政においては，80年代に入っても引き続き競争制限的な政策が採られている例は枚挙に暇がない。例えば，情報産業においては70年代はもちろん80年代の大半を通じて通産省は，IBMに負けない国産メイン・フレーム・コンピューター製造会社を育成するために，コンピューター開発の一元化を目的として設立した日本電子計算機（JECC）を通じたメインフレームのレンタルに固執し続けただけでなく，80年代にクレイ社のスーパーコンピューターの導入を巡り米政府と対立したり，国産OSの開発と使用促進のために様々な競争制限的措置を設けたのである。90年代までの通産省の政策史を視野に入れれば，80年代後半の半導体摩擦の中での米政府の圧力により，ようやく競争制限的措置をあきらめたという方が理解しやすい。日米経済摩擦に伴う80年代末からの構造協議においては，通産省所管業種の中では競争制限的政策の代表であった独禁法のカルテル規制除外を基礎とする紡績機及び織機の登録制度の撤廃が決定されるなど，通産省における競争促進的パラダイムの転換は70年代ではなく90年ごろと解すべきと考えられる例は多数ある。官僚制の問題としても，競争促進的

市場介入を行うのであれば公正取引委員会が強化されその地位が向上するはずであるが，公取事務局が競争政策の担い手として脚光を浴びるようになるのは，むしろ90年代なのである。例えば，74年に摘発された石油ヤミカルテル事件における通産省の関与は，80年の東京高裁判決，84年の最高裁判決によって，やっと認定されているのであるし[44]，80年代を通じ公取の告発以前に，事実上業界利益を代表する形で通産省との非公式折衝が行われていたと言われている。公取事務局が競争政策という産業政策を担う「政策官庁」として意識され，組織拡充が図られるには，96年の組織改正を待たなければならなかったのである。

しかし，内山の指摘する通産省の政策パラダイムの変更は重要な指摘であって，その意味でも，貿易摩擦の時代における通産省の変化を分析することは重要である。日本の対米貿易交渉を分析した谷口将紀は，90年代における他の研究と同様，官僚の役割の限界を発見する。谷口は，対米交渉の政治過程は，①族議員幹部による統制が完結する「マスター統御型」，②族議員幹部による族議員（自民党政調会部会メンバー）への統制が利かず外圧への抵抗が激化する「モッブ暴走型」，③特定の族議員が存在しない「族議員不在型」に分類されるとする[45]。その上で，そこにおける「政治決断」は，「マスター統御型」における「マスターによる裁定」，「モッブ暴走型」における政府・与党首脳による裁断である「ジェネラルによる決定」，「族議員不在型」における「督促または追認」の3種類に分類する。この場合，官僚により制御されているのは「族議員不在型」だけであることになる。

半導体交渉については，大矢根聡による詳細な研究がある[46]。70年代末から80年代初頭にかけてDRAM市場で日本製半導体の市場シェアが急拡大したことを受けて政治問題化し，80年代後期の第2期レーガン政権下において数値目標を巡り日米の政治的対立が深まり渡辺美智雄通産大臣とクレイトン・ヤイター通商代表の間でトップダウンの協定が結ばれるが，日本側は実効ある対策を行わず経済制裁の発動を招くことになる。更に，89年の第41代ブッシュ政権下において91年の日米協定の期限切れに向けて交渉が行われるが，この中では半導体業界は通産省からの介入を嫌い，逆に米企業とのデザイン・インを進めるなど自立的に摩擦を解消する方向に転換する。クリントン政権下では韓国企業の半導体メモリー市場での躍進も

背景に宮沢政権の数値目標反対の方針に妥協し，数値目標は客観基準となり，95年のWTOの成立を受けて貿易管理的政策ではなく，世界半導体協議会（World Semiconductor Council）における民間企業同士の多国間直接対話により問題解決を図る枠組みが成立する。大矢根は，この過程を国際レジームと政策アイデアの変更という構成主義的要因によって説明しようとするが，そうした要因がハードな金銭的利害との関係で相対的に浮上するのは，ムーアの法則に代表されるように半導体における技術開発のスピードが政治的解決のスピードを大きく凌駕しているために，政治的解決がビジネスの問題としては意味をなさなくなったことも大きいように思われる。

　日本官僚制のもう一つの焦点である大蔵省についても，同様にその調整力の限界とその変化が指摘されている。例えば，ジョン・ザイスマンは，インフレーションへの対応という政策課題を遂行するに当り，金融セクターのあり方が市場の中で大きな影響力を与えているという側面に着目し，金融システムは，英・米のような直接金融を主軸とし市場型の資源配分と企業主導の適応戦略をとるシステム，仏・日のような間接金融を主軸とし政府主導の適応戦略をとるシステム，及び西独のように間接金融主体であるが金融機関主導の適応戦略をとるシステムの3つのシステムがあるが，戦後の経済成長のためには，政府主導の適応戦略をとり産業政策を行いうる仏・日のようなシステムが優れていると主張した[47]。民主主義と資本主義を共有する国においても，制度の違いにより経済的パフォーマンスに差が出るという指摘は，後述するように構造的制度論の主張である[48]。

　これに対し，真渕勝は，より詳細な主張を展開する。日本の場合，通産省は，外貨割り当て権限の喪失といった法的規制権限の縮小を挽回するために，63年に特定産業振興法を提案する。しかし，これは大蔵省と銀行業界の反対を受けて挫折することになる。この経験から，審議会委員への産業界代表者の選任や天下りをはじめ，あらゆる機会を捉えて利益集団との間に密接なネットワークを構築しようとした。これに対し，主計局優位の体制にある大蔵省は，引き続き法的根拠ある行政指導に頼り，こうしたネットワークを十分に張り巡らしていなかった。通産省は，こうした情報格差を背景に，慎重な根回しにより大蔵省の同意の下，大蔵省自身の行政指導や政策金融機関の融資方針に対し影響力を利用することにより，産業金

融政策に対し影響力を及ぼしたのである。こうした金融政策を所掌する大蔵省と産業政策を所掌する通産省との分掌関係は，産業界との密接なネットワークを通じたきめ細かい情報収集と両省による政策の正当性への二重のチェックのシステムとして働くことになったため，政策の適切さをより強く担保することになったとする[49]。

真渕は，戦後内務省が解体される中で生き残り「官庁の中の官庁」として最強であるはずの大蔵省ですら，政権与党である自民党のライバルとして振舞えたのはせいぜい60年代の初めまでであって，65年に始まる赤字国債発行に危機感を覚えた大蔵省は67年から68年にかけてPPBS（企画計画予算方式）に基づく科学的予算編成の名目の下自民党の予算編成への介入を特定領域に限定しようとするが，逆にこれが自民党の縄張りを作ることとなり，更にこうした一定額の予算配分を彼らに委ねることを通じて，自民党に予算編成における正式参加者の地位を与えることになったと指摘する[50]。これ以後，大蔵省と自民党は統治のパートナーとして手を携えて歩むことになる。山口二郎はこの点をとらえて「大蔵官僚支配の終焉」と見る[51]。この点に関し，戦中戦後の企画院や経済安定本部に在籍した経験を持つ官僚が各省に戻った後も一定のネットワークを維持していた点を指摘する牧原出は，65年の国債発行に伴い一原局である主計局が，大蔵省大臣官房を凌駕して大蔵省内の主導権を掌握するとともに，自民党と一定のルールの下に予算編成を行うようになったという意味で，山口とは逆に「政党優位」の下での「大蔵省支配」が開始されたと見る[52]。こうした見解の相違は「大蔵官僚支配」と「大蔵省支配」の定義の違いに基づくものであるが，どちらの見解を取ろうとも，大蔵省が自民党という優越的存在の下においてその了解を前提として予算編成を行うようになったという意味では，調整能力の限界が画せられたものと言えよう。

他方，70年代以降の税制改正の経緯を分析した加藤淳子は，大蔵省主税局が，税の直間比率の是正という機関哲学の実現という彼らにとっての合理的目標を持ちながら，自民党の政策運営のパートナーとして実質的な政策提案を行う際には，様々な現実的な実現可能性に関する考慮を行っていく過程を描く[53]。大平政権下での一般消費税の提案，中曽根内閣下における付加価値税導入のための直間比率に関する政策目標の設定から売上税の提案，そして竹下政権下での消費税の導入にいたるプロセス，更に国民福

祉税から消費税引き上げにいたる過程は「政策専門家としての客観的立場からの政策形成への関与を求められる官僚が，積極的に組織的利益や理念によって，政策提案を歪めているのではなく，実質的な政策提案自体が，官僚組織利益や独自の政策理念を考慮に入れ決定することを余儀なくする」ものであることを語っている[54]。

　通産省と大蔵省以外の省庁についてみると，コーポラティズムに関する論争は労働運動の位置づけであったから，労働政策が一つの焦点となるのは自然であった。久米郁男は，石炭に代表される50年代までの先鋭的な労働運動が賃下げと解雇をもたらした経験から，鉄鋼労連が先導する形で企業内組合を中心として企業側と慎重に交渉した結果，生産性の向上を通じて自らの利益を勝ち取ることに成功していることを指摘した。高度成長期というパイの拡大期にあっては，体制転換を目指す先鋭的なイデオロギー運動を展開するより，使用者側との交渉により実利を勝ち取る方が自らの利益を守れることを労働運動が学んでいるのであって，全体としての組織率やナショナルセンターが長期間存在しなかったことをもって，労働組合が政治過程から疎外されているわけではないと指摘した[55]。こうした文脈の中で，久米は，不要論がたびたび指摘される労働省の役割を再評価している。日本では市場志向的政策の下で労働組合が強力ではないにもかかわらず，労働省が厚生省と別個に存在しているために霞ヶ関におけるその存在意義を埋没させまいとして，強力な積極的労働市場政策が採られることになったと考えられるからである[56]。

　福祉政策に関する厚生官僚の行動を分析した衛藤幹子は，80年代以降の行財政改革がもたらす「福祉の縮小」の中で[57]，社会保障費抑制策が「複数の方策を組み合わせ，個別のプログラムによる効果は少なくとも総体としてみればかなりの効果が期待できるように」するために，厚生官僚が様々な工夫をこらすことを通じ，「厚生官僚の再生への契機」となっていく過程を描いている[58]。

　この他，ジョン・ヘイリーは戦後日本の官僚は，土地行政などを例にとり，一般的な強力なイメージとは異なり法的強制権限としては非常に限定的にしか与えられていないことが，逆に各省設置法といった抽象条項に基づく行政指導を生み出すきっかけになっており，そうした行政指導はあくまで被指導側の同意を前提とする説得であること，官僚の採用及び昇進に

際しての政治的中立性，相互に排除的な権限範囲の設定といった特徴を生むことになっていることを指摘している[59]。

(4) 小括：「キャッチアップ型フォロアー」の「山分けの政治」から「フロントランナー」の「痛み分け」の政治へ

日本の官僚制に関する最近の実証研究は，政治家と官僚のどちらが優位に立っているかという問題設定ではなく，官僚が様々な制約要因の下で政策知識を駆使して政治家や圧力団体等の関係者全体をそれなりに満足させる政策を提案しようとしている過程を描き出している。その意味で，そうした「限定された現実」の中での官僚の役割を「再発見」していると言える。しかし，ここで二つの問題をあげることができよう。

第一に，こうした官僚の役割の「再発見」は，過渡的な現象ではないかということである。大蔵省の予算編成過程，税制改正過程，あるいは厚生省の福祉政策といった90年代以降実証研究で取り上げられるようになってきた政策過程に共通するのは，高度成長期のような全体としての予算の増分が見込めない中での「やり繰り」に関する知恵の提供という側面である。政治家の優位が確立した後も，80年代を通じて官僚優位と一般に認識されるような現象が見られたのは，税制の制度設計や福祉制度設計といった専門性の高い政策領域に政治家が介入する必要がなかったからであろう。即ち，冷戦体制を前提とする55年体制において体制選択は真の政治課題ではなかったから，自民党議員は族議員として自らの選挙区への一定の利益誘導が保障されている限りにおいては，政策の中身に介入する必要はなかった。しかし，右上がりを望めない今後の経済情勢の下で，少子高齢化が進行することを考え合わせれば，あれか，これかという政治選択を迫られる場面が増加しよう。更に，各政治家にとっては，小選挙区制の下では中選挙区制時代のように特定の政策分野の「専門医」でいることは許されず，ほとんど全ての政策分野について，その所属する政党の方針を有権者に説明する責任を負っている。90年代，金融政策の専門家として，政・省令の詳細を議論する若手政治家に「政策新人類」というレッテルが貼られたことがあるが，テレビメディアにおいて毎日のように政治家が政策を討議する姿を見るにつけ，これからの政治家はあまねく「政策新人類」として様々な政策の詳細に精通していることが求められるものと思われる。こうし

た政治家の姿を飯尾潤は「行政的政治家」と呼ぶが，彼の指摘どおり「日本の政官の関係が融合関係をなしている」のであって，政治家と官僚のどちらが優位に立っているかを問うことにそれほど意味があるとは思われない60。むしろ，「キャッチアップ型の近代化」という「フォロアー」としての国家目標を国民が共有し，右肩上がりの予算編成を享受できた幸福な時代が終焉した後の，「フロントランナー」として国民自らが国家目標を設定し，増分が見込めない予算の中でどのように取捨選択を行っていくのかを考える必要がある。そのために，政治家と官僚を二元論的に考えるのではなく，小選挙区が前提とする二大政党制の下での政治選択にふさわしい選択肢を提示するためには官僚組織はどのように活用されなければならないかが問われる必要がある。

　もう一つの問題は，こうして具体的政策過程の詳細に立ち入って分析し，建設的な政官関係のあり方を考えようとする際に問題となるのは，政治家と官僚の関係は政策分野毎に異なるということである。この点について，80年代という同時期における複雑な再分配政策であって，政策専門性の高い分野である公的年金制度改革，医療保険制度改革，一般消費税及び売上税の提案と消費税導入の過程の3つを比較して，政策知識を巡る状況の違いが政治過程に与える違いを分析した加藤淳子の研究が，参考になる61。即ち，公的年金制度改革では自民党内の一部の政策専門家集団と厚生官僚により改革に対する速やかな合意形成が行われ，大筋の政策決定も彼らによってなされた。これに対し，医療保険制度改革においては，官僚の他にそれに対抗しうる専門家集団としての医師会が存在し，彼らの積極的活動により，政権党内においても彼らと連携する反対勢力が形成されたため，改革が難航することとなった。税制改正においては，政党内からの広範な参加が見られたが，医師会のような官僚以外で官僚に対抗できる専門家集団が存在しなかったことから，官僚と一部与党政治家が，いかに協力し，党内統制を徹底させるかが改革の提案の行方を左右していた。

　ここで特筆すべきなのは，長期政権政党であった自民党がなぜ不人気な新税の導入を積極的に支持するに至ったかである。加藤は，80年代を通じて自民党内での政策決定における族議員の存在が顕著になるとともに，政策専門知識が各議員の政府・国会・党内での地位向上と影響力増大にとって重要になってきたことを指摘する62。税制は，こうした自民党議員の政

策専門能力の向上を代表する分野であった。大蔵省の掲げた間接税の導入路線は，不人気な政策ではあったが政策の方向性の問題としては正当なものであった。このため，それに対する賛否は，特殊利益を代表する陣笠議員と，政策専門家としての自覚に目覚め，国家全体に責任を持つ価値観を大蔵省と共有するようになった自民党族議員幹部とを識別するリトマス・試験紙として使われることになった。即ち，党税調で出世したければ，税調幹部議員が認める不人気政策の間接税導入を是としなければならないことになったのである。

このように同時期の政策専門性の高い3つのケースを比較し，加藤は，与党内での政策への参加の広がりや党内の統制に影響を与える要素として，政策アジェンダが形成された経緯と官僚と対抗する専門家集団の存在の二つをあげる[63]。ここで重要なのは，政策専門家たる官僚と政治家が対立し，官僚がその優位を得るために政策知識を独占するのではなく，逆に官僚が政策知識を積極的に政治家と共有することにより政策への支持を調達するという姿である[64]。そもそもマックス・ウェーバー以来官僚は権限と政策知識を独占することでその影響力を向上しようとすると考えられてきたから，こうした指摘は画期的である。

ただし，加藤の枠組みでは，こうしたたとえ不人気であろうとも特定の政策に関し官僚と価値観を共有し行動する政治家が統制を行える前提には，党税調の序列といった自民党内での族議員秩序が前提となる。このため，官僚の政策知識を共有化することによる影響力拡大という行動がどこまで一般化できるかは疑問となってしまう。しかし，前述のように小選挙区制の下において，現在の政治家は様々な政策課題への説明を有権者から求められる立場にある。「フロントランナー」となったこの国において，「あれかこれか」の「痛み分けの政治」の時代においては，与党内の派閥ないし族議員秩序の有無に関わらず，現在の状況に広く適用可能になっているのではないだろうか。

このように考えてくると，政策に関する専門知識を持つ社会的集団を，いかに再生産し，政治家がどのように利用すべきかが問われなければならないことになる。

3 政策専門知識と官僚制

(1) 省庁内意思決定過程の分析

　これまで述べてきたように，官僚制のあり方を巡っては政策分野毎の分析が必要になるが，政策分野毎のそのケース・スタディを行うことは容易ではない。調整過程は，政治家や圧力団体といった官僚機構外部とのコミュニケーションではなく，省内意思決定手続きであり，大部屋主義で行われる省内意思決定手続きはほとんど公式文書に残らないために実態を知ることは容易ではないからである。実際，省庁内部での意思決定手続きに関する研究は官僚としての勤務経験者の研究からスタートしている[65]。城山英明らの研究は，現職の官僚を実際に招聘してインタビューを行ったものであり，各省庁毎に意思決定過程が異なることを明らかにしている[66]。こうした個別政策過程を客観的に分析しようとするのではなく，官僚に自己了解事項を語らせ，彼らの主体的認識の側面から，彼らの役割を分析しようという点では，村松らの研究の延長線上にあるといえるかもしれない。城山らは，政策形成過程において，創発，共鳴，承認，実施・評価の4段階があるとするとともに，行動が能動的か受動的かという軸と官房系統組織あるいは上位組織による統制が常にあるいは定期的に効いているのか，直接担当の縦ラインのアドホックな意見調整によって対応が決まるのかという軸の2つによって，能動的かつ定期・統制型の企画型，能動的かつ不定期・アドホックな現場型，定期・統制型であるが受動的である査定型，受動的かつ不定期・アドホックな渉外型の4種類に分類している[67]。省庁別に言えば，企画型を基礎とするものとして通産省や国土庁，現場型を基礎とするものとして建設省や厚生省，査定型を基礎とするものとして大蔵省と総務省，渉外型を基礎とするものとして外務省がそれぞれ当てはまるとしている。こうした分類は従来は，省庁内部で意思決定の担い手である官僚自身においても意識化されてこなかったことであり，それを明示した点は画期的である。

　しかし，これらの分類は静的な説明のための整理であって，問題を分析するツールとして限界があることは否めないように思われる。実際には例えば外交でも，多くの交渉は毎年締約国会議を開催するといった形で定期

的に開催することでゲーム理論でいうところの協力解を達成しようとしている。また，典型的な査定型である大蔵省においても，前述の予算編成過程のように分析の対象となるのは，年次予算編成過程というよりは，そうした編成の経年変化であるからである。従って，官僚自身の自己認識の分析だけでなく，官僚が政策アイデアをどのように創出し，そうした政策への支持を政治的にどのように調達しているのかということについての実証研究が必要になるのである。

(2) 政策アイデアの創出過程と官僚の政策アイデアの本質

政策アイデアの創出・普及の過程を，官僚機構内部の政策決定過程に踏み込んで分析することは，これまでも例えば60年代のPPBSの導入を巡る大蔵省の政策過程の分析などでも行われてきた。しかし，90年代のデフレといった政策課題の多くは，ほとんどの官僚にとって経験したことがなく，彼らにとって既存の政策分析枠組みでは判断することが困難であって，彼ら自身が新しい政策アイデアの必要性を強く認識することになったのであり，政策アイデアの創出問題への着目は，比較的新しいものであると言わなければならない。特に，80年代後半にもう少し早期に金融引き締め政策に転換していれば結果としてバブル崩壊後の悪影響を小さくできたのではないかと指摘する論者には，こうした官僚の政策判断の問題認識が共有されている。例えば，村松岐夫と柳川範之は本人・代理人理論（プリンシパル・エージェント・モデル）を用いて，95年から96年にかけての住専処理において，代理人たる大蔵省にとっては本人たる与党3党の意思が明確でなかったことが，対策の先送りが行われたと分析する[68]。また，ジェニファー・エイミックスは大蔵省の人的ネットワークを形成する出向，天下り，天上がり，MOF担といった要素を分析した上で，大蔵省の組織外とのネットワークはよく整備されていたものの，組織内のネットワークが機能不全であったために政策的対応が遅れたと結論付けている[69]。特に不幸であったのは，93年からの自民党単独政権の終焉と連立政権の成立であって，大蔵省をしてその組織防衛を省の最優先課題とさせてしまったことであって，このことが政策的対応の致命的遅れを招いたのであるとする。通産省と比較して情報の管理と歪みが著しかったのではないかという認識は，前述の真渕と共通している[70]。

優秀であることについてはほとんど異論のなかった日本の官僚であるが，90年代を通じて彼ら自身においては自らの政策立案能力が低いのではないかということは強く意識されるようになっている。例えば，2001年2月に公表された若手公務員のアンケートには，「忙しすぎて時間的・精神的な余裕がない，当初の志とは異なり自分の仕事が国のために役立っているという実感が持てない，政治主導の名の下に政策が歪められることがあり空しく感じる，専門性を高められずキャリアアップが図れない」といった悲痛な回答が散見される[71]。

　相対的には評価の高い通産省／経済産業省においても，政策能力の低下に対する危機感は共有されている。キャリア職員の採用及び研修の責任者である秘書課人事企画官経験者によれば，90年代末のメールと携帯電話の普及により，部下である課長補佐や係長が上司が誰とどのような情報交換を行いながら政策立案を行っているのかという過程が見えにくくなっていることが大きいという[72]。「たまたま以前勤務した課で知り合いだった」といった関係の知識人や企業人とのネットワークとの情報交換が，新たな政策アイデアのもととなっているという。実際，官僚はその勤務時間のほとんどをオフィスの中で過ごし，新聞以外のメディアに接する機会は少ない。このため経産省内で「日経中心主義」と揶揄されるように，出勤途上に目にする日本経済新聞の論調で現実認識の基本を形成してしまう傾向があるという指摘もある。こうした点を改善し，人的ネットワーク構築を「伝統技能」として若手職員に継承するために，省内で重要と思われる政策立案に中核で携った課長クラスが当該政策の経緯と教訓を語る「政策プロフェッショナル・スキル研修」が課長補佐以下級を対象に2002年から導入されている[73]。また，人事管理上も，従来のキャリア組の一元管理でなく，「政策プロフェッショナル」，「エキスパート」及び「プロセス・マネジャー」の3つの類型化したキャリア管理を行っていくという。「エキスパート」とは，通商法や国際標準，あるいはマクロ経済政策といった政策分野に特化し，省内の関連部局，国際機関，あるいは大学等研究機関を渡り歩くことになる。「プロセス・マネジャー」は，財務省や外務省といった他省庁の交渉過程だけでなく，各党の政策形成プロセスをフォローし，あるいは国際交渉のスケジュールを睨みながら，どの段階までにどのような作業を完成させればよいかといった観点から政策形成の工程管理を行うとされる。こ

れに対し，省内の横割り局を幅広く経験する一般的なキャリア組のキャリアパターンを踏襲するものが「政策プロフェッショナル」という位置づけとして残る。そして，次官や官房長といった内部管理部局の長は「政策プロフェッショナル」の到達点とされるものの，少なくとも人事当局としては，この3つの類型間で昇進や権威に差異はないと認識されるように運用するとされていることである。ここで指摘すべきことは，学問的知識や制度の詳細に精通する者が，官僚としての最高位に到達する道ではないと認識されていること及び政策の「プロセス・マネジメント」がキャリア組の本務の一つとして認識されていることである。

　こうした経済産業省の改革を見て気付かされるのは，彼らの認識する政策専門知識とは，経済学や統計学といった政策分析のための学術上の知識や，制度の詳細や前例といった執務上の知識ではないことである。もちろん，そうした知識も政策に関する専門知識を構成しているわけであるが，彼らにとっては「特定の知識が必要であれば，世界で一番優秀な当該分野の専門家を招聘すればよい[74]」のであって，彼らが必要としていることは，人脈作りや他の組織内におけるキーパーソンの即時の察知，マスコミ対応や部下のマネジメントといった，政策形成プロセスの管理に関する手法に関する知識の取得・伝承なのである。こうした点を重視することは，ハーバード大学の心理学者であるデビット・マクレランドが，同じように優秀な成績で選抜試験に合格した外交官が任地でのパフォーマンスに違いがでるのかという米国国務省からの委託調査の結果たどり着いた，異文化間対人感度（Cross-Cultural Interpersonal sensitivity），自らの組織の中での自己に対する積極的期待の高さ，相手組織内での政治的ネットワークの察知といった要素が関係しているとする結論と共通である[75]。これは偶然ではなく，経産省の人事管理責任者自身が米国国務省職員からの示唆を受け，マクレランドの経営する人材マネジメント・コンサルタントに相談した結果でもあるという。

　官僚にとって最も重要な能力は政策プロセスの円滑な進行管理であるという認識は，実はそれほど珍しくない。ラリー・テリーは行政運営に必要なリーダーシップとして「行政管理者（administrative conservator）」という概念を提唱しているし[76]，英国中央省庁のトップ・エリート9人の伝記を比較検討したケビン・シークストンは，結論として官僚機構におけるリ

ーダーの条件としては,ジェネラリストとしての見識と経験を持ち,政治的情勢に対するアンテナと円滑な人間関係を持つことが重要であるとする[77]。

付け加えれば,こうした人物本位の保守的な評価軸を採用していることにおいて,通産省/経産省は一貫している。89年に猪口孝のインタビューに答えた通産省の高島章秘書課長(当時)は,人物評価上最も重視するのは「柔軟な頭」であり「事実に対して素直で,ほかの人の意見に対して謙虚であることが何をおいても重要だ」と答えている[78]。猪口自身は,「国際化時代の幹部の資質と能力がこのような養成方針で足りるのか」という点に強い問題意識を持ち,通産省についても「このこと(引用者注:OJTの訓練のみであること)の不十分性に気がついているようだが,とくに独自の訓練方法を実施しているようにも思えない」とし「やや心許ないこと」と結論付けている[79]。

しかし,猪口のように結論付けるのはやや性急に過ぎるのではないか。確かに,自らの政策立案能力の不足の認識は中堅・若手職員に広く共有されている[80]。しかし,政策に関わる専門知識には様々なものがあって,スピードを伴う政策決定過程に合わせてそれらを総合的に収集し消化することは個人にはほとんど不可能なのであって,個別の知識自体が必要なのではなく,知識を消化できる「柔軟な頭」と自己の周りの職員をチームとしてのパフォーマンスを上げることが可能である人事マネジメント能力であると考えることもできる。即ち,個別の知識を理解する基礎知識と能力があれば,あとは「どの知識が足りないか」を把握し,そうした知識や情報を部下に収集させられる能力があればよいという考え方もありうるのではないかということである。対外的に人事担当課長が説明する場合において,「基礎学力の向上」というような問題ではなく,こうした「人間性」を重視していると主張することは,傲慢と見られがちの官僚にとって都合が良いという側面もありうるのであり,彼らの主張を額面通り受け取るべきではない。加藤は,大蔵省内における教育や研修,人事評価は昇進といった人事のメカニズムは,「政策専門家としての要件を満たす資格を与えるだけでなく,大蔵官僚の間に政策に関して同じような態度を培うことを目的として行われている」ことを指摘している[81]。こうして培われた「同じような態度」は,大嶽秀夫が通産官僚のプロフェッショナリズムとして指摘し

ている「自らの政策判断の正しさについての誇りと，それを政策決定の上に反映させようと発揮するきわめて精力的で熱心な態度」と同一である[82]。

　組織に属する官僚がプロフェッションであるかについては様々な形で議論が行われてきているが，近年では例えばバーナード・シルバーマンは，合理的官僚制の制度化のパターンとして組織指向型とプロフェッション志向型があると主張している[83]。ここでは日本はフランスやドイツとともに，資格・任用への厳しい制限とキャリアの初期の段階からの組織へのコミットメントが重要な組織指向型に分類されている。しかし，早期退職が相次いでいる現在の日本の中央官庁にとって，開放任用制をとる英米の官僚のプロフェッション志向型から学ぶものは多いはずである。内部において同輩と昇進を巡り日常的に激烈な競争を強いられている官僚にとって，政策に関する専門知識の不足は個人として補うべく不断の努力を傾注すべきものではあるが，組織として政策を担う以上，個別の情報を超えた政策選好を形成していく必要性の方が優越する。財務省や経産省といった所掌事務の広い官庁において必要とされる実務知識は，それぞれの部局ごとに様々なのであって，官庁全体として行われている人事評価や教育・研究システムは，個別の政策知識の向上ではなく，政策に対する「同じ態度」の醸成を目的に行われているとみるべきであろう。彼らの間で「優秀である」という評価は，単に個別の政策の成功や失敗だけではなく，長年に渡る先輩，同輩，後輩の評価に基づくのであり，科学者のコミュニティにおける業績評価と近似している。科学社会学においては，専門家集団である科学者の世界では「それ自体の教育訓練上，特定され，教えることが可能な知識の集合体」として定義される専門分野（discipline）ごとに真実性の証明方法によって自己定義される「科学者共同体（scientific-community）」が存在することが指摘されているが[84]，専門家集団としての官僚の世界にも同様に官僚であることを自己定義する「同じような態度」が存在していると指摘できよう。

(3)　政策専門家としての社会集集団としての官僚制の再生産

　古典的には官僚は，ウェーバーがいうように「行政手段を供与され専門的知識とひきかえに報酬をえる職業人」であって[85]，その影響力の源泉は権限と専門知識であるとされる。官僚は，その権限と社会的地位の高さゆ

えに社会の支配層と認識されているが，その生活の糧は公務員として給与という形で得ているのであって，その意味では「一種のプロレタリアート」であることを忘れるべきではない[86]。かかる側面に関し，国家公務員の昇進やキャリア形成メカニズムについても研究が蓄積されている[87]。金融庁における銀行検査や経産省におけるWTOにおける通商パネルへの対応といった，近年急速に必要性の高まっている職務上の高度の専門知識を補うため，弁護士や公認会計士といった専門家の任期付き任用制度も整備されてきている。また，英国において広く採用されているような開放任用制の導入への検討や提言も行われている[88]。

　しかし，官僚を官僚たらしめているものが，こうしたプロフェッショナリズムであるとすれば，たとえ通常の国家公務員行政職第Ⅰ種相当を上回る待遇で外部から専門家を招聘することができたとしても，彼らに組織の一員として効率的な活躍を期待することは限定的にならざるを得ないことになる。この点に関し，近年進みつつある「技官」の研究は参考になる。「技官」は，最近特に硬直した官僚システムの象徴として，政官業の癒着の結節点と見られがちであるが[89]，そもそもは行政部内において必要とされる専門知識を供給する仕組みである。しかし，明治国家において国家運営の法的整備を中心とする行政機構整備が進む中で，技官集団の組織内における地位のために様々な運動が行われた結果，土木に代表される大学教育，行政，業界を横断する強固なネットワークが形成されていくのである[90]。国土交通省の土木技官と厚生（労働）省の医系技官を分析した藤田由紀子は，土木技官が技監以下特定の局長職を含めた関係主要ポストを独占するという人事慣行等組織内の豊富な資源を持つだけでなく，行政実務と土木研究所の研究業務等の異動を通じ専門性においても強力なアカウントを持っていることを指摘している[91]。こうした専門性は，土木学会を基礎とする大学研究室や業界とのネットワークによってバックアップされているのである。これに対し，医系技官の場合，組織内においても医政局長（旧健康政策局長）以下の極めて限られたポストしか持たないだけでなく，医師としての専門性が問われるのは採用までであり，入省後は医師としての専門性をフォローする仕組みも欠如しており，専門性に関しては外部専門家に依存せざるを得ないというのが現実であると指摘する。結果として専門性を外部専門家に依存せざるをえないのは医系技官だけでなく，経済産業

省における原子力技官や国土交通省における都市公園整備を担う生物技官など他にも存在する92。

　結果として真の専門性においては外部専門家に依存せざるを得ない技官集団の問題は，程度の差こそあれ，実は事務官集団も同様である。即ち，事務官は政策過程管理の専門家であり，外部専門家も利用しながら政策立案を行っているのであって，いわゆる「技官問題」は組織内で資源拡大を求める運動が昂進する結果官僚システムに一般的に見られる病理現象が典型的な形で表出するだけのことといってよい。技官問題の改善を図るための制度改革の提案は，必然的に官僚制全体への射程を求められるのである。

⑷　小括：「フロントランナー」の「痛み分け」の政治の時代における
　　「行政管理型」官僚の登場

　わが国における官僚の役割についての主体的（subjective）な類型論を展開した第１章と客体的（objective）な実証分析の変遷を再検討した第２章を受けて，本章においては，政策知識の内容を検討することを通じて，政策形成過程における官僚の役割を分析してきた。本章を締めくくるに当り，第１章末尾で提示した「吏員型」の「行政管理型」への読み替えという点について，展開しておきたい。

　「吏員型」とは，政策判断に官僚として積極的に参加することには謙抑的であるべきとし，あくまで政治家の決定した内容の執行に徹するということであった。しかし，この「吏員型」という言葉自体，政治家に官僚が隷属しているというニュアンスを伴っている。出発点における村松の官僚の類型論の分類は，政治との関係と，社会との距離の二つの軸によるものであった。このうち政治との関係では，「政治より官僚が上」と「政治と官僚は対等」の２分類であったが，「吏員型」を作るということは「政治より官僚が下」という第三のカテゴリーを作ることになる。しかし，既に指摘したように，政治家と官僚はその役割において接近してきており，政策形成過程において融合しているといっても良い実態に鑑みると，こうした３分類をすべきかどうか疑問である。官僚が政治家の政策判断の内容に踏み込むべきではないと回答しているとしても，いつまでに，どの点について判断を行うべきかという政策立案過程の工程管理を行うことは，政策判断そのものの一部を担っていることには変わりがないからである。もう一方の，

社会との関係という軸で,「吏員型」は「国士型」と同様に距離を保つとする。特殊利益に絡めとられる逆機能を避けるべきとするからである。しかし,「調整」を自ら担おうとすることと,様々な利益代表の相克による結論形成過程の管理を行おうとすることの間に,本質的な差異があるだろうか。政策の方向性について,あらかじめ相当明確な国家目標が関係者に共有されている場合において,個別利害の調整を行うことは,基本的には価値判断を伴わない利害の調整である。しかし,国家目標を定めるという価値判断そのものの調整が必要な場面において,いつまでに,そのどの部分について,どのようなプロセスで判断を行うかというアリーナの設定は,価値判断そのものの一部であり,政治そのものである。調整に踏み込むべきでないという回答を額面通りに受け取って官僚の自己の役割認識を規定すべきかどうかには疑問がある。

　ジョン・キングドンが,大統領のアジェンダ設定能力を重視したのは,そうしたアリーナの設定自体が政策決定内容に大きな影響を与えるからである[93]。加藤の分析するように,大蔵省は財政再建のための税制における直間比率の是正という糊塗ではすまないアジェンダを掲げ続けることによって,不人気な間接税の導入という政策を勝ち得たのである。しかし,自民党一党優位体制の下で,自らを政権党のパートナーとして位置づける態度は,90年代の二大政党制への移行という政治情勢の変化の中で,真渕の描くように,逆に大蔵省自身を追い詰める結果となった。二大政党制への移行は,どちらが政権党になるかわからないのであって,具体的政策の内容の方向性にコミットするのではなく,一方の党の政策形成にコミットするのであれば,他方の政党が政権についたときには逆に政策の方向性についての意見を受け入れてもらえなくなることになる。早期に権限の大半を失った通産省は,多様なセクターとのネットワークを維持することにその影響力の源泉を見出そうとしたことは既に指摘したが,その意味で,通産省は政策アイデアの政治的重要性により大蔵省よりはるかに明示的に気付いていたのであり,その結果,橋本政権下における省庁再編過程において,通産省が組織の維持に成功したのに対し,大蔵省は解体の淵にまで追い込まれたのだということが言える。2000年代における経産省の内部改革が注目されるのは,そうした政治構造の変化に最初に目覚めた組織における新しい方向性を模索する動きであるからである。

外務省内の隠語に「サブ・ロジ」と「ロジ・ロジ」の区別がある。外交には，日程や会議場所の設定や設宴，議事次第の詳細の決定といった「ロジ（スティックス）」が，外交交渉内容（「サブ（スタンス）」）と並んで重要である。しかし，「ロジ」の中には，旅券の手配や航空券，宿泊，会議場の予約といったいわば純粋の手続き（「ロジ」のための「ロジ」）であるものと，会議室における席順，討議される原案は誰が作成するかといった交渉内容に直接関係のある「サブ（スタンスに関わる）ロジ（スティックス）」がある。経産省でいう，政策の「プロセス・マネジメント」は，まさにこうした「サブ・ロジ」の世界なのである。キャッチアップ型近代化を終了して，フロントランナーになり，自ら国家目標を設定しなければならなくなった日本において，こうした「サブ・ロジ」あるいは「政策のプロセス・マネジメント」の政治的重要性は増大している。これまで「吏員型」と考えられてきた官僚は，こうした「プロセス・マネジメント」に自らの役割を見出しているのではないかと考えるべきではないだろうか。本稿では，こうした新たな官僚像を「行政管理型」と名付けようとしているのである。

4 まとめと今後の課題

過去10年，通産省／経産省をはじめ「一流官庁」として高い社会的評価を伴った官庁からの若年退職者が増加している。こうした若年退職者はどこへ行っているのであろうか。

政策形成過程における政治家の影響力が増えているとすれば，当然政治家への転進組が多くなるはずである。実際，現在衆議院議員のうち，官僚出身者は71名を数える。自民党の49名が最多であるが，民主党も14名と，二大政党制時代の両方の政党に官僚出身者が散らばっている。また，課長補佐級で退職したものは，自民党で33名もいるが，「若手官僚」を数多く候補者として擁立しているイメージのある民主党では5名に過ぎない。

しかし，政界への転出者は，立候補者を含めても，退職官僚の多数派ではないことは明らかである。彼らの大半は，外資系シンクタンクや大学等の研究機関といった政策専門知識を活かせる職種に転進しているが，情報政策の担当者がITベンチャーを企業するといった実業による社会変革を志向する者も少なくない[94]。彼ら若年退職者は，自らの行政経験を労働市場で売りにしているが，出身組織との関係を売りにしているわけではない。

彼らの動向やその政策形成過程における役割は，本稿の射程を超えるため，簡単に触れるにとどまらざるをえないが，印象論としていえば，彼らの多くは，自らの出身官庁とは引き続き密接な関係を維持しており，彼らによって出身省庁を超えた政策ネットワークが形成されつつあるといえる。こうした現実を踏まえ，引き続き組織内部で働く官僚の意識も変化している。少なくとも彼らの意識において，これまで考えられてきたような「組織指向型」から「プロフェッション指向型」に移行していると見える者は少なくない。逆に，こうした一見華やかに見える転進組を尻目に，引き続き官僚としてのキャリアを歩もうとしている者は「行政管理者」としての自らの役割を積極的に評価しているともいえる。

　こうした，官僚の新しいキャリア形成のあり方について，本稿の仮説が妥当であるかは引き続き今後の研究課題とせざるを得ないが，現在行われている公務員制度の改革の議論においては，本稿が分析してきたような官僚の役割についての新しい視座はほとんど反映されていない。本稿は経産省内の改革から着想を得ていることもあり，経産省からの出向者を中心とする行政改革推進本部公務員制度改革室においてまとめられた公務員制度改革大綱で打ち出された方向と，基本的認識を共有している。具体的には，国家的見地からの総合的・戦略的な政策の企画立案や機動的・効率的な行政サービスの提供を実現するためには，一部開放任用制を伴う各主任大臣の人事管理権者としての主体的な責任と権限の明確化，内閣機能強化のための人事行政の企画立案機能および総合調整機能の強化，及び官邸機能強化のための行政内外から重要政策の企画立案等に従事する国家戦略スタッフの任用を可能とすることが必要であるということである。しかし，こうした方向性は，天下りの管理を各省の官僚に取り込まれがちの各省大臣に任せるものである等従来の官僚優位論の影響の強いマスコミ等の批判を受け，既に安倍内閣での公務員制度改革の議論のベースとなっていないのは残念なことである。

　最後に付け加えれば，こうした中央省庁における制度改革は一周遅れで地方行革につながっていく。古い官僚像を前提とする現在の改革議論が，そのまま明日の地方行政制度を生むと言うことである。本稿では触れる余裕がなかったが，地方自治体を対象として，その政策形成過程を分析する研究が近年急速に増加している。政治学の問題としては，こうした地道な

実証研究を踏まえた，官僚論の再構築が必要であろう。

(1) 本稿の主眼は研究のレビューにあり，ジャーナリズムの報道内容の影響には触れる余裕がないが，連日の報道，特にテレビメディアが作り出す政治状況を，忘れるべきではない。90年代のバッシングのヒステリックな空気を伝える資料は様々なものがあるし，当時のテレビメディアの国民の政治意識に与えた影響についての研究も多数あるが，ここで注目しておきたいのは，後述するように日常的に激務を続ける官僚自身は，自らの担当する行政分野以外についての情報源は，外から考えられる以上に限られているのが現実である。ほとんど全ての官僚が，毎朝必ず目を通しているのは，日本経済新聞だけといってよい。そのため，そこに描かれる姿が彼らの認識を大きく規定している。その意味で，当時の時代背景を示すものとして，日本経済新聞社（1994）を挙げておく。

(2) 村松岐夫（1981）

(3) 水口憲人は，こうした調整型官僚の問題点を，「情報力の蓄積のための豊富な人脈づくりが大切だとする思考法が，官僚の情報や能力を重要な資源とみなす社会の側の利益に絡めとらえるとき，官僚への便宜供与が日常化し，官僚自身もそのことを問題だと感じなくなる。それは汚職を典型とする倫理観の麻痺という逆機能を生みやすくなる。」と指摘している。水口憲人（2000），p. 48

(4) 勿論，後述するようにこうした「吏員型」官僚は，既に85年の意識調査により類型として発見されていたが，2002年の調査において増加したとされる。真渕勝（2004）

(5) 真渕勝（2003），p. 246

(6) 真渕勝（2003），p. 246

(7) よく知られているように「国士型」の典型は通産官僚であった佐橋滋であって，城山三郎『官僚たちの夏』の主人公として描かれるイメージである。この小説の発表は，田中角栄が通産大臣時代の秘書官であった小長啓一がゴーストライターとなって執筆した『日本列島改造論』が出版された1972年の2年後であり，同じく通産官僚であった池口小太郎が堺屋太一として『油断』が出版されたのは1978年であって，後述するように通産省自体の影響力が何時ごろ最も高かったかという問題とは別に，70年にこうしたジャーナリズムによって，通産官僚のイメージが形成されていったことは想起されて良い。城山三郎（1978）　田中角栄（1972）　堺屋太一（1978）

(8) 辻清明（1969）

(9) 真渕勝（2003），p. 246

(10) 真渕勝（1987）

(11) 真渕勝 (2004)
(12) 真渕前掲 (2004), p. 36
(13) 村松は, 日本の官僚が行動原理の異なる政治家と対応する際に, 自らの依拠する行政のルールに押し込めようとするより, より曖昧さを許容する「政策目的」を基準にして政治家を説得するスタイルをとることを指摘した上で「このことは行政の中に, 客観的なルールや技術に還元できなくとも, 固有の合理性が存在することを認めているからであろう」とし,「しかし, この合理性はおそらく, 基本目標が明白である場合にはじめて, 動揺の少ない, また他者からも承認されるものであると思われる。『追いつき型近代化』が終焉したとき, このあいまいな行動原理が正統性をえることができるかどうかはわからない」と結論付けていたのである。村松岐夫 (1981), p. 186
(14) 辻清明 (1969), p. 3～23 ただし, 当該章は1949年に国家学会雑誌に発表されたものである。
(15) 河中二講 (1962) (増補版1972)
(16) 佐藤竺 (1964)
(17) 松下圭一 (1998), p. 44～45
(18) Johnson, Chalmer (1982) (邦訳『通産省と日本の奇跡』, TBSブリタニカ, p. 20～24)
(19) Calder, Kent (1989), Inoki, Takenori (1995)
(20) 野口悠紀雄 (1995) 野口は90年代に入りそうした体制が長期景気低迷脱出への桎梏となっていることを批判するが, 高度経済成長をもたらした功績自体を否定しているわけではない。加藤寛も, 90年代の官僚主導の政策形成過程が経済の低迷の原因であるという主張のほとんどは, こうした官僚制の戦前戦後の連続性を強調する点では共通している。加藤寛(1997)他
(21) 同様の見解を示すものとして, 例えば Katzenstein, Peter J. (1985) Amsden, Alice (1989) より新しいものとして Weiss, Linda and John M. Hobson (1995) 等
(22) 村松岐夫 (1981), p. 3～35
(23) 京極純一 (1968)
(24) 村松岐夫 (1981)　Muramatsu, Michio and Ellis S. Krauss (1984)
(25) Pempel, T. J. and Keiichi Tsunekawa (1979)
(26) 新川敏光 (1993)
(27) 曾根泰教 (1986), p. 308
(28) 猪口孝 (1983), p. 178～191
(29) 猪口孝 (1983), p. 3～29

(30) 中邨章 (1984)
(31) 曾根泰教 (1986)
(32) 曾根泰教 (1986), p. 307
(33) 大嶽秀夫・山口定 (1985)
(34) 大嶽秀夫 (1986)
(35) 飯尾潤 (1993), p. 3
(36) 朝日新聞1986年2月15日夕刊記事「風見鶏の向き（今日の問題）」 朝日新聞1986年2月26日夕刊記事「論争のルール（今日の問題）」 山川雄巳 1986) 馬場康雄 (1986)
(37) 日本経済新聞社 (1983) 木代泰之 (1985) 佐藤誠三郎・松崎哲久 (1986) 猪口孝・岩井奉信 (1987) 薬師寺泰蔵 (1987)
(38) マルガリータ・エステベス (1999)
(39) Samuels, Richard J. (1987)
(40) Friedman, David (1988)
(41) Ibid.
(42) Okimoto, Daniel (1989)
(43) 内山融 (1998)
(44) 川北隆雄 (1991)
(45) 谷口将紀 (1997), p. 38〜40
(46) 大矢根聡 (2002)
(47) Zysman, John (1983)
(48) 建林正彦 (1999)
(49) Mabuchi, Masaru (1995)
(50) 真渕勝 (1994) 真渕勝 (1997)
(51) 山口二郎 (1987)
(52) 牧原出 (2003)
(53) 加藤淳子 (1997)
(54) 加藤淳子 (1997), p. 301
(55) Kume, Ikuo (1993) 久米郁男 (1998)
(56) Kume, Ikuo (1995) 久米郁男 (1998)
(57) 新川敏光 (1993)
(58) 衛藤幹子 (1995)
(59) Haley, John O. (1995)
(60) 飯尾潤 (1995)
(61) 加藤淳子 (1995)
(62) 加藤淳子 (1995), p. 125〜128
(63) 加藤淳子 (1995), p. 131

(64) 加藤淳子（1997），p. 5
(65) 井上誠一（1981）　田丸大（2000）
(66) 城山英明・鈴木寛・細野助博（1999）　城山英明・細野助博（1999）
(67) 城山英明・鈴木寛「本書の目的と方法」（1999）
(68) 村松岐夫・柳川範之（2002）
(69) ジェニファー・エイミックス（2002）
(70) Mabuchi, Masaru (1995)
(71) 内閣官房行政改革推進事務局公務員制度等改革推進室「各府省の若手職員等に対するヒアリングの結果（概要）について」，平成13年2月23日（http://www.gyoukaku.go.jp/siryou/index.html）
(72) 経産省大臣官房秘書課人事企画官（当時）への2005年6月インタビューによる。
(73) 政策プロフェッショナル・スキル研修」は公務員制度改革大綱の「幹部候補職員の計画的育成」を受けて発足したものであり，国家Ⅰ種職員のみならず，Ⅱ・Ⅲ種職員からも選抜することを妨げず，Ⅱ・Ⅲ種職員であっても研修終了後はⅠ種職員と一体で任用を行うこととしている。
(74) 経産省人事企画官
(75) McClelland, David C. (1973)
(76) Terry, Larry D. (2003) (2nd ed.)　なお，水口憲人はTerryのconservatorを「統合的保持者」と訳している。これは，「社会的利益の調整者や代表者という，通常は政治家に期待される役割が，官僚制にも託され」ていることを反映するものであって，Terryの趣旨としてはその訳語の方が適切であるかもしれない。しかし，ここでは「経産省用語」である「政策プロセス・マネジャー」と経産官僚の自己規定を重ねるために「行政管理者」と訳している。水口憲人（2000）
(77) Theakston, Kevin (1999) 書評として，打越綾子（2000）
(78) 猪口孝（1989），p. 103～105
(79) 猪口孝（1989），p. 112
(80) 経産省職員が代表を務める「新しい霞ヶ関を創る若手の会」も「現在の日本の行政府では，良質な政策が作られているとは必ずしも言えないのが現実である」としている。新しい霞ヶ関を創る若手の会（2005）
(81) 加藤淳子（1997），p. 57～59
(82) 大嶽秀夫（1996），p. 85
(83) Silberman, Bernard S. (1993)
(84) Merton, Robert. K (1979)　藤垣裕子（2003）
(85) Max Weber,（邦訳 1991）
(86) Albrow, Martin (1970)

(87) 稲継裕昭（1996）　早川征一郎（1997）　西村美香（1999）等
(88) 藤田由紀子（2003）
(89) 新藤宗幸（2002）
(90) 大淀昇一（1997）
(91) 藤田由紀子（2002～03）
(92) これらの名称は俗称であり，法的仕組みとして存在しているわけではない。なお，通産省時代においては技官採用は，資源，化学，原子力といった部門別に行っていたが，90年代初期に一括採用に変更され部門別人事の慣行も廃止された。加えて，90年代後期より，課長補佐の後期より一部技官の事務官ポストへの登用が進んでおり，現在では事務官と技官の融合が中央省庁においては一番進んでいるといわれている。もちろん，これは事務官ポストと技官ポストの一部交換にとどまっており，人事管理上は別の管理職が責任者となっており，引き続き二元的に管理されているのも事実である。
(93) Kingdon, John W. (1995)
(94) 実数を出すことは差し控えるが，少なくとも経済産業省の過去課長補佐級での退職者のうち，伝統的な大企業に転進したものはほとんどいないのが現実である。

参考文献

朝日新聞1986年2月15日夕刊記事「風見鶏の向き（今日の問題）」
朝日新聞1986年2月26日夕刊記事「論争のルール（今日の問題）」
新しい霞ヶ関を創る若手の会（2005）『霞ヶ関構造改革・プロジェクトK』，東洋経済新報社
飯尾潤（1993）『民営化の政治過程』，東京大学出版会
飯尾潤（1995）「政治的官僚と行政的政治家―現代日本の政官融合体制―」，『年報政治学』，岩波書店
稲継裕昭（1996）『日本の官僚人事システム』，東洋経済新報社
井上誠一（1981）『稟議制批判論についての一考察』，行政管理研究センター
猪口孝（1983）『現代日本政治経済の構図』，東洋経済新報社
猪口孝（1989）「国際化時代の官僚制―「牧民官」型の官僚の養成で事足りるのか？―」，『レヴァイアサン』4号
猪口孝・岩井奉信『族議員の研究』（1987），日本経済新聞社
打越綾子（2000）「学界展望＜行政学＞」『国家学会雑誌』113号
内山融（1998）『現代日本の国家と市場』，東京大学出版会
マルガリータ・エステベス（1999）「政治学から見た官僚制」，城山英明・鈴木寛・細野助博『中央省庁の政策形成過程―日本官僚制の解剖―』，中央

大学出版部
ジェニファー・エイミックス（2002）「大蔵省ネットワーク―権力の拡大と制約の帰結」，村松・奥野（2002）
衛藤幹子（1995）「福祉国家の『縮小・再編』と厚生行政」，『レヴァイアサン』17号
大嶽秀夫（1986）「対談始末記・中曽根政治解釈と政治学の客観性・自律性」，『書斎の窓』
大嶽秀夫（1996）『現代日本の政治権力経済権力』，三一書房，（増補新版）
大嶽秀夫・山口定（1985）「対談・戦後日本の保守政治」，『書斎の窓』
大矢根聡（2002）『日米韓半導体摩擦―通商交渉の政治経済学』，有信堂高文社
大淀昇一（1997）『技術官僚の政治参画―日本の科学技術行政の幕開き』，中公新書
加藤寛（1997）『官僚主導国家の失敗』，東洋経済新報社
加藤淳子（1997）『税制改革と官僚制』，東京大学出版会
加藤淳子（1995年）「政策知識と政官関係― 1980年代の公的年金制度改革，医療保険制度改革，税制改革をめぐって―」，『年報政治学』，岩波書店
河中二講（1962）（増補版1972）『現代の官僚制』，中央大学出版部
川北隆雄（1991）『通産省』，講談社現代新書
木代泰之（1985）『自民党税制調査会』，東洋経済新報社
京極純一（1968）『政治意識の分析』，東京大学出版会
久米郁男（1998）『日本型労使関係の成功：戦後和解の政治経済学』，有斐閣
堺屋太一（1978）『油断』，文芸春秋
佐藤竺（1964）「日本官僚制の問題点」，青井和夫編『組織の社会学』，有斐閣
佐藤誠三郎・松崎哲久（1986）『自民党政権』，中央公論社
城山三郎（1980）『官僚たちの夏』，新潮社
城山英明・鈴木寛・細野助博（1999）『中央省庁の政策形成過程―日本官僚制の解剖―』，中央大学出版部
城山英明・細野助博（2002）『続・中央省庁の政策形成過程―日本官僚制の解剖―』，中央大学出版部
城山英明・鈴木寛（1999）「本書の目的と方法」，城山英明・鈴木寛・細野助博（1999）
新川敏光（1993）『日本型福祉の政治経済学―保守支配体制と危機管理』，三一書房
新藤宗幸（2002）『技術官僚：その権力と病理』中公新書
曾根泰教（1986）「日本政策論の変化」，中野実編著『日本型政策決定の変容』，

東洋経済新報社
建林正彦（1999）「新しい制度論と日本官僚制研究」，年報政治学『20世紀の政治学』，岩波書店
田中角栄（1972）『日本列島改造論』，日刊工業新聞社
谷口将紀（1997）『日本の対米貿易交渉』，東京大学出版会
田丸大（2000）『法案作成と省庁官僚制』，信山社
辻清明（1969）『新版日本官僚制の研究』，東京大学出版会
中邨章（1984）「自由民主党の4つの顔」，中邨章・竹下譲編著『日本の政策過程』，梓出版社
西村美香（1999）『日本の公務員給与政策』，東京大学出版会
日本経済新聞社政治部（1983）『自民党政務調査会』，日本経済新聞社
日本経済新聞社編（1994）『官僚—軋む巨大権力』，日本経済新聞社
野口悠紀雄（1995）『1940年体制—「さらば戦時体制」』，東洋経済新報社
馬場康雄（1986）「政治学者の「危機意識」—山口・大嶽「論争」についての雑感—」，『書斎の窓』
早川征一郎（1997）『国家公務員の昇進・キャリア形成』，日本評論社
藤垣裕子（2003）『専門知と公共性：科学技術者社会論の構築に向けて』，東京大学出版会
藤田由紀子（2003）「英国公務員制度におけるスペシャリスト」，『専修法学論集』88号
藤田由紀子（2002〜03）「日本の技官制度」（1〜3），『季刊行政管理研究』，No.99〜101
松下圭一（1998）『政治・行政の考え方』，岩波新書
真渕勝（1987）「現代官僚の『公益』観」，『季刊行政管理研究』
真渕勝（1994）『大蔵省統制の政治経済学』，中公叢書
真渕勝（1997）『大蔵省はなぜ追いつめられたのか：政官関係の変貌』中公新書
真渕勝（2003）「官僚制」，久米郁男他編『政治学』，有斐閣
真渕勝（2004）「官僚制の変容—萎縮する官僚」，『レヴァイアサン』34号
牧原出（2003）『内閣政治と「大蔵省支配」：政治主導の条件』，中公叢書
水口憲人「官僚とイデオロギー」，水口憲人・北原鉄也・真渕勝編著（2000）『変化をどう説明するか：行政篇』，木鐸社
村松岐夫（1981）『戦後日本の官僚制』，東洋経済新報社
村松岐夫・柳川範之（2002）「戦後日本における政策実施：政党と官僚—住専処理から」，村松・奥野（2002）
村松岐夫・奥野正寛編（2002）『平成バブルの研究，下巻崩壊編：崩壊後の不況と不良債権処理』，東洋経済新報社

薬師寺泰蔵（1987）『政治家 vs. 官僚』，東洋経済新報社
山口二郎（1987）『大蔵官僚支配の終焉』，岩波書店
山川雄巳（1986）「日本政治の現在を考える―山口・大嶽論争をめぐって―」『書斎の窓』

Aberback, Joel D., Robert D. Putnam and Bert A. Rockman (1981) *Bureaucrats and Politician in Western Democracies*, Harvard UP.

Calder, Kent (1989) "Elites in a Equalizing Role: Ex-bureaucrats as Coordinator and Intermediaries in the Japanese Government-Business Relationships," *Comparative Politics*.

Albrow, Martin (1970) *Bureaucracy*, Macmillan

Amsden, Alice (1989) *Asia's Next Giant*, Oxford UP.

Friedman, David (1988) *The Misunderstood Miracle: Industrial Development and Political Change in Japan*, Cornell UP.

Haley, John O. (1995) "Japan's Postwar Civil Service: the Legal Framework," in Hyung-Ki Kim, Michio Muramatsu eds. (1995)

Inoki, Takenori (1995) "Japanese Bureaucrats at Retirement: The Mobility of Human Resources from Central Government to Public Corporation," in Hyung-Ki Kim, Michio Muramatsu eds. (1995)

Chalmer, Johnson (1982), *MITI and the Japanese Miracle: the Growth of Industrial Policy, 1925-1975*, Stanford UP.（邦訳『通産省と日本の奇跡』，TBS ブリタニカ）

Katzenstein, Peter J. (1985) *Small States in World Markets: Industrial Policy in Europe*, Cornell UP.

Kingdon, John W. (1995) *Agendas, Alternatives, and Public Policies*, Addison-Wesley

Kume, Ikuo (1993) "A Tale of Twin Industries: Labor Accommodation in the Private Sector," in Gary D. Allinson and Yasunori Sone, *Political Dynamics in Contemporary Japan*, Cornell UP (1993)

Kume, Ikuo (1995) "Institutionalizing the Active Labor Market Policy: a Comparative View," in Hyung-Ki Kim, Michio Muramatsu eds. (1995)

Mabuchi, Masaru (1995) "Financing Japanese Industry: the Interplay between the Financial and Industrial Bureaucracies," in Hyung-Ki Kim, Michio Muramatsu eds. (1995)

McClelland, David C. (1973) "Testing for competence rather than for intelligence," *American Psychologist*, 28 reprinted in Lyle M. Spencer, Jr. and Signe M. Spencer, *Competence at Work: Models for Superior Performance*, John Wiley

& Sons. (1993)

Merton, Robert K. (1979) *Sociology or Science*, Univ. of Chicago Pr.

Muramatsu, Michio and Ellis S. Krauss (1984) "Bureaucrats and Politicians in Policy Making: the Case of Japan," *American Political Science Review* vol.78

Muramatsu, Michio, T. J. Pempel and Kozo Yamamura (1995), *The Japanese Civil Service and Economic Development: Catalysts of Change*, Clarendon Pr.

Okimoto, Daniel (1989) *Between MITI and the Market; Japanese Industrial Policy for High Technology*, Stanford UP.

Pempel, T. J. and Keiichi Tsunekawa (1979) "Corporatism without Labor?" in Philippe C. Schmitter and Gerhard Lehnbruch, eds. (1979) *Trends towards Corporatist Intermediation*, Sage

Samuels, Richard J. (1987) *The Business of the Japanese State: Energy Markets in Comparative and Historical Perspective*, Cornell UP.

Silberman, Bernard S. (1993) *Cages of Reason: the Rise of the Rational States in France, Japan, the United States, and Great Britain*, Univ. of Chicago Pr.

Terry, Larry D. (2003) *Leadership of Public Bureaucracies*, M.E. Sharpe, (2nd ed.)

Weber, Max *Wirtschaft und Gesellschaft*, (邦訳『支配の社会学』, 創文社, 1991)

Theakston, Kevin (1999) *Leadership in Whitehall*, Macmillan

Weiss, Linda and John M. Hobson (1995) *States and Economic Development: A Comparative Historical Analysis*, Polity Pr.

Zysman, John (1983) *Governments, Markets, and Growth: Financial Systems and the Politics of Industrial Change*, Cornell UP.

崇高と政治理論
——バーク，リオタール，あるいはホワイト——

小田川大典*

最も明敏で勤勉な精神が，われわれを途方に暮れさせ，誤った光でわれわれをおだて，誤導するにちがいないような状況において，われわれに真の光を与えてくれるのは，むしろそうした明敏な精神が軽蔑の対象にするような，自然の中にある，ごくありふれた，ときには最もくだらない事物についての，お気楽な観察であろう。

バーク『崇高と美の観念の起源についての哲学的探求』

1 問題の所在

人類の歴史を振り返るならば，一方でひとびとを政治的な行為へと突き動かしつつ，他方ではそうした行為を——道徳に代わって——規制してきた何ものかがそこに存在してきたということを，われわれは認めざるを得ないであろう。道徳的な規範でもなく，まして経済的な利害でもないにもかかわらず，ある種の「衝動」としてひとびとを政治へと向かわしめると同時に，ある種の「規範」として政治を規制してきた何ものかの存在。ジョージ・ケイティブによれば，それこそが政治における「審美主義」にほかならない（Kateb 2000）。本稿においてわれわれは，そうした審美主義の政治的ポテンシャルを明らかにすべく，エドマンド・バークによって確立され，ジャン=フランソワ・リオタールやスティーヴン・ホワイトらによって批判的に継承された，いわゆる崇高論——美的体験における「美(なるもの)」とは異なる「崇高(なるもの)」の存在を重視する審美主義——について若干の考察を試みる。とはいえ，まずはその込み入った問題の所在を，ケイティブの議論をもとに整理しておこう。

＊ 岡山大学大学院社会文化科学研究科教員，政治思想史

思想史を振り返るならば，道徳が蔑ろにされ，何か別の価値の下位に置かれたことはそれほど珍しいことではない。ケイティブは，宗教的信仰，文化の独自性，男らしさといった，道徳よりも上位に置かれた様々な価値に「審美的＝情緒的次元」と呼ぶべき共通点が存在することを指摘する。ここでいう「審美的なもの」とは，人間が一般に芸術に求めるところの，感覚と想像力の飢えを満たす「有意味性」のことであり，ケイティブによれば，そうした芸術的な有意味性に対する希求こそが審美主義の思想的な核心であった。そしてケイティブは，政治における審美主義を論じるに際し，無自覚なかたちで——あるいは「合理化」という自己欺瞞を伴って——ひとびとを突き動かす，ある種のメンタリティとしての審美主義と，自覚と熟慮を伴う思考としての審美主義を区別する。

　ケイティブによれば，歴史上の数多くの惨劇に大きく関わっていたのは，前者の無自覚な審美主義であった。無自覚な審美主義とは，いわばひとびとを突き動かす非合理な「美的渇望」と呼ぶべきものの働きのことである。

> 　美的渇望とはいかなるものであろうか。審美主義とは，ひとびとが一般に芸術作品に求め，しばしばそこから得ている何ものかを，非芸術的な体験から得ようと努めることである。芸術とは，濃密な美的満足を与えてくれるはずのものであり，フロストがいうように「文学とはつねに，平凡な人生から得られるよりも豊饒な意味を，読者に与えるものでなければならない」。だが，実をいえば，われわれにとって，芸術だけでは不十分である。蓋し，芸術はわれわれを十分に満足させてはくれず，われわれはみな，より芸術的なものを，現実の世界がもたらしてくれることを望む。いわば，世界が芸術よりも更に十分かつ圧倒的に芸術的であることを，われわれは望むのである。したがって，強い美的要請が突きつけられるのは，芸術よりも，むしろ日常生活の方である。そして，芸術ではなく，社会的現実に美的欲求が向けられるとき，その欲求は渇望へと転化する。この〔芸術から社会的現実へという美的欲求の〕転移がもたらす帰結はきわめて深刻なものである（Kateb 2000: 12）。

　無論，このように芸術的な有意味性を社会的現実の中に求める「美的渇

望」だけが審美主義のすべてではない。むしろ，多くの美学者が自覚と熟慮をもって唱えてきた審美主義は，芸術作品の鑑賞を通して涵養される「審美的な態度と感情」を重視してきた。すなわち，美的渇望に突き動かされる無自覚な審美主義に対し，熟慮の審美主義は，第一に，芸術的な有意味性を専ら芸術と自然に求め，その審美的な関心を社会現象に向ける場合には極めて慎重――というよりはむしろ消極的――な態度をとる。いわばそれは審美的な関心の対象を芸術と自然に限定し，社会現象や日常生活の中から芸術的な有意味性を得ることを敢えて断念するのである。第二に，熟慮の審美主義が重視する審美的な態度と感情は，たしかに感覚と想像力の満足を伴ってはいるものの，対象にとらわれない距離感と冷静な自己抑制を特徴としており，陶酔を求めて道徳を逸脱する美的渇望とは異なり，むしろ道徳的な態度と親和的である。

> 一般に道徳的な危機が始まるのは，ひとびとが審美主義を，自然や芸術ではなく，社会現象に向けるときである。社会現象に審美主義的に反応するのであれば，われわれは可能なかぎり，美的渇望ではなく，審美的な態度と感情によって対応するよう努めなければならない。したがって〔審美的態度を涵養すべく〕芸術作品を鑑賞することは，社会的現実に対して，より健全な態度をとるための準備であるといえよう。……適切に鑑賞すれば，芸術作品は，日常生活と芸術とを混同することが間違ったことであるということを教えてくれるのである（Kateb 2000: 21-22）。

このように熟慮の審美主義は，芸術や自然が与えてくれる美的な有意味性を社会的現実や日常生活に求めてはならないという教養自由主義的な断念（小野 1999：136ff）と，芸術作品の鑑賞による冷静な自制心の涵養という二つの主張において，ある意味では理想的な美的道徳――少なくともそれは美的渇望の暴走を有効に抑制するであろう――を唱えているようにも思われる。しかしながら，ケイティブによれば，熟慮の審美主義にも無自覚な審美主義に相通じる危険性が認められる。というのも，まず第一に，審美主義的な態度と感情は，美的渇望と根本的に異なるものではない。いわば前者は後者の存在を前提とし，後者を洗練することによって成り立っ

ているのであって，何らかの危機的状況において再び単なる渇望に戻ってしまう危険性を孕んでいるのである。そして第二に，熟慮の審美主義における美的道徳——審美的態度による美的渇望の抑制——への信頼は，審美主義者をして，前述の教養自由主義的な断念を撤回せしめ，審美主義的関心を日常生活や社会的現実へと拡大する審美主義の社会哲学へと向かわしめかねない。

そしてケイティブによれば，果たせるかな，熟慮の審美主義を逸脱し，結果的に美的渇望の虜となった審美主義者の典型がエドマンド・バークであった。周知のようにバークはその初期の作品『崇高と美の観念の起源についての哲学的探求』（1757-59年，以下，『崇高と美』と略す）において審美的な体験がもたらす「美的なもの」と「崇高なもの」——ケイティブはこの区別をあまり重視せず，両者を基本的に「有意味性」と同じものと解している——についての分析を行なっているが，少なくとも『崇高と美』の段階においては，審美主義的関心は専ら芸術と自然にのみ向けられており，社会的現実にまで拡大されることはなかった。しかし，ケイティブによれば，バークは『フランス革命の省察』（1790年，以下，『省察』と略す）において審美主義の社会哲学へと大きく踏み出すことになった。すなわち，審美主義者バークは，ひとびとの心を捉える美的渇望の魔力を熟知していたがゆえに，フランス革命を擁護する人たちの熱狂の中に危険な美的渇望を看取する。

> ある種の人間から見れば，陰謀や大虐殺や暗殺など，革命を達成する上での些細な対価に過ぎません。安価で流血を見ない改革，罪を犯すことのない自由などは，彼らの好みからすれば退屈で無気力に映るのです。情景の大変化が無ければならず，壮大な舞台効果が無ければなりません。六十年にわたる安穏を怠惰に享受し，公共的繁栄という相も変わらず活力を欠いた休止状態のため無感動になってしまった想像力を揺り起こす一大光景が無ければならないのです。例の説教師はそのすべてをフランス革命の中に見出しました（Burke 1987: 56）。

そして，こうした風潮の蔓延を阻止すべく，バークは「古えの騎士道」に起源を持つ貴族主義的な「思想と感情の織物」という審美的な態度と感

情の復権を唱える。いわばそれは，フランス革命がもたらした危険な美的渇望に抗すべく，優雅な態度と感情を備えた由緒ある文明社会の保守を説く熟慮の哲学的審美主義であった。だがケイティブによれば，そのように審美的関心を社会的現実に拡大していくことによって，バーク自身もまた——『省察』を「劇場公開用」とペインに揶揄されたことからも明らかなように（Paine 1985: 49）——ある種の美的渇望の熱狂に取り憑かれてしまったのである。

> バークは複雑だが重要な事例である。彼は崇高と美についての理論的考察を行なっただけでなく，自らの理論を裏付け，更にその先にまで進んでしまった。彼は審美的な態度と感情がどのようなものであるかを論じ，その議論を芸術作品，自然，社会的現実といった全ての領域に全面展開した。しかし……彼はときに美的渇望に駆り立てられてしまうこともあった。彼は議論の対象を，劇場〔芸術〕から現実政治〔社会〕へ，現実政治から劇場へと，あたかも両者が本質的に同じ現象であるかの如く，あまりにも安易に移している。使う文体も実に大仰な雄弁に満ちており，芝居がかった明らかに此れ見よがしのものととられかねない。思うに，こうした点においてバークは，熟慮の哲学的審美主義者の典型，それも，一方で，審美的な態度と感情を維持するために変革を拒んでいる〔旧来の〕社会を擁護しつつ，他方ではこうした態度と感情を脅かす〔新しい〕社会を批判するような哲学的審美主義者の最も重要な典型である。……まさにバークこそは，近代においてそうした〔保守的で反動的な〕感受性を創出し，その思想的な典型を示した第一人者なのである（Kateb 2000: 26-27）。

崇高と美について深い哲学的考察を行ないながらも，結局は美的渇望の呪縛を断ち切ることができなかった哲学的審美主義者バーク。ケイティブはそのようにバークを斬り捨て，その代わり，エマーソン，ソロー，ホイットマンの中に見出されるという，道徳と親和的な「民主的審美主義」に望みを繋ぐ（Kateb 2000: 30ff.）[1]。

このように政治的審美主義を無自覚なそれ，自覚的なそれに分け，それぞれの危うさと魅力と抉り出すケイティブの分析は鋭いといえよう。だが，

そこから導き出されるバーク的哲学的審美主義——芸術や自然がもたらす何ものかについての哲学的考察に政治的なポテンシャルを見出すような審美主義——に対するケイティブの否定的な見解は，必ずしも十分な説得力を持つものではない。蓋し，ケイティブの議論には，少なくとも次の二つの問題点を指摘することができよう。すなわち第一は，彼が，初期作品である『崇高と美』を些か粗雑に——つまりバークが20代の終りに書いた作品を，還暦を過ぎてからの作品である『省察』にあまりにも引き付けて——解釈してしまっていることであり，第二は，彼が，バークやカントが慎重に行なった崇高と美の区別を軽視し，両者を芸術的な「有意味性」という曖昧な概念で一括してしまっていることである[2]。思うに，『崇高と美』において体系的に述べられた崇高論の政治的ポテンシャルを汲み尽くすには，そこに保守主義の古典たる『省察』へと至るはずの一貫した思想形成の如きものを性急に投影するのではなく，まずは同作品を同時代の思想的文脈に置き，そこで述べられていること——特にバークが拘った崇高と美の区別——を内在的に再構成する必要があるのではなかろうか。

　以上の整理を踏まえ，以下において本稿は，ケイティブが哲学的審美主義と呼んだものの政治的ポテンシャルを探るべく，まずはバークが『崇高と美』で展開した崇高論を内在的に再構成し，次に現代的な問題意識の下にバーク崇高論の批判的継承を試みたリオタールの崇高論を検討する。われわれはそこにおいて，20世紀末年の論文でケイティブが総括と克服を試みた政治的審美主義が，実は21世紀の政治学に引き継がれるべき新たな潮流の源となっていることに気づかされるであろう。

2　バークにおける崇高と喜悦

　バーク『崇高と美』を理解する上で重要な点は，同作品においてバークが崇高と美を区別する17世紀以来のイギリス崇高論の伝統を意識的に踏まえていたことと，一般的な通説とは異なり，そこで述べられているバークの崇高論には，カントが後に『判断力批判』（1790年）で展開した崇高論とは全く異なる問題構成が認められるということ，この二点である。本節では以下，この二点に着目しつつ，バークの崇高論の内在的な再構成を試みたい。

　通説において，18世紀崇高論の起源は1674年にボワローがフランスで翻

訳解説した（擬）ロンギノスの修辞学書『崇高論 *Peri Hypsous*』[3]であり，外的自然に崇高を見出すイギリスの崇高論は，このフランス製の「修辞学的崇高」が通俗化されたもの——「堕落したロンギノス主義」——にすぎないというふうに理解されてきた（Monk 1950. Cf. Nicolson 1959: 29-30）。だが，マージョリー・ホープ・ニコルソンが明らかにしたように，イギリスでは既に17世紀後半から，修辞学的崇高とは異なる「自然的崇高」を論じる伝統——その原型は大陸旅行に出たイギリス人たちがアルプスの山巓で覚えた「喜ばしい恐怖，恐ろしい喜悦，限りない快感」である——が存在していた。すなわちニコルソンによれば，イギリスにおいては，このように自然がもたらす感情の中に美しい「調和」と喜ばしい「恐怖」という範疇的区別を見出す自然的崇高論の伝統が先行しており，そこで深められた崇高と美の区別についての議論を，ロンギノス的な修辞学的崇高をも踏まえつつ，「無限性の美学」へと仕上げたのがジョゼフ・アディソンであり，それがマーク・エイキンサイドの長編詩『想像力の快楽』（1744年）を媒介として，若きバークの『崇高と美』へと引き継がれたのである（Nicolson 1946, 1959, 1973）。

このように『崇高と美』は自然的崇高論と修辞学的崇高論という二つの伝統を背景として成立した作品であるが，通説において，そこで展開されている崇高論は，専らカントの『判断力批判』を「自覚されざる到達点」とする「カント的主観主義」の先駆形態として捉えられきた（Monk 1950: 4ff.）。だが，1990年代になると，こうしたカント主義的な『崇高と美』解釈に抗するかたちで，バーク崇高論を含む18世紀イギリス美学の独自性を強調する研究が現れてきた（Furniss 1993; Ashfield and Bolla eds. 1996; Ryan 2000）。たとえばライアンによれば，崇高と美を峻別するバーク崇高論をカント崇高論の先駆形態と見なしてきた通説は間違っており，むしろ両者は，まさにその崇高の捉え方において決定的に異なっている。

> これら二つの崇高論の最も決定的な違いの一つは，崇高体験における対象と認識主観の関係についての捉え方にある。一方の〔バークの〕崇高論は，崇高体験において〔認識主観たる〕自我が圧倒されると考えるが，他方の〔カントの〕崇高論は，自我に強烈な存在感，高揚感，さらには自己超越がもたらされると考える。中心となる問題は，認識主

観がどの程度の崇高を体感するかということではなく，崇高なるものの体験が認識主観にどのようにしてその力を及ぼすかということにこそある。果たして崇高が認識主観にもたらすのは高揚か，それとも圧迫か。崇高体験において自我は確固たる同一性を与えられるのか，それともぐらぐらと揺らいでしまうのか（Ryan 2000: 266）。

周知のように，カント崇高論において，崇高は，間接的に——想像力の破綻という否定的な契機を媒介にして——ではあるが「どれほど偉大な感性的能力よりも，理性的な認識能力の本分の方が優位にあるということを直観的に示す」ことによって，自我に高揚感と同一性をもたらすものと捉えられていた（Kant 2000: 141）。それに対し，バークは，崇高体験においては「大いなるもの」が自我を圧倒するという自然的崇高論と修辞学的崇高論に共通する見解を更にラディカルに推し進め，高揚感や超越論的な自己同一性ではなく，圧倒的なまでの人間の被制約性と限界性を強調する独自の崇高論を展開したのである[4]。

注目すべきは，そうした認識主観の非制約性や限界性を強調する際に，バークが，アディソンらのように連想心理学に依拠するのではなく，独自の生理学的な議論を展開していたことである。初版序文にあるように，『崇高と美』の目的は，ロンギノスですら混同してきた美の観念と崇高の観念の違いを示すべく，①人間の内的情念，②情念を刺激する外的事物の属性，そして③外的事物の属性が身体への作用を通じて情念を刺激する際の自然法則の三つについて分析を試みることであったが（Burke 1958: 1）[5]，ライアンによれば，それはいわば，認識主観の側の様々な心的能力——理性，悟性，想像力，判断力，あるいは観念連合など——の積極的な役割を認めず，専ら外的事物が感覚的知覚を通して内的情念を刺激する生理学的なメカニズムに即して，そこから発生する美の観念と崇高の観念を区別する生理学的崇高論とでも呼ぶべきものであった（Ryan 2000）。

『崇高と美』第一編において①人間の内的情念の分析は，快と苦という「定義不可能な単純観念」についての考察から始められている。一般にわれわれは——ロック『人間知性論』が述べているのと同じく（Locke 1975: Bk. 2, Ch. 20, Sec. 2）——苦の除去が快をもたらし，快の除去が苦をもたらすというふうに快と苦を相互的に捉えがちである。だが両者は相互に独立した

観念であって,「その作用の最も単純で自然な仕方においてはそれぞれが積極的な本性を備えており,決して一方の存在が他方に必然的に依存するものではない」。快が専ら「社交」に関わる情念であるのに対し,苦は「自己保存」にのみ関わっており,両者の間に相互性は認められない。したがって「苦の停止もしくは減少から結果するところの感情」は「積極的な快」ではないし,「快の除去ないし除去」も「積極的な苦」ではないのである。そして第二～四編では,そのような快と苦が②どのような外的事物の属性から③どのような作用因によって発生するのかが検討されている。バークによれば,一方で苦や恐怖は,崇高にして偉大なる何ものかが人間の自己保存を脅かすことによってもたらす「緊張」によって惹起されるが,他方,快は美しいものが社交との関連においてもたらす「弛緩」を通じてひきおこされる。このように,崇高な存在が自己保存を脅かすことで緊張をもたらし,その緊張から苦や恐怖が発生するというプロセスと,美しい存在が社交に関わる弛緩をもたらし,その弛緩から快が発生するというプロセスが別物である以上,そこから生じてくる崇高の観念と美の観念とを混同することは端的に誤りである6。——バーク崇高論の基本命題はそのようなものであった（Burke 1958: Ch. 1-4）。

だが,このように認識主観の心的能力を軽視し,ほとんど生理学的プロセスのみによって崇高を論じることに,しかも,高揚感や超越論的な自己同一性ではなく,圧倒的なまでの人間の被制約性と限界性だけを認識主観に痛感させるネガティブな崇高を論じることに,どのような積極的意味があるのだろうか。カントが批判したように,バークの崇高論は超越論的な道徳性を欠いた「心理学的所見」に過ぎなかったのではないか（Kant 2000: 158）。

たしかに『崇高と美』の生理学主義にカント的な道徳性を見出すことは不可能かもしれない。だが,以下で述べるように,崇高がもたらす「喜悦」をめぐるバークの記述の中には,ある種の倫理的感性の陶冶という構想が読み取れるのである。

バークによれば,喜悦とは,崇高がもたらす大いなる苦が除去されることにともなう「相対的な快」——ただしそれは厳密な意味での快ではありえない——のことである。

切迫した危険から逃れたり或る甚だしい苦痛の辛さから解放されたとき……われわれは，自分の精神が畏敬の念をたたえた極めて厳粛な状態，恐怖の影がさした一種の平穏状態にあることに気づく。……この多くの点で極めて快適ではあるが全ての点で積極的な快とは極めて異なる感情は私が知る限りでは何の名称も有しないけれども，しかしこのことはそれが極めて現実的な，そして他のあらゆるものとは全く異なった感情であるという事実を動かすものではない。……わたしはこの種の相対的な快について語る機会がある場合には，これを喜悦と呼ぶ（Burke 1958: 34-36）。

自己保存を脅かす崇高な「大いなるもの」の手が自らに及ばなかったと気づいたときの，ある種の「茫然自失の状態」としての喜悦。このように崇高なるものがもたらす苦や危険も，「一定の距離と一定の変形」を伴う場合にかぎってであるが，「相対的な快」としての喜悦となりうるのである（Burke 1958: 40）。そして，この喜悦をめぐる議論において，バークは，本来ならば社交にのみ関わるはずの「共感」を自己保存の領域へと越境させ，自己の苦や危険への感覚だけでなく，他者の苦や危険へのリアルな共感によっても，喜悦がもたらされるということを指摘する。すなわち，バークによれば，われわれは，共感のはたらきによって，苦や危険にさらされた他者の状況にもある種の喜悦を覚えることができるのであり，更には倫理的な実践へと突き動かされるのである（Burke 1958: 44-45）[7]。

われらの創造主はわれわれ人間が共感の絆で結びつけられるように予め配慮し給うたが故に，神はこの絆がそれに相応した喜悦によって強化されるように，とりわけ他人の苦難というわれわれの共感が最も必要とされる場面で特にそれが強化されるように取りはからわれた。……ある種の途方もない悲しむべき災難の光景ほど，われわれが目の色を変えて追い求めるものはほかにない。したがって，不幸な事態がわれわれの眼前に繰り広げられるにせよ歴史の中に見出されるにせよ，それは常にわれわれに喜悦を感じさせずにはいない。これは純粋な喜悦ではなくて，少なからぬ心配がそこに混じった喜悦である。このような物事においてわれわれが感じる喜悦は，われわれが悲惨の光景か

ら逃げ出すことを妨げ，われわれが感じる苦は，これらの苦しんでいるひとびとを救うことによってわれわれ自身の苦を取り除くようにわれわれを促す。そしてこれらはすべて，いかなる理性的な推論にも先行して，われわれの側の協力なしにわれわれをそれ自らの目的達成へと駆り立てる本能のはたらきによるものである（Burke 1958: 46）。

このように崇高は，共感を媒介とすることによって，悲劇，歴史，そして現実の惨状に対する喜悦——自分が免れた苦や危険が他者に及んでいるということについてのリアルな認識——をもたらし，他者の苦や危険を除去するための行為へと——「いかなる理性的な推論にも先行して」——われわれを駆り立てる。しかもバークによれば，崇高がもたらす緊張は，生理学的プロセスにおいて，美がもたらす快い弛緩が神経を摩耗し，身体を劣化させる傾向を持つのに対し，弛緩した神経を引き締め，活力を喪失した身体を鼓舞し，健全な状態に戻すはたらきを有している（Burke 1958: 134-135, 149-150）。だとすれば，示唆的なものに過ぎなかったとはいえ，『崇高と美』には，ある種の倫理的感性の陶冶という，すぐれて政治的な構想が——バーク自身がそう考えていたかどうかはともかくとしても——潜在的に秘められていたといえるのではないだろうか。

とはいえ，カント『判断力批判』以後，バーク崇高論は専らカント崇高論の先駆形態として捉えられ，以上で見たような非カント主義的な側面に十分な検討がなされることはなかった。だが，それは20世紀末において予想外のかたちで再検討されることになる。それが次節で検討するリオタールの崇高論である。

3 リオタールにおける崇高と前衛芸術

ウィリアムズによれば，リオタールの政治思想は，『リビドー経済学』（1974年）を中心とする消極的な政治的受動性論と，『文の抗争』（1983年）以降に積極的に展開された崇高感情——理性の理念に抗するものとしての——論の二つを軸としており（Williams 2000: 135），後者が主にカント『判断力批判』の解読を通じて展開されたことはよく知られている（Drolet 1994; Silverman ed. 2002: Part IV; 小野 1999：239ff., 田辺 2006：32f.）。だが，彼が後に，その最も政治的性格の強い崇高論である『非人間的なもの』

(1988年) において，バーク崇高論への傾斜を示していることは，ほとんど等閑に付されてきたといってよい8。同書は『こどもたちに語るポストモダン』(1986年，以下，『ポストモダン』と略す) の続編にあたる作品であるが，『ポストモダン』で専らカントに依拠して非政治的な崇高論を述べていたリオタールが，『非人間的なもの』においては，バークに依拠しつつ，政治的な性格を帯びた崇高論を展開しているのである。

　まずリオタール崇高論の理論的背景となる彼の近代論についてみておこう。『ポストモダン』第一論文においてリオタールは，20世紀末の前衛芸術(アヴァンギャルド)をめぐる状況を素材としつつ，「ポストモダンとは何か」という問題に応答を試みている。「弛緩」が支配する現代において，ひとは前衛芸術の実験を単なる「不敬虔」であると批判し，ひとびとを安心させるような「意味」に満ちた「有機的」な「経験の統一性」の回復を芸術に求めがちである (Lyotard 1986: 13-16)。だが，リオタールによれば，

> こうした芸術的実験を中断するようにというさまざまな呼びかけの中には，秩序への同じ召還の声，統一性，同一性，安全性，通俗性(「ひとびとに認められること」つまり「公共性(エッフェントリッヒカイト)」という意味での) への欲望がある。芸術家や作家たちを共同体のふところへと呼び戻さなくてはならない。あるいは少なくとも，もしも共同体が病んでいると判断するのであれば，共同体を癒すという責任を彼らに課さなければならない，ということである (Lyotard 1986: 16)。

「弛緩の時代」は「さまざまな前衛芸術の遺産」を廃棄すべく，真摯な芸術的探求に二つの脅威を突きつける。一つは，芸術に，既に広く共有されている「趣味」や「共通感覚」への同調と「意識を懐疑から守るという治療的職務」──心地よい癒しのための芸術──を要求する「文化政治」であり，もう一つは「作品の価値を，それがもたらす利益によって計る」──つまり，よく売れて，大きな利益をもたらす芸術を求める──市場原理である。そしてその中で，前衛を志す芸術家──「芸術の諸規則を疑い，自らの作品を流通させることによってしだいにその疑いを分かちあっていくことを決意した芸術家」──はオーディエンスを失い，芸術はただ与えられた「良い規則」に同調する「産業化・マスメディア化されたリアリズム」

——「『芸術についての問いの中に含まれるリアリティについての問いを回避しようとする』ということを唯一の定義として持つようなリアリズム」——や安易な「折衷主義」へと堕落する（Lyotard 1986: 18-23）。

　だが，そのような「弛緩の時代」の根底には，科学的認識や資本主義経済そのものを生み出したモダニティについての根本的な誤解があるとリオタールは指摘する。彼によれば，モダニティは「認識と実践についてのパートナー間の合意によって承認されないかぎり，リアリティなどというものは存在しない」という規則，すなわち，自明のものとして受けいれられていたリアリティについての信条を動揺させなければ，新たなリアリティの認識に辿り着くことはできないという規則に貫かれている（Lyotard 1986: 23-24）。

> 　その規則は，精神が支配していると信じていたリアリティの，形而上学的・宗教的・政治的保証の外部への脱出とでも言える動きが，知の保持者の政治と資本の管理人の政治の上に残していった，刻印である。リアリティのこの退却は，科学と資本主義が生まれるためには不可欠のものだ。運動についてのアリストテレス流理論に対する疑いのないところに物理学はなく，同業組合主義・重商主義・重農主義への反論のないところに産業はない。モダニティは，それがどの時代に属するものであろうと，信条を動揺させることなくしては，異なった複数のリアリティの発明にむすびつくリアリティの中の「リアリティの希薄さ」を発見することなくしては，決して立ちゆかないのである（Lyotard 1986: 24）。

　モダニティを突き動かす，リアリティへの疑いを起点とした，リアリティの更新という，ある種の弁証法。リオタールによれば，これこそが崇高美学の核心であった。リオタールはカントの崇高美学を次のようにパラフレーズする。——美的判断においては，間主観的な「趣味」によって，「着想能力」（ファキュルテ・ド・コンスヴォワール）と「提示能力」（ファキュルテ・ド・プレザンタシオン）との間に，未規定で無規則の「反省的」な和解が，快感というモードにおいて体験されるよう按配がなされている。だが，崇高な体験においては，絶対的に偉大なものや絶対的に強力なものの出現が，着想能力と提示能力の和解を破綻させる。崇高体験

において顕わになる「着想可能だが，提示不可能な何ものか」の存在。リオタールは，この「美しいという感情を生み出す，諸能力の自由な和合を禁止し，趣味の形成を妨げる」絶対的な何ものかを「提示不可能なもの（ランプレザンタブル）」と呼び，そうした「着想可能だが，提示不可能な何ものか」が存在するということを陰画的に示すことこそが，崇高美学の継承者たる近代の前衛芸術家の使命だと述べる。そして，モダニティの根底には，「提示能力の不能」についてのノスタルジックな「憂鬱（メランコリー）」と，「着想能力の強さ」——アポリネールのいう「非人間性」——に基づく「改革（ノヴァティオ）」という二つの旋法モードが絡み合っていることを指摘し，前者を重視する「モダンの美学」と後者を強調する「ポストモダンなもの」を区別する（Lyotard 1986: 24ff.）。

> したがって，抗争（ディフェラン）はここにあるわけだ。モダンの美学は，崇高の，しかし，ノスタルジックな，美学だ。……／ポストモダンとは，モダンの内部において，提示そのものの中から「提示不可能なもの」を引き出すような何かのことだろう。不可能なものへのノスタルジアを共有させてくれる趣味のコンセンサスにもとづいた良い形式からもたらされる慰めを，拒絶するもの。新しいさまざまな提示を，それを楽しむためにではなく，「提示不可能なもの」がそこに存在するのだとより強く感じさせるために，たずね求めるもの（Lyotard 1986: 30-31）。

着想能力と提示能力の調和への安易なノスタルジーを拒絶し，「リアリティを提供すること」ではなく，着想可能だが提示不可能な何ものかについての暗示（アリュージオン）を発明すること。それこそが前衛の崇高美学が果たすべき役割であった。

但し，崇高美学の政治的機能にかんして，少なくとも『ポストモダン』段階のリオタールは消極的な見方を示していた。実際，第六論文「テロルならびに崇高への追伸」においてリオタールは「崇高の政治についていえば，そんなものは存在しない。あったとしても，テロルとなるのがせいぜいであろう」と述べ，前衛芸術が行なってきたことも，結局は「思考の名誉を救う」こと以上のものではなかったと付言している（Lyotard 1986: 106）。

ところが，『非人間的なもの』においてリオタールは微妙に態度を変え，

崇高美学の政治性を強調するようになる。「緒言　人間的なものについて」によれば，同作品の目的は，人間を文字通り非人間的なものへと堕落させつつある「発展という名の下で強固となりつつあるシステムの非人間性」に抗すべく，「もう一つの非人間的なもの」を復権することであるが，リオタールはこの二つの「非人間的なもの」の違いを，人間的なものの弁証法との関連において次のように説明している。——人間はこの世に「生まれながらの欠如」を抱えた未成の状態で誕生し，その未成性を理性によって克服し，「第二の自然」を獲得することで成長を遂げる。しかし，原初の未成性は，決して理性によって完全に克服されることはなく，永久に残存し，様々な可能性を告知し，約束を示し続ける。「大人がつねに，幼児期の約束を実現することで，幼児期の暗い野蛮さから自らを解き放とうとし続けなくてはならないということ，それこそがまさに人間の条件である」(Lyotard 1988: 10f.)。「暗い野蛮さ」として残存し，理性的精神の営みを常に脅かしつつも，様々な可能性を告知し続ける未成性。この「制度化されたものの中に，困窮と未決定性を突き入れる」未成性のことをリオタールは——アポリネールとアドルノに倣って——「非人間的なもの」と呼ぶ[9]。だがリオタールによれば，現代においては，これとは別に，人間の成長を脅かす，もう一つの「非人間的なもの」が存在する。すなわち，こうした「人間の条件」たる理性と未成性の弁証法を解体し，あらゆる成長を画一的な差異化のプロセスへと貶める「発展の形而上学」とその具現としての高度なテクノロジーの発展である (Lyotard 1986: 13f.)。取り込めぬものは片っ端から忘却の穴に投げ捨て，人間からは思考を奪い続ける「ただ自分の内的な力学にしたがって，加速しつつ，拡大しつつ，自らを再生産」する「発展の形而上学」としての「非人間的なもの」。いまやこの「非人間的なもの」に抗すべく，われわれは自らの内なる「もう一つの非人間的なもの」に賭けるしかない。

　そして最後に，発展こそが，まさに分析と実践の両方においてシステムに抗するオルタナティヴの可能性を奪い去る張本人にほかならず，また，「われわれ」が革命的な思想や行為から受け継いだ政治が（それを嘆くにせよ喜ぶにせよ）無用の長物であることが判明した以上，ここで提起すべき問題は，次のように簡潔に述べることができよう。こ

の種の非人間的なものに抵抗すること以外に，どんな「政治」が残っていようか。また，そのような抵抗においてわれわれが依拠すべきものとして，次のもの以外に，何が残っているだろうか。すなわち，あらゆる人間が生まれ出で続けている，惨めでもあり，称賛すべきでもある未決定性によって，つまり，もう一つの非人間的なものによって，すべての魂が引き受ける負債の他に。／われわれ人間が，この幼児期に対する負債から逃れることは決してない。しかし，非人間的なものに抵抗し，不正に抗するためには，非人間的なものを忘れないでいれば十分である。敢えて非人間的なものについての証言を試みることこそは，書くこと，思考すること，文学，芸術が果たすべき役割なのである（Lyotard 1986: 15）。

　理性的なものを揺るがすことによって，人間的なものの弁証法を駆動する「非人間的なもの」の政治性10。こうした議論が，さきにみた，リアリティを揺るがすことによって，モダニティの弁証法を突き動かす崇高美学という『ポストモダン』の議論の延長線上で展開されていることは明らかであろう。そして果たせるかな，リオタールは『非人間的なもの』に『ポストモダン』第一論文第三節と同じタイトルの論文「崇高と前衛芸術」を収めており，しかも注目すべきことに，そこにおいてリオタールは，カントではなく，バークに依拠して崇高を論じているのである。

　「崇高と前衛芸術」においてリオタールは，アメリカの抽象画家バーネット・ニューマンの作品の解読を通じて，『ポストモダン』の崇高論の更なる政治化を試みている。リオタールによれば，何よりも注目すべきは，"The Sublime is Now"というニューマンのエッセイのタイトルが示すように，崇高をめぐるニューマンの作品に独特の「時間の感覚」が表現されていることと，そして，ニューマン自身が崇高を論じる際，念頭に置いていたのが，カントの『判断力批判』ではなく，バークの『崇高と美』であったということ，この二点である（Lyotard 1988: 104-105, 95f.）。

　リオタールによれば，前衛芸術家たるニューマンの描く崇高なるものは，この世を超越した彼岸のようなところに存在するのではなく，徹底的に此岸的な「いま，ここ」に，しかも意識には構成不可能な「出来事」（ハイデガー）として出来する。したがって，崇高なものをめぐる問いは，「何が

出来(しゅったい)するのか」という問いではなく，そうした問いに存在論的に先行する「出来するのか」という問いのかたちをとらざるをえず，このかぎりなく素朴な問いにアプローチするには，何らかの「無一の欠乏状態」——たとえば一切の剥奪たる「死」——の想定によって思考と呼ばれるものを武装解除しなければならない。「ものごとを把握する知性を放棄すること，知性の武装解除，絵画のこうした出現が必然的なものでも予測可能なものでもなかったという告白，『出来するのか』を前にした欠乏，あらゆる防御，図解，あるいは註釈『以前に』出現を見守ること，注意を払い見つめる『以前に』今の庇護のもとに見守ること，これこそが前衛芸術の厳格さである」(Lyotard 1988: 101-105)。

「いま，ここ」において「出来するのか」を，思考を武装解除した上で，ただ見つめること。リオタールは，こうした「いまだ決定されていないものが告げられつつ欠如している矛盾した感情」という「近代を特徴づける芸術的感受性」の発生を，17世紀末以降の崇高論の歴史の中に跡づけ，前衛芸術の萌芽をカントの崇高美学の中に見出す。但し，リオタールによれば，カント崇高美学は次の二点において前衛芸術の崇高美学と決定的に異なる。すなわち，第一に，意識による対象の再現前という視覚モデルにとらわれていたこと，そして第二に，その問題構成において「出来するのか」という時間の問いが欠落していたこと，これである。そして，「出来するか」の問いと視覚モデルからの脱却[11]という点で，前衛の崇高美学の正統な創始者は，カントではなく，バークであったとリオタールはいう。

> 前衛芸術(アヴァンギャルディズム)の運動はカントの崇高美学のなかに芽生えていた。しかしながら，カント美学がその効果を分析している芸術は，明らかに本質としては，崇高な主題の再現前によってなりたっていたし，また，「出来するのか」という時間の問いは，少なくとも明示的には，この問題についてのカントの問題編成には属していなかったのである。／私の考えでは，むしろ，この問いは，バーク『崇高と美』の中心にあったものである。……カントはバークの美学から，その主要な賭金を省いてしまった。その賭金とは，崇高なものは「もはや何も起こらない」という〔死の〕脅威によって出現するのだということを示すことである。……／〔バークにおいて〕崇高感情は次のように分析されている。す

なわち，非常に大きく，非常に強力な対象が，すべての「出来する」を剥奪するという〔死の〕脅威を与えることによって，魂に「驚愕」を与える。……魂は茫然自失し，死んだように動かない。そして芸術はこの脅威を遠ざけることによって，安堵や喜悦の快をもたらす。芸術のおかげで精神は生と死のあいだの動揺状態に戻される。そして，この動揺状態は精神の健康であり生命にほかならない。バークにとって崇高はもはや昇華の問題ではなく，緊張の強化の問題だったのである。／……〔注目に値するバークのもう一つの〕考察は，模倣についての古典的規則から，作品が解放される可能性を示している。絵画と詩のそれぞれの長所に関する長い議論の中で，バークは，詩の側に立つ。絵画は，必然的にモデルの模倣や，モデルの形象的表象から成り立っている。しかし，もし芸術の目的が，作品の受け手に強い感情を経験させることであるならば，イメージによる形象化は，感情表現の可能性を制限する制約である。〔しかしそれに対し〕言語芸術，とりわけ詩において……感動を与える力は，形象的に本物に似ているかどうかにとらわれない。「絵の中で天使を表そうと思ったときどうすればいいか。翼を持った美青年を描く。しかし，たった一語「主の御使い」と付け加える以上の何ごとも，絵画は決してなしえないのではないか。また，ミルトン『失楽園』の堕天使たちの遍歴が終わる「死の宇宙」を，感情において匹敵する力強さで描くことが，絵画にできるだろうか（Lyotard 1988: 110-111）。

かくしてリオタールは，「ロマン主義の黎明期にバークが，そしてやや不十分なかたちではあったが，カントも行なった崇高美学の研究」の中に「後に前衛芸術家たちが自らの軌跡を描くことになる芸術的実験の可能性」を剔抉する。視覚モデルの「再現前という拘束」に抗しつつ，「いまだ決定されていないものが存在するということの証人となること」こそが，バーク崇高美学の正統な継承者たる前衛芸術家の役割であった（Lyotard 1988: 113）。

しかし，伝統的な芸術が果たしてきた同一化の役割を放棄し，共同体の「趣味」や「共通感覚」への同調を拒み，「出来するのか」を問い続けるのが前衛芸術の責務であるとすれば，そこで問題となる政治とは，いかなる

ものであろうか。むしろそうした前衛は，20世紀の歴史において，どうしようもなく敗北し続けてきたものではなかったか。

　リオタールもまた，現代史において，前衛芸術が敗北を余儀なくされ続けたことを基本的に認めている。だが，彼はその敗北の中に，「出来するのか」という問いの「翻訳」と「停止」という，ある種の抑圧的な政治を見出す。すなわち，リオタールによれば，まず20世紀の前半における「不況」と「共同体が被った同一性の危機」がもたらした「虚無の不安」の中で，前衛芸術は第一の敗北を余儀なくされる。それは，「出来するのか」という問いを，「純粋な民族は出来するのか」「総統は出来するのか」「ジークフリートは出来するのか」といった「空想的『主体』」待望論へと「翻訳」する「神話の政治学」の台頭である（Lyotard 1988: 115-116）。そして，20世紀後半の高度なテクノロジーの発展の中で「新しさ」が制御と操作の対象となるに従って，前衛芸術は第二の敗北に直面する。それは，「市場の精神」と「大衆の『趣味』」に対応した「新しいもの」と「よく知られているもの」の「折衷主義」を蔓延させ，「出来事」を単なる「革新」へと矮小化し，「出来するのか」という問いを「停止」する「資本の形而上学」の勝利である（Lyotard 1988: 116-118）。

　「神話の政治学」と「資本の形而上学」の圧倒的な力を前に，繰り返し敗北を余儀なくされる前衛芸術。だが，リオタールは，にもかかわらず「『出来するのか』の謎が雲散霧消してしまうことはない」という「人間の条件」に希望を繋ぐ。たしかに，前衛芸術が何らかの政治的な勝利を収めることはありえないのかもしれない。しかし，「神話の政治学」や「資本の形而上学」の圧倒的な勝利をくい止めるために，前衛芸術は「時間に対する精神の思い上がりを解体する」という責務を，どれほど敗北を繰り返そうとも，担い続けなければならないのであり，その営為にわれわれは，「政治（ポリティック）」という名誉ある呼称を与えるべきなのである（Lyotard 1988: 15, 118）。

4　むすびにかえて

　ひとくちに美的体験といっても，恐怖と緊張をもたらす「崇高」は，快と弛緩をもたらす「美」と根本的に異なるものであり，また崇高が「死の恐怖」によってもたらす「喜悦」は，「共感」を媒介として，他者の苦や危険を除去するための倫理的行為へと「いかなる理性的な推論にも先行して」

駆り立てる。——これがわれわれが第一章でみた，バーク崇高論の要諦であった。そして第二章でみたように，リオタールは，視覚イメージの束縛を受けない言語芸術の役割の重視と，「出来するのか」という時間の問いの提起という二点に着目しつつ，バーク崇高美学の中に，「神話の政治学」と「資本の形而上学」に抗しうる前衛芸術運動の可能性を見出した。リオタールは，この前衛芸術の「非人間的なもの」による抵抗を「政治」と呼んでいるが，以下，こうしたバーク＝リオタール的な政治をめぐる議論の現状について若干の整理を試み，本稿の結論に代えたいと思う。

　現代政治理論の問題状況に即してみるならば，リオタールがバーク『崇高と美』の中に見出した政治は，スティーヴン・ホワイトがポストモダニズムの中に見出した「他者への責任」感覚に近いものだと言えよう。周知のように，ハーバーマスのコミュニケーション行為についての研究（White 1988）から出立したホワイトは『政治理論とポストモダニズム』（White 1991）において，ハイデガーの影響の下，ハーバーマス的な「行為への責任」感覚とは異なる，「他者への責任」感覚がいわゆるポストモダンの思想家——フーコー，デリダ，リオタール——の政治理論の基底にあることを明らかにしている。ホワイトによれば，「行為への責任」とは，近代に特有の，言語の「行為調整的」機能に基づく「確かな知識を獲得し，実践的な目的をある弁護可能なかたちで達成するよう行為するための道徳的で分別のある義務」のことであるが，ともすれば人間存在の「有限性」(エントリッヒカイト)（ハイデガー）を忘却し，「無限の知識や支配や安全を求める絶望的な運動」の暴走を招く危険性を孕んでいる。したがってわれわれは，こうした近代特有の「有限性についての無知」を克服すべく，言語の「世界開示的」機能によって，「他者への責任」感覚——「近代の認識装置が，不協和の根絶不可能性を否定するために用いる〔抑圧的な〕方法を暴露し跡づけようとする強い責任感覚」——を陶冶しなければならない。現代政治理論が直面している問題状況の中に，こうした言語の「行為調整的」機能を強調するハーバーマス的な「行為への責任」論（モダニズム）と，言語の「世界開示的」機能を重視するハイデガー的「他者への責任」論（ポストモダニズム）の「解消しがたい緊張関係」が存在するというホワイトの指摘を受けいれるならば，たしかにバーク＝リオタール的な政治は，ポストモダンな「他者への責任」論の側に属するものとして位置づけられるであろう

（White 1991）[12]。そして，果たせるかな，ホワイトは『エドマンド・バーク』において，『崇高と美』の解読を通じてバークのいう崇高が「われわれを人間存在の有限性に直面させるという点で，きわめて重要な人間的経験のカテゴリー」であると論じているのである（White 1994: 30）。

しかし，見落としてはならないのは，ホワイトがバークの崇高論を，『省察』のフランス革命批判の基底にある近代批判の基盤として捉えていることであろう。ホワイトによれば，『崇高と美』以降，バークは同作品で検討した「審美的＝情緒的原動力」に共同体論的な性格を付与し始める。すなわち，『崇高と美』では単なる社交と結びついていた美の感情は，共同体の紐帯として捉え直され，崇高論は，自らの能力が無限であるという錯覚をもたらす「熱狂＝虚偽の崇高感情」を矯正すべく，人間存在の有限性を自覚させる「真正な崇高感情」論へと修正される。両者が辿り着く先は，いうまでもなく，『省察』における，「古えの騎士道」への郷愁と革命批判という保守的な「崇高のエートス」である（White 1994: 60ff.）。

このように，バーク『崇高と美』の中から，ある種の倫理的感性——「他者への責任」感覚——の陶冶としての政治が剔抉しうるという点において，リオタールとホワイトの間に認識の違いはない。だが，そこで陶冶されるべき倫理的感性がどのようなものであるかについては，根本的な相違が存在するのではなかろうか。すなわち，一方でリオタールが，崇高美学の歴史の中にバーク『崇高と美』を位置づけ，そこに「出来するのか」というハイデガー的な問いを通じて近代の再帰的な自己更新を図る前衛芸術の政治学を見出そうとしているのに対し，ホワイトは，『崇高と美』に，『省察』の保守的な共同体主義へと至るバークのラディカルな近代批判の端緒を見出そうとしているのである。

では，果たして『崇高と美』の解釈として正しいのはどちらなのか。——残念ながら，この問いに即座に答えることはわれわれの能力を超えている。本稿では，次の点を確認し，とりあえずの結論としたい。すなわち，言語の「行為調整的」機能を強調するハーバーマス的な「行為への責任」論とは異なる，言語の「世界開示的」機能を重視するハイデガー的「他者への責任」論は，リオタールとホワイトの議論が示唆しているように，既に崇高美学の伝統の中に見られたものであり，われわれはその祖型をバーク『崇高と美』の中に見出すことができるだろう。但し，そこで繰り返し問い

直されているある種の倫理的感性の内実がどのようなものであるかについては，解釈は今なお分かれている。崇高美学が政治にもたらしうるのは，「出来するのか」の問いを通じて近代の再帰的な自己更新を図る前衛的な営みなのか，近代を批判的に問い直すある種の共同体論なのか。崇高の政治理論をめぐる考察は，まだ始められたばかりなのである。

（付記）
　本稿の執筆に際しては，草稿段階で，編集委員の小野耕二先生と加藤淳子先生から，そして森川輝一氏，乙部延剛氏，桑島秀樹氏から，丁寧なコメントを頂いた。記して厚くお礼申し上げる。
　尚，本論文は文部科学省科学研究費補助金による研究成果の一部である。

（１）　ケイティブの民主的審美主義については White 2000: 23ff. を参照。Cf. Kateb 1992: Ch. 6; Kateb 2002; Sarat and Villa eds. 1996.
（２）　ケイティブが美と崇高の区別を重視しないのは，おそらく彼自身が，美と崇高の同質性を強調するエマーソンやサンタヤナの影響を受けているからだと思われる（Cf. Kateb 2000: 17）。
（３）　当初，同書はギリシアの思想家ロンギノス（Cassius Longinus 213-73）の著作と考えられていたが，後にそうではなかったことが判明したため，作者不明のまま「擬ロンギノス Pseudo-Longinus」の著作として扱われるのが通例である。
（４）　「自然の中の偉大にして崇高なものによってひきおこされる情念は，その原因が最も強力に作用する場合には，驚愕となる。驚愕とは，一定の恐怖をともないつつ，魂が，そのすべての活動を停止させられた状態のことである。この場合，精神はその対象のことで一杯になり，ほかのことは一切受けつけなくなるだけでなく，その結果として，自らを埋め尽くしている対象のことについても理性的に考えることができなくなってしまう。理性的な思考によって作り出されるのでは決してなく，むしろ理性的な思考に先立って，われわれを不可抗力の強制力でもって追い立てていく，あの崇高の偉大な力は，このようにして生まれるのである」（Burke: 1958 57 ——強調引用者）。
（５）　ライアンが指摘するように，①は第一編，②は第二・三編，③は第四編で扱われている（Ryan 2001: 268-269）。この第一〜四編の崇高論と，わが国における代表的な先行研究（岸本 1989, 濱下 1993）が主な分析の対象としてきた序論（趣味論）や第五編（言語論）の関係については稿を改めて論じる必要がある。

（6）「……崇高と美の効果と原因について述べてきた全部のことを再度振り返っておくと，崇高と美は互いに全く異なった原理に基づいて成立しており，したがってそれがひきおこす感動もまた互いに異なること，偉大〔崇高〕はその基礎に恐怖を有し，この恐怖が柔らげられるときには精神の中に私がかつて驚愕と呼んだ情緒を生ぜしめること，これに反して美は単なる積極的な快に基づいており魂の中に愛と呼ばれる感情を生み出すものであること等々が明らかにされたと思われる」(Burke 1958: 160)。

（7）「喜悦」という訳語が招きかねない誤解を避けるために付言しておくが，ここでいう「他者の苦境に喜悦を覚える」とは，「他者の苦境に共感をもって応答する」ということであって，「他者の苦境を拍手喝采して喜ぶ」という意味ではない。

（8）数少ない例外として，White 1991: 84f., Kirwan 2005: 147f., 桑島 2005：79f. を参照。尚，リオタールに対するカント崇高論とバーク崇高論の影響の前後関係について，例えばホワイトはバーク崇高論からカントのそれへの移行と解しているのに対し，カーワンはカントからバークへの移行と捉えている (White 1991: 89f., Kirwan 2005: 147f.)。リオタールは崇高についての作品に繰り返し加筆修正を行なっているため，執筆時期からの推定は困難であるが，本稿では，彼がその最も重要なバーク崇高論を含む「崇高と前衛芸術」を『非人間的なもの』に収録したという事実を踏まえ，カーワン説を採る。

（9）「1913年，アポリネールははっきりこう書いている，『何よりも，芸術家たちは非人間的になろうとする人間である』。そして1969年に，アドルノもまた，ただしもっと新潮に，こう書いている，『芸術家が人間たちに忠実であるのは，ただ彼らに対してそれが非人間的であるかぎりにおいてである』」(Lyotard 1988: 10; Cf. Lyotard 1986: 29)。

（10）このように『非人間的なもの』にある種の——少なくともシムがこの言葉で理解したのとは全く別の——「非人間主義」の主張を見出す点において，本稿のリオタール解釈は，シムの解釈 (Sim 2001) と根本的に異なる。

（11）リオタールはバークが美を視覚と，崇高を聴覚と結びつけて論じている点を重視しているが，『崇高と美』における「視覚／聴覚」問題の詳細についてはここでは立ち入らない。さしあたり，Mitchell 1986: Ch. 5 ("Eye and Ear: Edmund Burke and the Politics of Sublimity") の詳細な分析を参照。

（12）ホワイトの1994年までの作品については，スクールマンの簡潔な整理 (Schoolman 1994) が有益である。

文献目録

Ashfield, A., and de Bolla, P., eds. 1993, *The Sublime*, Cambridge University Press.

Burke, Edmund. 1958. *A Philosophical Enquiry into the Origin of our Ideas of the Sublime and Beautiful*, edited with an introduction and notes by James T. Boulton, Routledge & Kegan Paul Ltd. [2nd edition, 1759]（中野好之訳『崇高と美の観念の起源』みすず書房, 1999）

Burke, Edmund 1987. *Reflections on the Revolution in France*, edited, with introduction and notes, by J. G. A. Pocock, Hackett Pub. Co.（半澤孝麿訳『フランス革命の省察』みすず書房, 1989）

Drolet, Michael 1994. "The Wild and the Sublime: Lyotard's Post-Modern Politics," *Political Studies*, 42(2).

Furniss, Tom 1993. *Edmund Burke's Aesthetic Ideology*, Cambridge University Press.

Kant, Immanuel 2000. *Critique of the Power of Judgement*, edited by Paul Guyer, translated by Paul Guyer and Eric Matthews (The Cambridge Edition of the Works of Immanuel Kant), Cambridge University Press.（篠田英雄訳『判断力批判』上・下, 岩波文庫, 1964年）

Kateb, George 1992. *The Inner Ocean: Individualism and Democratic Culture*, Cornell University Press.

Kateb, George 2000. "Aestheticism and Morality: Their Cooperation and Hositility," *Political Theory*, 28(1).

Kateb, George 2002. *Emerson and Self-Reliance*, New Edition, Rowman & Littlefield Publishers, Inc.

Kirwan, James 2005. *Sublimity: The Non-rational and the Irrational in the History of Aesthetics*, Routledge.

Locke, John 1975. *An Essay concerning Human Understanding*, edited with an introduction critical apparatus and glossary by Peter H. Nidditch, Clarendon Press.（大槻春彦訳『人間知性論』全4巻, 岩波文庫, 1972−1977年）

Lyotard, Jean-François 1986. *Le postmoderne expliqué aux enfants*, Galilée.（菅啓次郎訳『こどもたちに語るポストモダン』ちくま学芸文庫, 1998年）

Lyotard, Jean-François 1988. *L'inhumaine: Causeries sur le temps*, Galilée.（篠原資明ほか訳『非人間的なもの』法政大学出版局, 2002年）

Michell, W. J. T. 1986. *Iconology: Image, Text, Ideology*, The University of Chicago Press.

Monk, Smuel 1950. *The Sublime: A Study of Critical Theories in XVIII-Century England*, University of Michigan Press, 2nd ed. 1950 (1st 1935).

Niocolson, Majorie Hope 1946. *Newton Demands the Muse: Newton's Opticks and the Eighteenth Century Poets*, Princeton University Press.

Niocolson, Majorie Hope 1959. *Mountain Gloom and Mountain Glory*, Cornell University Press.（小黒和子訳『暗い山と栄光の山』国書刊行会，1989年）

Nicolson, Majorie Hope 1973. "Sublime in External Nature," in *The Dictionary of the History of Ideas: Studies of Selected Pivotal Ideas*, edited by Philip P. Wiener, Charles Scribner's Sons, 1973-74.（高山宏訳「崇高（外的自然における）」『西洋思想史大事典』平凡社，1990年）

Paine, Thomas 1985. *Rights of Man*, with an introduction by Eric Foner, Penguin Classics.（西川正身訳『人間の権利』岩波文庫，1971年）

Ryan, Vanessa L. 2001. "The Physiological Sublime: Burke's Critique of Reason" *Journal of the History of Ideas*, 62(2).

Sarat, A., and Villa, D. R., eds. 1996. *Liberal Modernism and Democratic Individuality: Geroge Kateb and the Practice of Politics*, Princeton University Press.

Schoolman, Morton 1994. "Series Editor's Introduction," in White 1994.

Silverman, Hugh J. ed. 2002. *Lyotard: Philosophy, Politics, and the Sublime* (Continental Philosophy VIII), Routledge.

Sim, Stuart 2001. *Lyotard and the Inhuman*, Totem Books.（加藤匠訳『リオタールと非人間的なもの』岩波書店，2005年）

White, Stephen K. 1988. *The Recent Work of Jurgen Habermas: Reason, Justice and Modernity*, Cambridge University Press.

White, Stephen K. 1991. *Political Theory and Postmodernism*, Cambridge University Press, 1991.（有賀誠・向山恭一訳『政治理論とポストモダニズム』昭和堂，1996年）

White, Stephen K. 1994. *Edmund Burke: Modernity, Politics, and Aeththetics*, Sage Publications.

White, Stephen K. 2000. *Sustaining Affirmation: The Strength of Weak Ontology in Political Theory*, Princeton University Press.

Williams James, 2000. *Lyotard and the Political*, Routledge.

小野紀明 1999『美と政治——ロマン主義からポスト・モダニズムへ』岩波書店

岸本広司 1989『バーク政治思想の形成』御茶の水書房

桑島秀樹 2005「〈崇高〉とは何か」『臨床哲学研究』第6号

田辺秋守 2006『ビフォア・セオリー——現代思想の〈争点〉』慶應義塾大学出版会

濱下真宏 1993『18世紀イギリス美学史研究』多賀出版

グローバル化時代における政治的正統性
―― 欧州統合を例にとって ――

鈴木一人＊

はじめに

　20世紀終盤に起こった冷戦の崩壊とグローバル化の急速な進展は，21世紀における国際政治学のあり方に大きな波紋を投げかけることとなった。それまでの国際政治学は米ソ冷戦構造の中で発達し，主権を持つ国家の合理的行為としての国際政治のあり方を前提としてきた。国家によって構成される国際社会において，一定の規範とルールに従いつつも，自らの利益を最大化するために行動し，場合によっては武力行使という手段に訴えてでも，自国の保有する価値を保全するものと考えられてきた[1]。

　いくつかの例外的な理論潮流（特にグラムシアン・批判理論といった潮流[2]）を除けば，こうした国際政治学の前提は所与のものとして扱われてきた。しかし，冷戦の崩壊により，米ソの対立構造が崩壊し，現実主義者たちが想定していた第三次世界大戦も，熱核戦争の危険も一応遠のくことになり，国家の究極の利益である「戦争状態における生き残り」という前提の有効性が問われるようになった。冷戦時代は，米ソ対立構造から派生して規定される国家利益の概念，例えば「西側の結束」や「共産主義圏への輸出規制」，「ドミノ現象の回避」といったコンセプトが国家利益を判断する基準として用いられ，西側諸国同士の摩擦（日米貿易摩擦や米欧間の戦略的相違に基づく摩擦）も冷戦の枠組みの中で処理されてきた。従って，冷戦終焉後の世界においては，明白な国益の基準が失われただけでなく，各国が，何を国益の基準とするかによって，大きくその行動を異にすることとなった。2001年の同時多発テロ，2003年に始まったイラク戦争は，ま

　＊　筑波大学大学院人文社会科学研究科教員，国際政治学・欧州統合研究

さに国益の基準や脅威に対する認識が各国（特に欧米諸国）の間で大きく異なることを明らかにし，各国が「合理的」と考える行動が一致しなかった具体的な例と言えるであろう。

　また，第二次世界大戦後に設立された国際連合憲章に定められる武力行使の違法化やジェノサイド条約，アパルトヘイトに対する制裁決議など，冷戦時代を通じて国際社会における規範とルールが次第に確立し，武力行使による自国利益の最大化という選択肢は完全に否定されていないものの，極めて強い制約の下に置かれることとなった。さらに冷戦後になると，中国のWTO加盟に見られるような自由貿易制度のグローバル化やNGOが成立に深く関与した対人地雷撤廃条約など，国家の行動を制約し，国家利益の判断基準に大きく影響する国際規範が次々に成立するようになった[3]。

　加えて，グローバル化の進展は，これまで自律的な意思と決定能力を持ち，内政に関しては他国に干渉されずに自己決定が出来るという主権国家の概念をも大きく変えた。国家がモノ，ヒト，カネ，情報の移動を自由にコントロールすることが困難になり，国家の意思に基づく政策執行が望んだ結果を得られない状況が生まれている。途上国と先進国のように，各国の自律性の強弱によってグローバル化の影響を受ける度合いの違いはあるとしても，誰しもが多かれ少なかれ影響を受けていることは間違いないだろう。途上国においては，自国経済を支える産品がグローバル市場の投機的な資金に翻弄され，経済開発を進めるために国際市場で資本調達を行うにしても，コンディショナリティがつけられたり，海外直接投資を引きつけるための均衡財政政策を採ることを余儀なくされ，国営企業の民営化や国家補助の切り捨てなどをせざるを得なくなっている[4]。他方，先進諸国においても，流入する移民への対応や，より低い労働コストへの生産拠点の移転による雇用の喪失など，グローバル化の影響はこれまでの福祉国家政策を根本から揺るがす状態となっている[5]。さらに，グローバル化の一つの帰結として生み出されたテロリズムに対する対応は，国家を単位として行動することの困難さを浮き彫りにしている。

　このように，20世紀終盤の変化は，国益概念の流動化，国際規範の強化，国家の自律性の減退を同時に引き起こしている。これらの問題については，国際政治学の中で既に多く論じられているが，本稿では，これら三つの変化に共通する問題として，国際政治における正統性の問題を取扱う。ウェ

ストファリア体制の下では，主権を持つ国家のみが正統な主体として認識され，国際的なルールや規範の形成においても，国家の同意なしにそれが成立することはなかった。また，国家は「最高の権力」としての主権を持つことで，武力行使を含むあらゆる行為が正統化されうる存在でもあった。

しかし，こうした主権を持つ国家を前提にした，国際的な正統性の問題は，上述したような国際政治学の前提のゆらぎによって大きく変動しはじめている。一方では冷戦構造の終焉によって，これまで一定の秩序を保っていた国際社会の構造が流動化し，国家が自らの暴力的な「最高の権力」を行使することを容易にするような物理的な環境が整えられてきたと言えよう。例えば，国際的な正統性を十分持たないまま，アメリカはイラク戦争を始め，国際的な規範とは必ずしも合致しない方法で核兵器を保有する国家が複数現れるなど，冷戦時代には封じ込められていた国家の行動が解放され，「英国学派[6]」が訴えてきた国際社会における一定の秩序が次第に崩壊しつつある。さらには，グローバリゼーションへの反発としてのナショナリズムやそれと結びついた宗教的原理主義の再強化への動きも各地で見られる[7]。2001年の同時多発テロ後のアメリカにおける国家への忠誠を求める強烈な感情や，欧州における移民を巡る問題など，グローバル化によってもたらされた問題を解決する手段としての国家への期待と熱情が高まっている。こうしたナショナリズムの台頭は，国際的な規範や制度を飛び越えた，国際社会における正統性を欠いた国家の行動を求める動きに結びつく可能性をも示唆している。

また，国際規範の強化は環境，人権といった分野での進捗が著しいが，こうした分野でのグローバル・ガバナンスを執り行う主体の正統性が問われている。これらの分野は一国単位では解決が難しい問題であり，国際的なNGOなどの「グローバル市民社会」との協力が不可欠な分野であるが，国際社会での意志決定は通常，国家による条約の調印・批准をもって成立すると考えられている。しかし，一方で国家はこれらの問題に対する解決能力を十分に持たず，特に「破綻国家（Failed state）」と呼ばれる国々における法執行の問題など，実効的なガバナンスの仕組みを維持するためにはNGOなどとの協力が不可欠となっている[8]。しかしながら，NGOは有志によって構成される団体であり，民主的な手続きを経て選抜されたわけでも，国家から授権された団体でもない（一部そういうケースはありうるが）。

となると，立法・執行能力を失った国家と，正統な手続きを経て選出されていないNGOによって作り上げられるグローバル・ガバナンスのメカニズムの正統性はどこにあるのだろうか？　人権や環境といった普遍的な価値にその正統性を求めるとしても，しばしば批判されるように，それらの価値は西欧的な価値に源があり，非西欧諸国において，それらの価値が受容されないとなった場合，その正統性をどこに求めればよいのだろうか。

　さらに深刻な正統性の問題は，国家の自律性の減退に見られる。これまで，国家が国際社会における正統な主体であり得たのは，国家が政治的権力と資源を持ち，問題を解決する能力を保持していたことに理由を求めることが出来よう。国家における正統性が，君主制による支配（王権神授説など宗教に裏打ちされたものも含む）であれ，民主制による統治であれ，独裁ないしは権威主義的支配であれ，国家が暴力装置を含む実効的権力を持ち，民主制の場合は民主主義的な手続きや法の支配といった諸制度を通じて，社会が直面する問題を解決することで構成員がその体制を自発的・非自発的に承認してきた（構成員が承認しない場合は内戦ないしは体制崩壊が起こる）。しかし，グローバル化が進むことによって，国家の自律性が徐々に失われ，一国単位で問題を解決することが困難となってきた[9]。そのため，手続き的な正統性が確保されていたとしても，国家が適切な解決を導き出せない場合，手続きの正統性そのものに対する不信感は増大する可能性がある。2006年のタイでのクーデターなどは，そうした性格を持ち合わせていると考えることが出来る。

　さて，前置きが長くなったが，本稿では21世紀における国際政治学の問題として，正統性の問題を取り上げるが，国際政治全般における正統性の問題を取り上げることは紙幅から見ても，筆者の能力から言っても不可能である。従って，本稿では地域統合，とりわけ欧州統合を事例として正統性の問題を論じる。地域統合を取り上げるのは，ウェストファリア体制に基づく国際秩序の下位の秩序として，グローバルな秩序よりも強化された制度的・規範的な基盤を持ち，主権国家の自律性がより強く制約されている状況でありながら，最も地域統合が進んでいる欧州でさえ，地域のガバナンス機構（EU）が主権国家と比肩するほどの正統性を獲得出来ているわけではない，ということがある。地域統合をグローバリゼーションが進む世界秩序の一種の「実験場」と見るとすれば，欧州統合における正統性を

検討することで、正統性が揺らぐ21世紀における世界秩序に対して、国際政治学が取り組むべき課題が明らかになってくるのではないだろうか。

正統性の定義

ここまで「正統性」の語をきちんと定義することなく用いてきたが、改めてここで概念の整理をしておきたい。「正統性」の概念の整理は、ウェーバーの「支配の三類型」で示される、伝統的支配、カリスマ的支配、合法的支配がよく知られるが、国際政治における正統性の類型化としては十分な役割を果たさない。国際社会において伝統的支配を正統性の根拠としたのは、ナポレオン戦争後のヨーロッパ協調の時代までであろうし、カリスマ的支配に至っては、歴史上該当するものがあるとは思えない。これまで国際社会におけるガバナンスのあり方は、原則として合法的支配、すなわちウェストファリア体制と呼ばれる国家の領土一体性の保持と内政不干渉原則を基礎とし、国家の合意によって成立する国際法秩序によるガバナンスの正統性に依拠してきた。従って、これまで国際政治学の分野では正統性を巡る議論はほとんどなされてこず、主として国際法の領域において国連や国際規範、NGOの活動の正統性（合法性）の問題が論じられてきた[10]。

しかし、すでに論じてきたように、国際社会の統治のあり方は20世紀終盤から限界に達している。仮に国際政治秩序の正統性を、秩序の妥当性に対する信念と、その秩序を維持する能力[11]という二点に焦点を当てて考えると、20世紀後半の国際政治秩序の正統性は、ウェストファリア体制の上に構築された冷戦構造という秩序の妥当性に対する信念がグローバルに共有され、それを維持するメカニズムとして米ソの覇権が機能していたことにより、一定の正統性が維持されていたといえるであろう。しかし、20世紀終盤から21世紀に入ると、こうした国際政治秩序の正統性の基礎が大きく揺らぐこととなったのである。

では、21世紀の国際政治秩序における正統性を検討するうえで、われわれは何を検討しなければならないのであろうか。一つは、これまでの国際法による「合法的支配」といった伝統的な「正統性」の枠に当てはまらない、「正当性」を巡る問題として捉えなおす必要があるだろう[12]。つまり、ガバナンスのメカニズムが、合法的な正統性を持つかどうかという問題とは別に、そのシステムが国際社会における秩序を維持するための「効用」

や「効率」をもつかどうかといった観点から判断されるようになっている。例えば，イラク戦争における「有志連合」や，大量破壊兵器の拡散を阻止するために公海上の船舶を臨検するPSI（不拡散イニシアチブ）といった，「正統性」よりも「正当性」に重点が置かれた国際秩序維持の仕組みが——とりわけジョージ・W・ブッシュ政権に主導される形で——作られるようになった。また，内政不干渉原則によって国内における人権状況への干渉を避けてきた国々に対し，「人道的介入」の名の下に直接介入することや，NGOを通じた国際人権規範の実践のように，伝統的な「正統性」の枠組みには当てはまらない「正当性」を追求する国際的な取り組みが行われるようにもなってきている。

　もう一つは，国際レベルでの「正当性」と各国レベルでの「正統性」の関係である。国際レベルにおいては，各国政府が国家を代表して交渉し，それぞれの国家ごとの違いを調整し，場合によっては大幅な妥協をして合意をする。そこで合意された条約や行政協定は，国内的な手続き（批准）を経て正統なものとして認められる。しかし，多くの場合，こうした国際的な合意を形成し，国際秩序を制度化する際に，各国の国民の同意を直接取り付けることは稀であり，仮に国民の同意を調達していたとしても，合意が国内で同意された内容と必ずしも同じとは限らない。例えば，日本においてGATTウルグアイ・ラウンドをめぐる交渉で，幾度にも渡る「一粒たりともコメは入れない」とする国会決議を出したにもかかわらず，コメの関税化が合意された。グローバル化の進展による，国際貿易ガバナンスの制度化を目指したウルグアイ・ラウンドでは「正当」な——効率的で効用の高い——制度を構築するため，日本国内における民主的「正統性」に一定の妥協を強要する結果となったのである[13]。グローバル化の進展は，貿易に限らずあらゆる政策領域において，こうした「正当」なガバナンスメカニズムを導入する必要性に迫られており，それが「国際規範の強化」と結びついて，国際的な「正統性」を帯びることによって，逆に国内における民主的「正統性」が危機にさらされるという結果になっている。国際的な取り決めが日々の社会生活に大きな影響を持てば持つほど，国際レベルと各国レベルの「正統性」の乖離は大きな問題となる。

　この「正統性」と「正当性」の区別と，国際・各国レベルの「正統性」の乖離は，特に地域統合，なかでも欧州統合の文脈においては重要な意味

を持つ。欧州統合は数ある地域統合の中でも、もっとも制度化が進んでおり、域内市場にかかわる問題の多くに共通政策が適用されるだけでなく、域内13ヶ国で共通通貨が導入され、移民、外交・安全保障といった国家主権にセンシティブな分野においても協調した政策を実施する制度的メカニズムを持つ。このように擬似的な連邦国家に類するだけの権能を持つ欧州連合（EU）であるが、その正統性の基盤は、主権を持つすべての加盟国によって批准された条約にあり、その点では、主権を持つ政治共同体というよりは国際機構という性格の方が強い。つまり、EUは、一方で国民生活に直結する様々なイシューについて共通政策を、多くの場合加盟国政府による多数決原理に基づいて決定し[14]、国内法に優越するEU法として「立法」する。加盟国はそれを履行することが義務付けられているため、各国の国内における同意とは合致しない政策を実行しなければならない状態を生み出す可能性がある。他方、そうしたEUレベルでの決定は行政府の代表によってなされるため、各国の民主的「正統性」を持つ議会はバイパスされ、EU加盟国の人々は「正統」な手続きを通じた異議申し立てを行うことが出来ない、という状況が生まれてしまうのである[15]。

以下では、こうしたEUにおける正統性の問題を巡るいくつかの論点を整理し、21世紀における国際政治秩序の正統性について検討を進めて行きたい。

EUとはどのような政体か

EUにおける統治の正統性を論じるに当たって、まずEUがどのような政体なのかを整理しておく必要があるだろう。EUがどのような政体であるのかを巡っては、これまで多くの議論があり、日本でもまとまった研究が出されている[16]。これらの議論に共通するのは、EUは「国家」でも「国際機関」でもない、というコンセンサスがあるということだろう。しばしばEUを表して「独自の（sui generis）政体」という表現が用いられ、EUをこれまでに前例のない政治共同体として捉えることが多いが、ここでは他の政体との比較可能な「ポスト主権統治システム[17]」として捉えるのが適切と考える[18]。

本稿の主たる関心である「正統性」の問題に引きつけて「政体」としてのEUを捉え直すと、以下のような点が重要となるだろう。第一に、EUの

政策執行権限と能力は政策分野別に大きくばらつきがある、という点である。石炭鉄鋼部門の統合から始まり、1958年のローマ条約（欧州経済共同体設立条約）において統合の中核となったのは関税同盟と共通農業政策であった。1986年の単一欧州議定書、1993年のマーストリヒト条約（欧州連合条約）など、数度の条約改定を経て、EUが扱う政策領域は飛躍的に拡大したが、EUレベルに権限が排他的に与えられているのは限られた政策領域である。2004年に調印された欧州憲法条約は、現時点では批准・成立の見通しは立っていないが、ここ（I-14条）でEUの排他的権限と規定されたのは関税同盟、競争政策、通貨政策（ユーロ参加国のみ）、海洋生物資源保護、共通通商政策の五つの政策領域でしかない。その他の領域は加盟国とEUが共に政策決定の権限を持つ「共有権限（shared competence）」と呼ばれるものか[19]、加盟国が独自の権限を持ち、EUは調整役としての立場しかとれないものと位置づけられている。つまり、EUの政策領域は外交・安全保障にまで展開しているが、それぞれの政策分野において、政策決定のメカニズムやそこに関与するアクター、EUと加盟国の権限が大きく異なり、ある政策では超国家的な連邦政府のような権限を持ちつつ、他の政策では国際機構と類似した権限しか持たない、という性格を持つ。さらに付け加えるならば、EUの政策領域に属さない「ヨーロッパ」政策もいくつかの分野で残っている[20]。もちろん、EUの統合が進むことで、ヨーロッパ・アイデンティティとまでは行かなくとも、欧州が協力して政策を実施するという強固な規範が構築され、一般の国際機構や他の地域統合には見られない地域の連帯が見られるため、EUに法的権限がないことがただちに政策実行能力の欠如に結びつくわけではない。

　第二に、EUにおける政策決定は立法の形が取られるという点である。それぞれの政策分野において、規則（Regulation）、指令（Directive）、決定（Decision）といった形態でEU（厳密にはEC）における決定を加盟国が履行することが義務づけられる。加盟国が独自の方法で目標を達成することを求める「指令」以外は、EUでの決定が直接加盟国や個人を拘束し、法解釈はEC司法裁判所（ECJ）が最終的な権限を持つ。こうして蓄積された法の総体系を「アキ・コミュノテール（以下、アキと略）」と呼び、新規に加盟する国はアキを完全に受容することが求められる。これによって、統合の不可逆性が高められ、容易に加盟国が独自の政策を採ることが出来

なくなった。一方で，アキの存在は統合を推進していく基盤として機能したが，他方で，加盟国は統合を望まない分野においてもアキの履行を強いられ，違反すればECJによって罰則を科せられる状態となった。その結果，イギリス，デンマーク，スウェーデンがユーロに参加しない（オプトアウト）といった，いびつな制度構造が生まれることとなった。

第三に，分野別の政策決定メカニズムのばらつきは，政策に関与するアクターによる「政策ネットワーク」化を進め，特定の政策分野に関与する利害関係者（ステイクホルダー）を含んだ「多元主義的民主主義」の過程を保証しつつ，他方で政策決定の透明性を著しく低めている。それぞれの政策分野において，関連するステイクホルダー（欧州委員会，加盟国の担当省庁，利益団体，コンサルタントなど）が緊密なやりとりを行い，政策のデザインがなされ，それが意志決定の方向性に大きく影響する。さらにコミトロジー（Comitology）と呼ばれる加盟国官僚とEU官僚が構成する小委員会が授権立法を行う仕組みは，EUでの決定をより緻密なものにし，各国での履行を確保していくことを可能にする仕組みとなった[21]。伝統的な階層的決定のメカニズムではなく，水平的に展開される政策決定のメカニズムとして，これらの政策決定は複数のアクターが相互に監視し合い，権力の独占的な行使に歯止めをかけ，幅広いステイクホルダーのコンセンサスを得ながら行われるという点で，利益団体政治に見られる多元主義的民主主義の様相を呈しているといえよう[22]。しかし，それは同時に，一部の政策エリートのみによる政策決定と，透明性ならびに説明責任（アカウンタビリティ）の欠如という批判を免れることは出来ない[23]。EUの諸政策が，加盟国社会において深刻な影響をもたらす結果を生み出していたとしても，市民は異議申し立てを行うチャンネルを得ることが出来ず，強い疎外感を持つようになってきている。こうした一般市民のレベルでのEUの政策決定に対する反発（しばしばEU官僚＝ユーロクラットに対する反発として現れる）は，1992年と2000年のデンマーク，1996年のアイルランド，2005年のフランス，オランダにおける国民投票によるEU関連条約の否決の原動力の一つとなった。

EUにおけるこのような特異な政策決定の仕組みは，そもそも加盟国が，それぞれの時代において自ら抱える問題を解決するための仕組みとして，EUの諸制度を構築・発展させ，政策決定のメカニズムとして反映させた結

果ということができる[24]。1950年代においては，ドイツの封じ込めと戦後復興，1980年代の「欧州統合の再出発」の時代は，グローバル化が進む国際経済における欧州の競争力の強化，1990年以降は冷戦後のドイツ再統一，旧共産圏諸国の安定といった課題を乗り越えるために欧州統合が深化，拡大してきたのである。その度ごとに政府間会議（IGC）が開かれ，新たな制度的メカニズムが各国政府の間で合意され，政策領域の拡大がなされていったが，わずかの国を除いて，直接民意に諮るということはなく，多くの場合が通常の国際機構関連の条約と類似した扱いで批准されてきた。その結果，各国レベルでの「正統性」は形式的に確保されつつも，国際（欧州）レベルでの「正当性」に大きく傾斜した制度が構築され，それが市民レベルから見ると「自分のあずかり知らないところで自らの運命が決められている」という疎外感を伴う「正統性」の欠如として映るのであろう。

欧州統合を支えてきた正統性の源泉

とはいえ，欧州統合は半世紀にわたって拡大と深化を続け，欧州の市民に受け入れられてきた。つまり，欧州統合という前例のない「秩序」の妥当性を受け入れる信念が共有され，一般市民がそれを積極的に支持するだけの「正統性」があったはずである。そうでなければ，これだけ壮大な試みがここまでの展開を見せることはなかっただろう。少なくとも，これまで多くの論者がEUの正統性を巡って議論を展開してきたが，それらはいずれも主権国家の持つ正統性を超えた，「新たな政体」における「新しい種類の正統性[25]」を模索する試みであったと言えよう。ここではそれらを四点に整理して見たい。

まず，これまでの欧州統合を支えてきた正統性の源泉として第一に挙げられるのは，シャルフが主張する「出力志向の正統性」の成功である[26]。これは本稿で「正当性」と呼ぶものと大きく重なるが，シャルフは有権者の共通利益を効果的に増進しなければ民主主義は正統とはいえない，という立場を取っている点で若干ニュアンスを異にしている。つまり，民主主義的な手続きは「人民による統治」の正統性であり，それに対して政策アウトプットが共通利益を増進することは「人民のための統治」の正統性なのである。この一対の正統性が確保されなければ民主主義は正統なものとは言えない，というシャルフの議論はこれまでの欧州統合における正統性を

理解するに十分な根拠を与えてくれる。既に論じたように，欧州統合は各国が抱える問題を解決するための手段と成果を提供し，それによって欧州の人々の生活が向上したといえるだけの結果を残してきたのである。1950年代の課題であった，独仏和解と欧州における恒久的平和は，冷戦の圧力も手伝って現実のものとなり，戦後復興は「黄金の30年」と呼ばれる経済成長に結びついた。また1980年代の欧州の競争力回復も一応の成功を見せ，ドイツのダイムラー社がアメリカのクライスラーを，フランスのルノーが日本の日産を買収したように，一定の成果を上げてきた。また1990年代のドイツ再統一は，統一ドイツを欧州の枠組みの中に留め置き，中東欧諸国にはEU加盟というインセンティブを与えることで，市場経済，民主主義，人権などの欧州（西欧）の制度を移転し，安定した地域秩序を構築することを可能にした。このように，「豊かで安定した欧州」を提供したことこそ，欧州統合という新しい秩序が受け入れられ，単に「正当」であるだけでなく，「正統」と見られた大きな要因であったと言えよう。

　裏返して言えば，EUの正統性は国民国家の機能不全を埋め合わせる形で構築されてきたと言えよう。グラントとコヘインは，国民国家の「失敗」を修正し，国家の正統性の欠如を修復する形で超国家機関の正統性が構築されると論じているが[27]，遠藤が論じるように，まさにグローバル化が進む世界において，「EUは，国民国家が単独で効果的になしえないことを補填し，そのことで統治能力を共同で引き上げる政治体[28]」であるからこそ，正統性を獲得することが出来たといえるだろう。

　第二に，これらの「出力志向の正統性」を実現させるためのヴィジョンの存在が挙げられるだろう。第一次，第二次大戦を経験した欧州において，ジャン・モネやロベール・シューマンらが訴えた，国家主権の委譲に伴う欧州統合のヴィジョンは，少なからず一般市民に支持されてきた。また1980年代の欧州単一市場の形成を目指したジャック・ドロールのヴィジョンも，「豊かで安定した欧州」という将来像を描き，人々がその信念を共有することによって欧州統合の正統性が支えられていたと言えよう[29]。こうしたヴィジョンと「欧州の夢」は加盟国政府の間で共有されるだけでなく，市民レベルにまで浸透し，欧州統合の正統性を支える源泉になったといえる。

　第三に，特に21世紀に入ってからの欧州統合の正統性の源泉として，欧

州共通の価値が挙げられるだろう。中東欧諸国における共産主義政権の崩壊を受けて、これらの国々をEUに加盟させる上で、安全保障の観点から歴史的な紐帯に至るまで、様々な論理が持ち出され、中東欧諸国のEU加盟が正統化されたが、中でも有力な言説として用いられたのは、キリスト教、ルネッサンス、啓蒙思想といった西欧的価値と経験の共有であった。しばしばEU拡大を説明する際に、ローマ帝国の版図やキリスト教文明の広がりが中東欧諸国を包含する地図が示され、旧共産主義国にも西欧的な価値が共有されているが故に、彼らが「ヨーロッパへの回帰」を求めるのは正統とされたのである[30]。こうした欧州共通の価値は、EUの対外的な政策により色濃く現れる。世俗化されたイスラム国家であるトルコの加盟問題はよく知られているが、それ以外にも欧州共通の価値を前面に出した対外政策、例えば旧植民地諸国と結ぶコトヌー協定（2000年締結）では民主主義、人権、法の支配などを「政治的コンディショナリティ」として設定し、EUの対外援助政策などに反映させている。こうした欧州共通の価値はEUがシステムとして機能するための前提として埋め込まれているものであり、その価値と異なるものと摩擦を起こすときに顕在化する正統性の源泉といえよう[31]。

　第四の正統性の源泉として挙げられるのは、限定的ではあるが、民主的な意志決定の回路が開かれていることであろう。これまで長年にわたり「民主主義の赤字（democracy deficit）」が問題視され、継続的に改善策が採られてきた結果、1979年には欧州議会選挙が直接選挙となり、1986年の単一欧州議定書、1993年のマーストリヒト条約の発効に伴って、それまで諮問機関でしかなかった欧州議会が、協力手続き、共同決定手続きといった方法で意思決定に関与できるようになり、一定程度の「民意の反映」が実現されている[32]。また、マーストリヒト条約では、EUの執行機関である欧州委員会の委員罷免の権限も獲得し、1999年には研究開発担当委員であったエディット・クレッソンの職権乱用に端を発する不正疑惑を理由にサンテール委員会を罷免した。さらにデンマークにおけるマーストリヒト条約の国民投票による否決を受け、より透明性を増す努力が重ねられている。例えば、欧州議会にEUオンブズマンが設置され、EUの行動に対する市民の監視と異議申し立ての経路が用意されるようになった。また、2006年には「透明性イニシアチブ[33]」と呼ばれる、EUの政策決定に関する資料の公

開などが進み，これまで不透明であった「政策ネットワーク」を形成するロビイストの活動に関する情報や，EU予算の大きな割合を占める共通農業政策の資金の受け取り団体に関する情報を公開することで市民によるEU活動の監視を可能にするような仕組みの整備が進んでいる。これらのEUレベルにおける民主的な正統性を高める活動に加えて，間接的ではあるが，EUの民主的正統性は加盟国の国内民主主義の手続きによって保証されている。ロードが主張するように，EUの加盟国は全て民主主義的な政治体制を持つ国であり，旧共産主義諸国に対しても，国内体制の民主化が加盟の条件に挙げられていた[34]。つまり，市民が各国政府を通じた参加をすることが間接的に保証されていることによって，EUは「入力志向の正統性」も持ちうるのである。

なぜEUの正統性が問われるのか

このように，EUを支えてきた正統性を巡る議論では，EUは「独自の政体」でありつつも「新しい種類の正統性」が成立しており，ゆえに何らかの正統性が確保されていることが想定されている。しかし，2005年にはフランス・オランダでの国民投票で欧州憲法条約が否決され，その後引き続いてEUのサービス自由化指令（いわゆるボルケシュタイン指令）に対する批判が高まったことで，市民レベルでのEUに対する不満が高い水準にあることが広く認識されるようになった。同じ時期に，新規に加盟したポーランドやスロヴァキア，それに2007年に加盟が予定されているブルガリアにおいても反EU的な姿勢を取る政党が政権に就き，ハンガリーにおいても政権に対する批判が暴動を引き起こした[35]。これらの個々の事情は異なる直接的原因によって引き起こされているため，ひとまとめにして扱うことはできないだろう。しかし，これらの事象が示唆しているのは，欧州社会全体にEUに対する不満が蓄積されつつあり，その正統性が失われつつあるということである。

では，なぜEUは欧州秩序形成の妥当性の信念を共有できなくなり，それを維持する能力を失いつつあるのだろうか。まず確認しておかなければならないのは，上述したEUの四つの正統性の源泉——「出力志向の正統性」，共有されたヴィジョンと価値，そして限定的ながら民主的な「入力志向の正統性」——は，「独自の政体」としてのEUの意思決定の特殊性——

政策分野ごとの EU 権力の濃淡,加盟国議会をバイパスする立法,EU 官僚と政治エリートによる政策ネットワーク——と適切にマッチアップしていない,という状況であろう。つまり,一般的な欧州市民の視点に立てば,四つの正統性の源泉は,いずれも EU という存在に対して,包括的な正統性を付与するが,多くの場合,EU によって決定された諸政策は,極めてわかりにくい形で農業従事者や電気会社に勤める労働者や就職活動をする学生を直撃し,個別の政策に関する限り,EU の決定が持つ正統性に疑問を持たざるを得なくする。要するに,欧州市民にとって EU は「総論賛成,各論反対」の状況を生み出してしまうのである。それではなぜ「今」EU の正統性が問題とされるのであろうか。

まず考えられるのは,EU の諸政策が「正当性」を得られなくなってきた,ということである。1990年代に入り,一方ではグローバル経済の進展によって国際競争が激化し,中国・インドといった新興工業国に対する貿易赤字が欧州経済にのしかかることで,雇用への不安が高まるようになった。しかし,それ以上にグローバル化の進展によって,これまで雇用を保護し,共通の福祉を増進する主体であった国家が,国際競争力をつけるためにより柔軟な労働市場の仕組みを導入し,一層の雇用不安を生み出した。加えて,2004年の EU 拡大は,労働コストの安い中東欧諸国への雇用の流出を促進し,他方で「ポーランドの配管工」に代表される新規加盟国からの移民労働者の流入にも一部門戸を開いたことで社会的な不安を高めるようになった。また,ユーロ参加地域では,通貨の価値を支えるための「安定成長協定」が結ばれ,各国財政に制約がかけられることとなり,福祉切り捨てや公共サービスの質の低下などを招いた。現実の資本流出や移民流入,福祉サービスの削減などは想定されていたほどではなかったにせよ,EU 統合の深化と拡大が社会的不安を解消するどころか,それを高めたという結果は認めざるを得ない。つまり,EU は問題を「効率的」に解決し,「効用」を高めるどころか,その逆を行っている,という認識が高まってきたのである。

こうした EU の「正当性」に対する不信感はヴィジョンの欠如によるものとも言える。1990年代,冷戦後の欧州秩序の形成においては,ヴィジョンよりも現実の変化が先行し,1991年のマーストリヒト条約を巡る政府間会議（IGC）以降の欧州連合条約改正に関する IGC では,将来の欧州秩序

に対するヴィジョンというよりは，激変する現状にEUがどう対応するかということが焦点となり，その上に各国の利害や意志の複雑な調整が覆い被さることになったため，欧州統合の存在理由（raison d'être）が一般市民には分かりづらくなった。つまり，これまでの欧州統合のヴィジョンは欧州市民・有権者が求める問題の解決に直結するものであったのに対し，20世紀終盤のグローバル化の進展と冷戦の終焉というマクロな構造変化によって生み出された問題への対応に追われるうちに，そこで提示されるヴィジョンと市民が解決を求める問題との乖離が起きてきたのである。その結果，欧州市民は，EUが一層政策領域を広げ，日々の生活に直結する問題を扱うようになってきたにもかかわらず，なぜEUがそうした領域に権限を拡大するのか，またなぜ中東欧諸国に拡大していくのか，という問題に明確なイメージを持てないまま，EUの諸政策に振り回されるような印象を受けるようになっていったのである。

　こうした「正当性」に対する不信感は，そのままEUの政策決定メカニズムの「正統性」に対する不信感へと転化されていく。EUの諸政策が市民生活に直結するにもかかわらず，直接民意を問われることも，異議申し立てを行うこともできない，という状況はこれまでも批判の対象となってきた。その批判を回避するため，上述した「透明性イニシアチブ」などの試みがなされているが，小手先の修正では済まない段階にまで来ている。特に首脳レベルの会議である欧州理事会や閣僚レベルの会議であるEU理事会の議事録や記録は，このイニシアチブでも公開する対象にはならなかった。ここに国際（欧州）レベルの「正当性」と各国レベルの「正統性」の食い違いを見いだすことが出来る。つまり，欧州が直面する問題を解決するために，各国の代表が交渉し，場合によっては国内に説明することが困難な譲歩や取引を行って，外交的な決着をする場合があるが，そうした交渉過程が公開されることは，各国政府の交渉姿勢に対する批判を招き，政策運営が困難になることが予想されるからである。従って，加盟国は交渉過程の公開に強く反対し，密室での交渉による政策決定の「効率性」を重視したのである。その結果，各国の市民の目には，政策決定者が自らの国家社会における共通利益の増進よりも，EUにおける交渉の妥結を優先し，自分たちの利害が正当に反映されていないと映るのである。

　こうしたEUの「正当性」と「正統性」に対する不信感は，同時に加盟

国政府の「正統性」に対する不信感にもつながっていく。欧州諸国における「正統性の危機[36]」は1970年代から顕著ではあったが、特に20世紀終盤から21世紀にかけて、危機の状況が常態化してきている。上述したように、グローバル化が進展する中で、国家が市民生活に直結する問題を解決出来る能力を失っていくと、いかに手続き的な正統性（「入力志向の正統性」）が確保されていたとしても、その国家による統治の「正統性」は怪しくなる。欧州統合とは、まさにそうした国家が失っていく能力を補完するためのものであったはずである。しかしながら、国家の能力を補完するための統合が、さらに国家の能力を奪い去るという逆説的状況が起こっている。

このことは通貨統合によって、より顕著に感じられることとなった。欧州諸国は「国際金融のトリレンマ」を解消するため、経済通貨同盟（EMU）を完成させ、単一通貨のユーロを導入した[37]。しかし、EMUの下では、単一通貨の価値を維持するため、各国に残された財政主権にまで制約がかかることとなった。つまり、欧州中央銀行（ECB）が統一的な金融政策を採ることで通貨供給量を管理しようとしても、加盟国が自国の政治的都合によって財政支出を拡大することで、通貨供給量が拡大し、コントロール出来なくなってしまう状況が生まれかねない。従って、各国の財政赤字をGDPの3％以内に収めるという「安定成長協定」が結ばれた。これは加盟国にとっては「拘禁服[38]」となるルールであり、特に2001年頃から始まった独仏伊諸国の景気後退局面では、柔軟な財政政策がとれなかったために不満が高まった。結局、欧州統合の中心的存在である独仏までもが適合出来ないルールであったため、安定成長協定は部分的に修正され、より柔軟な運用が可能となったが、このケースは統合の深化によってもたらされた国家の無力感を示すものであろう。

最後に、EUの正統性が失われていく原因としてヨーロッパ・アイデンティティの脆弱性が挙げられるだろう。国家における政治的決定は、その民主主義的な正統性もさることながら、憲法に裏付けられた政治単位としての「正統性」を持つ[39]。また、国家に対する忠誠心やナショナル・アイデンティティといった帰属意識が、そうした正統性を強化する役割を果たす。しかし、EUの場合、世論調査などでヨーロッパ人としてのアイデンティティを持つ人が増えているとはいえ[40]、それがEUに対する忠誠心に転化されているとは言い難く、アイデンティティに基づく「正統性」が所与で

はない。逆に、グローバル化の影響とEUの諸政策によって日々の社会生活が制約されることに対し、国家の「正統性」を主張し、国家権力を再強化することによって、問題を解決しようとする動きすら出てくる。その形態は極右の暴力的な運動から「経済愛国主義」と呼ばれる自国経済の保護主義的な政策まで幅広いが、いずれも「国家の若返り現象（re-juvenilization of state）[41]」と呼べるものであろう。国家が無力化すればするほど、こうした「若返り」を求める圧力は強まり、EUの「正統性」を掘り崩していくことになると言えよう。

熟議によるEUの正統性の強化

統治の妥当性に関する信念が共有されず、それを維持する能力を失ってきているEUの正統性をいかに強化すべきなのだろうか。「憲法」と名の付く条約が否決され、「正当性」が感じられなくなり、国家が「若返り」つつある現在、EUは正統性を失った国際機構へと変貌していくのであろうか。それとも、不可逆となった統合をさらに進め、一国単位では解決出来ない問題を集合的に解決し、市民が共感し、信念とアイデンティティを共有する政治共同体となっていくのであろうか。

いずれの場合でも、EUが存続し続ける限り、何らかの正統性は必要であり、その正統性の源泉はこれまでのものと異なった、市民と直結するものでなければ、今日のEUの制度を維持することはできない。EUの機能と権限を強化することで「正当性」を回復し、「効率性」と「効用」を高めることが可能だったとしても、グローバル化する国際環境の中で「勝ち組」「負け組」の格差が広がるようなことがあれば、その「正統性」を維持することは難しい。とはいえ、「憲法」を制定し、ヨーロッパ・アイデンティティが成熟することを待っているだけの時間があるとも思えない。では、どこにEUの正統性の源泉を求めればよいのであろうか。

その一つの方策として、エリクセンとフォッサムが提唱する熟議を通じた正統性の強化がある。彼らは、EUにおける民主主義が安定的に機能するためには、共有された規範や所属意識が不可欠であり、仮に民主主義的手続き（多数決原理）を導入したとしても、社会構成員が共通のアイデンティティを持ち、連帯していなければ、多数決原理を集合的な行動原理として受容されることはないと論じる。しかしながら、既存のナショナル・

アイデンティティのように,「想像の共同体[42]」を上から構築するのは現実的な選択ではなく, コミュニケーション的合理性[43]に基づく民主的価値を中心とする市民が共有出来る社会規範をボトムアップで構築していかなければならない。従って, EUにおける正統性を確保するためには, 強制的に上から新たなアイデンティティを作り出すのではなく, 政治的な行動と熟議を通じて, 欧州市民が支持できる民主的な価値と規範の合意を作り出していくべきであると主張する[44]。

確かに, 現在のEUには, こうした熟議を実践する客観的条件は揃いつつある。欧州統合の進展により英語の使用が浸透し, 多くの国でエリートだけでなく市民レベルで複数言語を操る個人が増え, 欧州全域を結ぶ通信手段や交通手段はこれまでになく発達している[45]。また, これまではEUの政策決定に関与する主体がEU官僚, 各国政府官僚と産業団体などのロビイストといったエリートに限定されていたのに対し, 近年では欧州横断的なNGOが「政策ネットワーク」に参画し, 狭い意味での「利益(interests)」ではなく, 広い意味での「利害(stakes)」を巡る政策決定の様式が定着している政策領域も増えてきている[46]。

しかし, こうした環境変化にもかかわらず, EUによる統治の妥当性に対する信念は共有されておらず, EUはその信念を維持する能力を失いつつあるのだろうか。そうした信念・社会規範を構築するボトムアップの活動とは具体的に何を指すのであろうか。その一つの答えは, 個別の政策領域における市民の関与と熟議ではなく, より抽象的なレベルでの合意, つまりEUの憲法的条約やその他の諸原則[47]によって規定されるEUの統治に関する共通了解を作り上げていくことにあるのではないだろうか[48]。これまでのEUによる統治の基盤を規定した憲法的秩序は極めて閉鎖的で, 官僚主義的に決定されており, 加盟国の利害の調整の結果としての秩序であった[49]。もちろん, 既述したように, こうした「トップダウン」の憲法的秩序形成過程であっても, 欧州統合のヴィジョンが一定の正統化機能を果たしていた間は, 正統性を巡る大きな問題は表出されなかった。しかし, 20世紀終盤からの国際環境の激変とグローバル化の進展の中で, そうしたヴィジョンが正統化機能を果たさなくなり, 更なる統合を進めるための憲法的秩序の共通了解が失われていったのである。

EUにおける熟議の実践と失敗

こうした状況に対し，憲法的秩序形成過程における民主的正統性の獲得と熟議の必要性は政治エリートの間でも認識されている。2000年のニース理事会で採択され，欧州憲法条約に組み込まれることになった「基本権憲章（Charter of Fundamental Rights）」は政府代表，欧州委員会，欧州議会，加盟国議会（各二名）の62人によるコンヴェンション方式で起草され，数百のNGOが意見書を提出し，インターネットで議論が公開された[50]。同様に，欧州憲法条約の起草もコンヴェンション方式が採られ，加盟予定国の議会からの代表も加えた106人によって議論され，全ての議論の過程が一般に公開された[51]。

このように熟議を尽くし，それを公開していたにもかかわらず，フランス・オランダの国民投票で否決されたのにはいくつか理由が考えられる。第一に，コンヴェンションに参加したメンバーは，必ずしも欧州憲法の策定というマンデートを担っていたわけではない，ということがあろう。彼らは行政府や議会を代表して議論する立場にあったが，彼らは欧州憲法を作るために選ばれたわけではなく，あくまでも各国の民主主義的過程の中で選ばれた存在であった。従って，市民の目から見れば，彼らは市民の不満を吸い上げ，市民が抱える問題を解決するために参加したのではなく，政治エリートとして参加し，党派的利害や個々のエリートとしての野心を満たすために参加した存在であった。つまり，市民の視点から見れば，密室で行われる政府間会議（IGC）も一般に情報公開されたコンヴェンションも，ともにエリートの談合に映ったのではないだろうか。

第二に，コンヴェンションでの議論が公開されたことで，無数の意見や議論の細部が情報の洪水となって流されたことがあろう。これまでEUの政策決定に慣れ親しんでいない多くの市民にとって，何が本質的な議論なのかを見失うのに十分な量の情報が一気に与えられたことで，かえって議論がわかりにくくなった。

第三に，国民投票の争点がEUの統治にかかわる問題と言うより，国内政治の文脈で争われたことにある。国民投票はEUの統治を巡る熟議を展開する絶好の場であったにもかかわらず，党派的な対立や政党のリーダーシップ争いといった国内政治の文脈に回収されてしまったことで，いかな

るEUが望ましいのか，という議論をする機会を逸してしまった。その結果，市民とEUの距離は埋まらず，現在のEUに必要な正統性を充足させるだけの熟議を展開することができなかった。国民投票が欧州全域で行われるのではなく，各国の政治的裁量で行われたということも問題の根底にはあるだろう。

　フランスとオランダにおける欧州憲法条約批准の否決の結果，欧州統合は「熟慮の期間（Period of reflection）」に入った。これを受けて，欧州委員会は「欧州コミュニケーション戦略」を採択し，「D計画（Plan D for Democracy, Dialog, Debate）」を推進するとの方針を明らかにした[52]。しかし「D計画」はトップダウンによるアプローチでしかなく，大きな期待をかけることは難しい。

　欧州統合はこれまで50年の歴史を刻んでおり，EUを解体することで主権国家による秩序に戻るということはほぼ不可能であろう。欧州憲法条約に反対した多くの勢力もEUからの脱退を要求していたわけではない。つまり，欧州市民は今後ともEUが作り出す秩序の中で生活していかなければならないのである。であるからこそ，EUとは何か，EUに何を期待するのか，ということを真剣に論議しなければならない。

　もちろん，4億5千万人の人口を抱え，言語も文化も異なる諸国民が集まるEUで熟議を尽くすことは容易な話ではない。EUのあり方を論議する機会となりうる欧州議会選挙や国民投票においても，EUの政策や将来像ではなく，各国の政治イシューを巡って論戦が行われ，各国政府に対する不満票として反対を示す社会集団も多い中で，熟議を進めることの可能性を見出すことも難しい。特に，外国人労働者問題や極右の台頭といった過激なものから「経済愛国主義」といった穏健なものも含めて，欧州各国において「国家の若返り」が進む中で，果たしてEUのあり方を巡る熟議は可能になるのか，との批判もあるだろう。しかし，グローバル化が進む21世紀の世界において，ウェストファリア体制にしがみつき，主権国家の絶対性に回帰することは，問題を先送りすることにはなっても解決することにはならない。グローバルな秩序が大きく変動する中で地域を単位とするガバナンスメカニズムの再構築は不可避であるが，新たに作られるガバナンス機構において何らかの正統性は不可欠である。その正統性の源泉は，これまで論じたようにエリート主義的な「出力志向の正統性」や「民主主

義の赤字」を制度的に解消するだけでは不十分であることも明らかになってきている。故に，新しい時代の正統性の源泉は，一般市民をも巻き込んだ熟議に求めざるを得ないのである。

　この点で，やや逆説的ではあるが，EUの正統性を構築する熟議を進める単位として，コンヴェンションで行われたようなEU全域にまたがる議論を喚起するのではなく，ナショナルな単位で議論を進めることに期待したい。というのも，EUは加盟国が失った統治能力を共同の統治メカニズムによって補足するものであるにもかかわらず，これまで加盟国は都合良く自らの政策の失敗をEUに押しつけ，責任転嫁をしてきた。つまり，加盟国は自らの統治能力の欠如を認めておらず，その結果，EUの正統性を貶めることに精を出してきたのである。しかし，重要なポイントは加盟国とEUは相互に組み合った（interlocking）統治メカニズム53になっていることを加盟国が承認することである。加盟国が自らの統治の限界を知り，その上でEUと組み合わせた統治のあり方を自らが論じない限り，EUの正統性を巡る熟議を進めることは出来ないであろう54。そうすることで初めて国家に執着し，「若返り」を図る勢力の非現実性を明らかにし，国家が永遠に市民を保護出来るという幻想を打ち砕くことが出来るのである。

むすびにかえて

　本稿では，欧州統合を事例として，グローバル化時代における正統性のあり方を検討してきたが，ここからいくつかのことは明らかにすることが出来たと考えている。第一に，既存の主権国家と同様にEUもグローバル化する世界において，十分な「正当性」を獲得し得ていない，という現実である。インドや中国といった新興工業国との競争，膨脹する一方の資本移動に翻弄されている状況に加え，「安定成長協定」のような，通貨の安定と国内経済の安定のトレードオフ関係は，欧州だけで起こっていることではない。先進諸国，途上国によって濃淡の違いこそあれ，グローバル化の進展によって生じた問題に対して十分対応出来る状態にはない，ということである。従って，EUに限らず，主権国家も「出力志向の正統性」を獲得するためのガバナンス能力の強化が求められている。その結果として，地域統合によるガバナンスないしはグローバル・ガバナンスの強化が求められている。

第二に，欧州統合は「独自の（sui generis）政体」とはいえ，その正統性にかかわる問題はグローバル化した世界におけるガバナンスの問題と共通しているということである。グローバルなガバナンスを司る機関（国連のような国際機構から PSI のような「有志連合」まで）が持ち得る「正当性」も，市民レベルでの生活に大きく影響するようになればなるほど「正統性」が求められるようになる。いわゆる「反グローバリゼーション運動」と呼ばれる様々な社会運動は，WTO や IMF によるグローバル・ガバナンスが人々の生活に大きく影響しているにもかかわらず，「正統性」が十分に認められていないことに起因していると言えよう[55]。また一部の運動はナショナリズムを動員して（場合によっては宗教的原理主義と結びついて），正統性の源泉である国家の「若返り」をはかり，国家権力によってグローバル化による問題に対処しようとしているのである。

　第三に，こうしたグローバル・ガバナンスの「正統性」機能を強化するための様々な議論，特に EU における「民主主義の赤字」論やコスモポリタン民主主義に見られる「入力志向の正統性」の強化の議論が主張するように[56]，形式的・手続き的正統性を確立するだけでは十分ではないということである。ナショナルなアイデンティティを共有していない社会において「正統性」の機能を高めるためには，限定的な権限を持つ代表制民主主義では限界があることを欧州の事例は示している。故に，グローバルなレベルにおいても，ナショナルなレベルでの熟議を積み重ねた「正統性」機能の強化が不可欠なのである。

　とはいえ，グローバルなレベルでの熟議は欧州におけるそれ以上に困難であることは間違いない。また，EU のような統合されたガバナンスの枠組みが存在しているわけでもない（EU の場合も政策ごとに決定メカニズムがバラバラである点は類似しているが）。かといって，現状のままでは，グローバル化によって影響を被る人々の不満が解消されることはなく，今まで以上に反グローバリゼーション運動が異議申し立てのチャンネルを求めて暴力に訴える可能性もあろう。グローバルなガバナンスの「正統性」の問題を放置しておくわけにはいかないのである。21世紀における国際政治学の主要な課題の一つは，いかにしてグローバルなレベルで民主主義的な価値が共有され，その価値に基づく熟議を実践することが可能になるのかを描くことなのではないだろうか。

[付記]

　本稿は草稿段階で多くの人からコメントをいただいた。特に小野耕二（名古屋大），加藤淳子（東京大），遠藤乾（北海道大）の各氏には有益なコメントをいただいたことを厚く御礼申し上げる。

（1）　国際政治学における国家の合理性を前提とする議論の代表的なものはネオ・リアリズムと呼ばれる潮流であろう。中でも理論的基盤を提供しているのは Waltz, Kenneth N. *Man, the State and War: A Theoretical Analysis*, Columbia University Press, 1959 である。

（2）　グラムシアンと呼ばれるグループはアントニオ・グラムシの思想を国際政治に応用し，労働組合などの社会勢力の役割なども含めた分析を行う。代表的なものとしては Cox, Robert W. *Production, Power and World Order: Social Forces in the Making of History*. Columbia University Press, 1987 など。また批判理論はポストモダン理論を基盤とした理論的研究。批判理論の概説書としては Jarvis, Darryl S. L. *International Relations and the Challenge of Postmodernism: Defending the Discipline*, University of South Carolina Press, 2000 などがある。

（3）　足立研幾『オタワプロセス―対人地雷禁止レジームの形成』有信堂高文社，2004年。

（4）　IMFや世界銀行のコンディショナリティについては多くの批判的な研究があるが，ここでは Goldstein, Morris. *IMF Structural Policy Conditionality: How Much Is Too Much*, Institute for International Economics, 2001 を参照した。

（5）　この点についても多くの研究があるが，代表的なものとしてサスキア・サッセン（伊豫谷登士翁訳）『グローバリゼーションの時代―国家主権のゆくえ』平凡社，1999年。

（6）　英国学派とは，主権国家によって構成される国際社会はアナーキーであるが，それは「無秩序」ではなく，一定の秩序を持つ「無政府」であるとの考え方に立ち，国家間関係における規範と秩序を重視する学派。代表的な著作として Bull, Hedley. *The Anarchical Society: A Study of Order in World Politics*. Macmillan, 1977（臼杵 英一訳『国際社会論―アナーキカル・ソサイエティ』岩波書店，2000年）がある。

（7）　この点を強調したものとして Steger, Manfred B. *Globalization: A Very Short Introduction*. Oxford University Press, 2003（マンフレッド・B・スティーガー，櫻井公人，櫻井純理，高嶋正晴訳『グローバリゼーション』岩波書店，2005年）がある。

(8) Nye, Joseph S. and John D. Donahue (eds.). *Governance in a Globalizing World*, Brookings Institute Press, 2000（ジョセフ・S．ナイ，ジョン・D．ドナヒュー編，嶋本恵美訳『グローバル化で世界はどう変わるか――ガバナンスへの挑戦と展望』英治出版，2004年）

(9) 田口富久治・鈴木一人『グローバリゼーションと国民国家』青木書店，1997年。

(10) 例えば Coicaud, Jean-Marc and Veijo Heiskanen (eds.). *The Legitimacy of International Organizations*, United Nations University Press, 2001 などを参照。

(11) ここではリプセットの政治体制の正統性の概念を参照した。Lipset, Seymore. M. *Political Man: The Social Bases of Politics*, Doubleday, 1960 （S・M・リプセット，内山秀夫訳『政治の中の人間』東京創元社，1963年。

(12) 「正統性」と「正当性」の区別については，山口定『政治体制』東京大学出版会，1989年参照。

(13) こうした問題は2レベルゲームの分析枠組みで説明されることが多いが，2レベルゲームの枠組みはあくまでも国内における異なる利益を持つ社会集団の調整が主眼となるが，ここでは利益調整による「正当性」ではなく，合意形成の民主的「正統性」を問題としたい。2レベルゲームについては Putnam, Robert D. "Diplomacy and Domestic Politics: The Logic of Two-Level Games." *International Organization*. vol. 42 no. 3, 1988: pp. 427-460 及び Evans, Peter B., Harold K. Jacobson, and Robert D. Putnam (eds.). *Double-edged Diplomacy: International Bargaining and Domestic Politics*. University of California Press, 1993 を参照。またコメの関税化を巡る議論については，軽部謙介『日米コメ交渉：市場開放の真相と再交渉への展望』中央公論新社，2003年等を参照。

(14) 決定方式として多数決原理（特定多数決と呼ばれる加重投票方式）は導入されているが，実際の決定は全会一致であることがほとんどであり，多数決での決定は最終手段として考えられている。Hayes-Renshaw, Fiona and Helen Wallace. *The Council of Ministers, 2nd edition*. Palgrave Macmillan, 2005. ロードは多数決による決定は「政治的失敗」とまで論じている。Lord, Christopher. *Democracy in the European Union*. Sheffield Academic Press, 1998.

(15) Smith, Dennis and Sue Wright (eds.). *Whose Europe? The turn towards democracy*. Blackwell Taylor, 1999.

(16) 本稿が特に参考したものとして，中村民雄編『EU研究の新地平：前例なき政体への接近』ミネルヴァ書房，2005年，Banchoff, Thomas F. and Mitchell P. Smith (eds.). *Legitimacy and the European Union: The Contested*

Polity. Routledge, 1999; Eriksen, Erik Oddvar and John Erik Fossum (eds.). *Making the European Polity: Reflexive Integration In The EU.* Routledge, 2005; Koslowski, Rey. "A Constructivist Approach to Understanding the European Union as a Federal Polity." *Journal of European Public Policy,* vol. 6 no. 4, 1999: pp. 561-78 などがある。

(17) Wallace, William. "Post-sovereign Governance," in Wallace, Helen, William Wallace, and Mark A. Pollack (eds.). *Policy-Making in the European Union,* Fifth Edition. Oxford University Press, 2005, pp. 483-504.

(18) 遠藤乾「日本におけるヨーロッパ連合研究について―方法論的ナショナリズムを超えて―」中村民雄（編）『EU 研究の新地平』ミネルヴァ書房, 2005年。

(19) 具体的なものとして，域内市場，社会政策の一部，環境，消費者保護，運輸，エネルギー，公衆衛生などの分野がある。

(20) 代表的なものとしては原子力や宇宙開発といった技術分野，防衛装備調達などの安全保障関連の政策といった国家の戦略的産業政策にかかわるものが多い。拙稿「欧州産業政策の政治経済学：先端技術開発政策への統合領域の拡大」石黒・関・関下編『現代の国際政治経済学：学際知の実験』法律文化社, 1998年, 155－170頁及び「欧州統合における柔軟性概念に関する研究・序説」『筑波法政』第34号, 2003年, 45－81頁を参照。

(21) コミトロジーについては Wessels, Wolfgang. "Comitology: Fusion in Action. Politico-administrative Trends in the EU system." *Journal of European Public Policy,* vol. 5 no. 2, 1998: pp. 209-34 などを参照。

(22) この点については多くの論者が言及している。遠藤乾「ポスト・ナショナリズムにおける正統化の諸問題－ヨーロッパ連合を事例として－」日本政治学会編『年報政治学2001：三つのデモクラシー――自由民主主義・社会民主主義・キリスト教民主主義―』岩波書店, 2002年, 123－42頁, Joerges, Christian and Jurgen Neyer. "Transforming Strategic Interaction into Deliberative Problem-Solving: European Comitology in the Foodstuffs Sector." *Journal of European Public Policy,* vol. 4, no. 4, 1997, pp. 609-625; Héritier, Adriane. "Policy-Making by Subterfuge: Interest Accomodation, Innovation and Substitute Democratic Legitimation in Europe." *Journal of European Public Policy,* vol. 4 no. 2, 1997: pp. 171-189; Sophie Meunier. *Trading Voice: The European Union in International Commercial Negotiations.* Princeton University Press, 2005.

(23) コミトロジーを「理性的な討論による政治過程（Deliberative Political Processes）」として，超国家的意思決定の正統性を主張するヨェルゲスとナイアーも，度重なる批判に対する反論でこの問題に有効な答えを出して

いるようには見えない。Joerges, Christian. "'Deliberative Political Processes' Revisited: What Have We Learnt About the Legitimacy of Supranational Decision-Making." *Journal of Common Market Studies*, vol. 44, no. 4, 2006, pp. 779-802.

(24) Milward, Alan S. *The European Rescue of the Nation-State*. Routledge, 1992 及び Beetham, David and Christopher Lord. *Legitimacy and the EU*. Longman, 1998.

(25) Pernice, Ingolf. "Multilevel Constitutionalism and the Treaty of Amsterdam: European Constitution-Making Revisited?" *Common Market Law Review*, no. 36, 1999, p. 741.

(26) Fritz Scharpf, *Governing in Europe - effective and democratic?* Oxford University Press, 1999. シャルフの議論については遠藤, 前掲書, Meunier, *op. cit.* でも言及している。

(27) Grant, Ruth W. and Robert O. Keohane. "Accountability and Abuses of Power in World Politics." *American Political Science Review*, vol. 99, no. 1, pp. 29-43.

(28) 遠藤, 前掲書, 133頁。

(29) ドロールのヴィジョンが果たした役割については, Endo, Ken. *The Presidency of the European Commission Under Jacques Delors*. Palgrave Macmillan, 1999.

(30) 例えば羽場久浘子『拡大するヨーロッパ―中欧の模索』岩波書店, 1998年などを参照。

(31) 神余はこうした EU の価値の対外的な発露を「理念の帝国」と呼んでいる。神余隆博「深化と拡大のパラドックス」『外交フォーラム』2000年6月号。また, 対外関係において EU が自らの価値を機能的な「規制」に乗せ, 自らの市場の巨大さをテコに域外諸国に EU の規制を受容させていく過程を EU の「規制帝国」化として捉えることも出来る。拙稿「『規制帝国』としての EU」山下編『帝国論』講談社選書メチエ, 2006年, 44-78頁。

(32) Schmitt, Hermann and Jacques Thomassen (eds.). *Political Representation and Legitimacy in the European Union*. Oxford University Press, 1999.

(33) COM (2006) 192 final. "Green Paper: European Transparency Initiative."

(34) Christopher Lord, *Democracy in the European Union*. Sheffield Academic Press, 1998; David Beetham and Christopher Lord. *Legitimacy and the EU*. Longman, 1998

(35) 中東欧諸国における EU 加盟への懐疑的な勢力については Szcerbiak, Aleks and Paul Taggart (eds.). *Choosing Union: the 2003 EU Accession Referen-*

dums, special issue of *West European Politics*, vol. 27, no. 4, 2004 を参照。
(36)　山口定, 前掲書。
(37)　拙稿「経済統合の政治的インパクト」森井裕一編『国際関係の中の拡大EU』信山社, 2005年, 89-115頁。
(38)　Charles Wyplosz. *Towards A More Perfect EMU*. Centre for European Policy Research DP2252, October 1999.
(39)　Habermas, Jurgen. *Between Facts and Norms. Contributions to a Discourse Theory of Law and Democracy*. MIT Press, 1996.
(40)　フランス, オランダでの国民投票の直後に行われたEU全域における世論調査では, 50%が何らかの形でヨーロッパ人としての行動をしているが, 政治的な問題はナショナルな問題に関心があるといった結果が出ている。またEUの「性格 (Characteristics)」として「民主的である (67%)」ことが「テクノクラティックである (49%)」「不十分である (43%)」を超えてトップであった。European Commission. *Future of Europe*. Eurobarometer 251, May 2006.
(41)　McGrew, Anthony. "A Global Society?" in Hall, Stuart et al. (eds.) *Modernity and Its Futures*. Polity Press, 1992, pp. 62-116.
(42)　Anderson, Benedict. *Imagined Communities: Reflections on the Origin and Spread of Nationalism* (Revised edition). Verso, 1991 (白石 さや・白石 隆訳, 『増補 想像の共同体――ナショナリズムの起源と流行』NTT出版, 1997)
(43)　Habermas, Jurgen. *The Theory of Communicative Action*. Vol. 1, Beacon Press, 1981 (河上倫逸他訳『コミュニケイション的行為の理論』(上・中・下), 未来社, 1985, 86, 87年)
(44)　Erik O. Eriksen and John E. Fossum (eds.). *Democracy in the European Union - Integration through Deliberation?* Routledge, 2000.
(45)　Archibugi, Daniele, David Held, and Martin Kohler (eds.). *Re-imagining Political Community: Studies in Cosmopolitan Democracy*. Polity Press, 1998.
(46)　Zurn, Michael. "Democratic Governance Beyond the Nation State: The EU and Other International Institutions." *European Journal of International Relations*, vol. 6 no. 2, 2000: pp. 183-221.
(47)　EUには明示的な憲法があるわけではないが, 「社会秩序の骨格」としての憲法的秩序は存在しており, それはEU関連諸条約とそれに付随する諸原則によって構成されていると考えるべきである。Weiler, Joseph H. H. *The Constitution of Europe: "Do the New Clothes Have an Emperor?" and other essays on European integration*. Cambridge University Press, 1999 及びShaw, Jo. "Postnational Constitutionalism in the EU." *Journal of European Public Policy*, vol. 6 no. 4, 1999: pp. 579-97 を参照。

(48) Manin, B. "On Legitimacy and Political Deliberation." *Political Theory*, vol. 15 no. 3, 1987: pp. 338-368.
(49) Curtin, Deirdre. "The Constitutional Structure of the Union: A Europe of Bits and Pieces." *Common Market Law Review*, no. 30, 1993: pp. 17-69.
(50) Erik Oddvar Eriksen and John Erik Fossum. "The EU and Post-National Legitimacy." *ARENA Working Papers* WP 00/26, 2000 (http://www.arena.uio.no/publications/wp00_26.htm).
(51) http://european-convention.eu.int/
(52) 詳細は COM(2006) 35 final. "White Paper on a European Communication Policy" を参照。
(53) Wallace, Helen (eds.). *Interlocking Dimensions of European Integration*. Palgrave Macmillan, 2001.
(54) この点について、極めて大きな問題となるのは、国民投票否決後のオランダにおける総選挙（2006年11月）において、EUに関する問題が全く争点として挙げられておらず、国民の間にEUについての熟議を行うような環境が整っていないということが明らかになったという点であろう。"Les elections neerlandaises relancent les adversaires de la Constitution europeenne." *Le Monde*, 15 Novembre 2006.
(55) 反グローバリゼーションには様々な形態の運動があるが、「主流」の運動体は世界経済フォーラム（通称ダボス会議）に対抗する形で「世界社会フォーラム（WSF）」を立ち上げている。ここではWSFを想定して「反グローバリゼーション運動」としている。WSFについてはウィリアム・F.フィッシャー，トーマス ポニア編（加藤哲郎他訳）『もうひとつの世界は可能だ―世界社会フォーラムとグローバル化への民衆のオルタナティブ』日本経済評論社，2003年。
(56) Archibugi, Daniele and David Held (eds.). *Cosmopolitan Democracy: An Agenda for a New World Order*. Blackwell, 1995.

「政治学の実践化」への試み

——「交流」と「越境」のめざすもの——

小野耕二＊

はじめに

　本年報の特集テーマは,「政治学の新潮流－21世紀の政治学へ向けて－」となっている。そのねらいは,すでに「まえがき」でも記したところであるが,現時点における「政治学の新潮流」のいくつかを検討し,そのことを通じて「21世紀における政治学の発展方向」を模索することである。本稿はその課題を担うものの一つとして,現在いくつかの形で現れつつある「政治学の実践化」への試みを検討し,それを通じて「政治学の今後の可能性」の一端を明らかにしたいと考える。ただしこの作業は,筆者の主たる専門分野である政治理論と比較政治の領域に限定されたものである点を,まずお断りしておきたい。

　このような作業を進めるにあたり,ここではまずその前提として,現在の時点における政治学の研究動向の中に見いだすことのできる,注目すべき研究のいくつかを検討しておきたい。それらの動向を,本稿では政治学の内部での「交流」と「越境」への試み,と表現している。その含意は,以下のようなものである。まず「交流」とは,一国レベルでの政治分析において確立してきた各アプローチの間の「相互批判」と「相互交流」とを指している。ここで念頭に置いているものは,リックバック M. Lichbach の整理に従えば,構造主義・文化主義・合理主義という三アプローチ間の交流であり,また「新しい制度論」という視点からすると,そこにおける合理的選択制度論と歴史的制度論などいくつかの潮流間の交流でもある[1]。次に「越境」とは,政治学の下位分野として確立してきた学問領域の間に

　＊　名古屋大学教員,専門は政治理論・比較政治

ある「境界線」を越え出ようとする動きを指している。ここで念頭に置いているものは，主として国際的要因と国内的要因との，つまり国際政治学と一国的政治学との交錯である。

　かつて政治学は，「分割された学問 discipline divided」と称され，「中核的パラダイムの不在」と特徴づけられていた[2]。今でもその状況に本質的な変化はないと思われるが，「新しい制度論」の枠組みの中で，対立するさまざまな理論潮流間の「共通項」を探る動きは強まってきている。また先進諸国による「途上国支援」のあり方が変容しつつある現状の中で，政治学の領域から，国際的要因と国内的要因との相互作用を検討する「民主化促進 Democracy Promotion」論のような実践的議論もなされ始めている[3]。分割された状態が固定化されているわけではなく，「分析対象」に即する形でその境界線を乗り越えようとする作業が進められているのである。

　政治学内部におけるこれらの動きは多彩であり，ここでその全体像を描き出すことは困難である。したがって，この間進めてきた筆者の研究作業の中で，垣間見ることができたいくつかの新しくかつ興味深い研究動向をまず紹介することによって，「政治学の新潮流の紹介」という本稿の第一の目的を達成したいと考えている。以下本論第一節で紹介するこれらの動きは，いずれも「個別的事象の全体的把握」を試みるためのものであり，直接的に「政治学の実践化」を図る作業ではない。しかし，このような「課題検討型」の作業を積み重ねつつ，それが有するであろう積極的意義を検討することは，政治学的分析枠組みの意義を明確化するであろうし，そのことが，かつてオストロム E. Ostrom が提唱したような「市民のための実践的政治学」の形成へと連繋していくことを期待したい[4]。

　そして本稿第二の目的は，21世紀に入り，アメリカ政治学会で開始されてきている「実践的課題への政治学者としての試み」を紹介し，その意義と可能性とを検討することである。オストロムの問題提起は，コヘイン R. O. Keohane [5]とパットナム R. D. Putnam [6]の会長演説へと継承され，そして現代アメリカ社会における民主主義の現状評価とその処方箋の模索，というきわめて実践的な共同プロジェクトへと結実している。帰結はいまだ不鮮明なままであるが，それは「政治学の現代的責務」に応えようとするきわめて野心的な試みと思われるのである。

　最後に本稿第三の目的は，この間筆者が関与してきた「法整備支援」プ

ロジェクトとの関連で，このような「政治学の実践化」の方向が有する意義を検討することである。すでに別稿で示したように，体制移行国を対象とした我が国の法整備支援は，1990年代に開始された「新しい支援のあり方」として，政治学にとっても興味深い分析対象となっている[7]。次第にその規模を拡大しつつあるこのプロジェクトを自ら担いつつ，同時にそれを学際的研究課題として検討することは，現代に生きる政治学者にとって，貴重な体験となりつつあると筆者は感じている。そしてそのような作業は，政治学の分野においても，研究潮流間の違いを超えたトータルな対象分析を要請している。

　各研究潮流間の相互交流は，方法論的な検討や相互批判の作業の中でも進展していくであろう。そのことに加え，多面的な分析を必要とする具体的・実践的な研究対象と格闘する，という作業を通じても，このような相互交流は進むであろう。筆者がかつて記したように，各研究潮流が行う研究作業は，それぞれが「多面的な現象の一部の分析にとどまっている」のであり，「各理論の批判的相互交流の中で，対象となる社会現象の全体像を再構成し，それを念頭におきながら各理論がそのメリットを生かす方向性」を模索する必要があると思われる[8]。まさに「部分性を自覚しつつ，全体性を希求する」という作業が必要とされているのであり，そのような方向性こそが，21世紀における政治学の発展方向の一端を照射していると思われるのである。

第一章　さまざまな研究潮流間の交錯

　1999年に刊行された，日本政治学会の機関誌『年報政治学1999』は，「20世紀の政治学」と題されており，政治学の「ディシプリン史」を試みる特集号とされていた。その編者であった加茂利男は，「はじめに」で，政治学の学界状況について次のように述べている。

　　「1990年代に入って，国内外で政治学の現状・回顧や展望をテーマとした単行書，学会や学会誌のシンポジウムや特集が数え切れないほど輩出している。……（中略）……こうした政治学の現状や歴史をめぐる議論の高まりは，世紀の変わり目を控えたいま，政治学の学問的な『反省』(self-reflection) 期が訪れていることを示すものであろう[9]。」

この状況は，21世紀を迎えた現在でも変わっていない。加茂が言及していた『政治学新ハンドブック[10]』に加え，2002年には，アメリカ政治学会が編集した『政治学：斯学の現状』第3版が刊行されている[11]。その「序文」では，1983年と1993年とに刊行されたこれまでの『政治学：斯学の現状』への続編の刊行作業が1999年に開始された，と紹介されたのちに，次のように印象的な文章が掲げられている。

　　「我々（註：この著作の編者たち）は，この著作への寄稿者たちに，自分たちの専門分野について批判的な省察 reflection を行うとともに，未来へ向け有望な研究経路を提示して欲しいと依頼した。この本の諸論考は，単なる回顧的な評価ではない。それらはまた，政治学がどこへ向かうべきかについての展望を，強く指し示しているのである[12]。」

　この姿勢に，私は強く共感する。既存の学問分野は，これまでの研究の成果を踏まえつつも，常に新たな進行方向を模索し続けるべきと思われるのである。しかしこの著作では，とりわけその第4部である「政治の研究」に掲載された諸論考では，合理的選択制度論や歴史的制度論といった，従来型の整理に基づく研究潮流の動向が紹介されるにとどまっている。もちろんそのそれぞれは興味深い論考となっているが，そのようなかたちでの研究手法の「分化」から，どのような新たな方向性を見通すことができるか，という論点についての示唆が十分には与えられていない。その意味において，これらの整理はいまだ「回顧的な評価」の域に止まっているように思われるのである。しかしそれは，このような著作に収録される論文が有さざるを得ない限界とも考えられる。さまざまな研究潮流間の交錯は，レビュー論文よりも，最先端の事例研究の中でこそ果たされるからである。前著『比較政治』において，私は次のように記したことがある。

　　「各理論の独自の立脚点からの越境は開始されつつあるが，残存する差異も大きい。しかしそのような状況下で，多様な理論潮流が交錯する場として，『新しい制度論』の研究状況がある。そこへは多様な理論的立場からの参入が続いており，そこでの議論状況は活性化してい

る[13]。」

　本書を執筆した2000年後半の時点では,「最先端の事例研究」の具体例として紹介できるものは,同書第3章で言及した「分析的物語 analytic narrative」などの視角[14]に限られていたが,2000年代に入ると,類似の問題意識に基づいた業績が次々と公刊され始めている。この方向での作業が進展し,もし「各研究潮流間の収斂」が始まるならば,それは間違いなく「21世紀の政治学」において重要な位置を占めることになると考えるのである。筆者が入手し得た限りにおいてであるが,そのような文献のうちのいくつかを紹介しておこう。

　ここでまず取り上げる文献は,『国家』と題する論文集の中でシュミット V. Schmidt が執筆した「制度論」と題する論文である[15]。この論文は,本節で以下に紹介する文献とは異なり,理論的作業の域に止まっているものではあるが,現時点における制度論の三大潮流の特質を簡潔に整理しながら,彼女自身の提唱する「言説的制度論 Discursive Institutionalism」のメリットを主張する,きわめて挑戦的な内容のものである。シュミットは,合理的選択・歴史的・社会学的各制度論による「変化」の過程の解明手法を,それぞれ「静態的 static」なものに止まっている,とした上で,アイデアと言説的相互行為とを通じた変化の解明を目ざす言説的制度論のみが「動態的 dynamic」分析を可能とする,と主張している。同論文に掲載されている,各制度論の特徴の対照表（第5－1表）と,それに基づく各論者の位置関係の整理（第5－1図）は,どちらもシュミットの理論的立場の優位性を強く主張する構成になっているものの,内容としては興味深く,新制度論の今後の展開を考える上で一つの方向性を提示していると考える。詳しくは同論文を直接参照してほしい。この議論については,本年報内の近藤論文も注目するところであるが,その意義については,経験的分析の作業を進める中で,今後明らかにされていくこととなろう。

　次に紹介する文献は,グローフマン B. Grofman が編集した著作『謎解きとしての政治学[16]』である。編者のグローフマンは,本稿「はじめに」で紹介した『政治学新ハンドブック』の中で「A・ダウンズの民主主義理論」と題する章を執筆しており[17],合理的選択理論の立場にあるアメリカの政治学者である。その彼が,この編著の冒頭では次のように記している。

「政治学は，とりわけ比較政治学の領域は，歴史的・社会的・文化的文脈に関する分厚い記述 thick description と詳細な知識の提唱者たち［歴史的制度論者：引用者註］と，複雑な社会の理論的解明のための単純化された仮説とフォーマルな理論の必要性を議論する者たち［合理的選択制度論者：引用者註］との間へ引き裂かれてきている。……私はこの論争において，どちらが正しいか，という必要はないと思っている。私は，どちらも正しいと思うのであり，違う言い方をすれば，どちらも誤っている，と思う。その証明は，具体的素材の中 in the pudding にあるのであり，方法論や認識論についての抽象的論争の中にあるのではない。経験的分析を目ざす社会科学者にとっての重要な課題は，世界の興味深い特質を明確にすることであり，それをより良く説明し理解するため何か示唆的なことを語ろうと試みることである[18]。」

本書は，合理的選択制度論の立場から，具体的パズル（＝歴史における問題）の解明を試みる「事例研究」の論文集であり，ベイツらによる「分析的物語」アプローチの流れを引き継ぐ作業となっている。そこでは，ツェベリス G. Tsebelis や河野勝らの合理的選択論者によって，ある時点における政治的アクターの行動（あるいは不作為）の意義が，歴史的背景の中で解明されているのである。まさに「具体的事例」の検討の中で，上記二アプローチ間の交錯が図られていると言えよう。そしてこのような作業は，歴史的制度論の側からも行われている。

次に紹介する文献は，マホーニー J. Mahoney とルーシュマイヤー D. Rueschmeyer が編集した著作『社会科学における比較歴史分析[19]』である。この両編者は，ともに歴史的制度論の立場にあるアメリカの政治学者である。この編著では，彼らは歴史的新制度論の立場から，さまざまな研究潮流間の「調停」を試みる「比較歴史分析」を提唱しており，「調停者の役割 the role of mediator を果たす比較政治分析」という視点を提起している。そしてその編著の第一章において次のように記している。

「一方における，仮説の検証を試みる統計的研究者のやや狭く技術

的な関心と，他方における，理論構築を試みる合理的選択論者と規範的対象の分析を試みる文化主義者たちのより壮大な関心との間で，比較歴史分析は，その調停を行うことができる。そのようなパラダイム間の論争が起こった際には，比較政治分析者たちはしばしば，自らが，より極端な立場にある者たちの中間にうまく位置していることに気づくのである[20]。」

編者たちはこのように述べ，自らを「より極端な立場にあるものたちの調停者」と位置づけようとしている。本書は，歴史的制度論の立場に拠りつつ，そして合理的選択や文化主義からの批判に応えながら，自己の理論的立場の有効性を強調しようという作業になっているのである。その本論部分においては，革命や社会政策の発展，民主化といった「具体的事例」に対して「比較歴史分析」の手法が有する有効性を強調するものとなっている。

このように，比較政治学の領域において二大潮流をなしていると思われる「合理的選択理論」と「歴史的制度論」の双方から，「具体的事例」に即しつつ，他の理論との交流ないし調停を図る作業が行われているのである。ただしこの作業は，依然として自己の理論的立場に強く立脚してのものであるために，このような作業の積み重ねが「理論的総合」へと連繋していくかは明らかではない。しかし，この限界を超えようと言う新たな試みもまた開始されている。

本節で次に紹介したい著作は，上記『政治学』の編者の一人であるカッツネルソン I. Katznelson と，合理的選択論者として著名なワインギャスト B. R. Weingast とによって編集された『諸選好と状況：歴史的制度論と合理的選択制度論との交錯点』である[21]。この著作は，まさに副題の示すとおり，歴史的制度論と合理的選択制度論との交流を促進しようという試みである。その序章には，以下のような叙述を見ることができる

「歴史的制度論と合理的選択制度論との間には，その差異にもかかわらず，制度への関心の収斂の結果，通常考えられているよりもずっと多くの共通部分が存在している。これらの『学派』の異なった強みは，相手方の研究を促進することができるのであり，そのうちのいく

つかの側面では収斂が起こってきている。
　それぞれの研究者集団による独自の作業は，重要な進展をもたらしてきた。我々の望みは，これらの差異を消し去ろうというのではなく，それをさらに押し進めようというものである。相互交流から得られるものは大きいと信じる[22]。」

　この点は，先ほども言及した拙著『比較政治』末尾での叙述と対応している。まさに，「分析対象としての政治現象の全体的構図を見据えながら」，「各理論の特性を生かしつつ，その欠点を相互に補完するかたちでの理論的協業を図ることが要請されている」と思われるのである。同書で紹介した『分析的物語』に加え，2000年代に入ると，上記のような作業が次々と公刊され始めている。この方向での作業が進展し，もし「各研究潮流間の収斂」が本格的に始まるならば，それは間違いなく「21世紀の政治学」において重要な位置を占めることになるであろう。歴史的制度論の立場に立つマホーニーは，同書の結章において，この方向を「アクターの選択と歴史との結合」と整理した上で，楽観的にも思える形で，「合理的選択理論と歴史的制度論との結合は，二つの伝統の間のプラス・サム的な総合への可能性を提供する[23]」と記している。
　歴史的制度論は，アクターが置かれている状況を特定し，合理的選択制度論は，そのような状況下でアクターが選択を行うメカニズムを解析する，とされている。このような方向での「総合 synergy」を阻む最大の要因を，マホーニーは「研究者たちが両陣営に分裂していること」としている。しかし両陣営への分裂の根拠は，単なる主要な研究対象の相違（アクターか歴史・構造か）だけではなく，その推論方法の相違（演繹的か帰納的か）という点にも存している。このような差異からみても，「プラス・サム的な総合」が直ちに実現することは，現時点では予測しがたい，と筆者は考えている。「謎解き puzzle solving」や「事例研究 case studies」のように，過去に生起した事象を分析しようとする際には，それが「個別的事例」の検討である限りにおいて，「政治現象の全体的構図」を見据えるために既存の研究手法の枠組みを超え出るまでに至っていない，と筆者には思われる。これに対し，このような事態を脱するために，政治の現状に対応する「実践的な課題」を政治学者が掲げ，それを一つの契機としながら，各研究潮

流がこれまでの枠を超えた共同作業を試みる，という方向性も，新たに提起され始めている。そしてそのような作業もまた，アメリカ政治学会ではすでに実施されつつあるのである。

第二章　政治学への実践的課題の提示

我が国の政治学会においても，今述べたような「実践化」への試みはなされたことがあった。筆者の関係する限りでも，名古屋大学で開催された2000年度日本政治学会研究大会の共通論題では，「政治学の意義と課題－政治学は人の役に立ってきたのか－」というテーマに基づいて，報告と討論が行われたのである[24]。しかし，その後継続的にこのようなテーマが追究されることはなかったと思われる。それに対し，アメリカ政治学会では，毎年8月末に開催される研究大会において行われる，恒例の「会長演説 Presidential Address」の中で，この間繰り返してこのような問題提起がなされてきているのである。

1997年の会長演説は，オストロム E. Ostrom が行っており，これについてはすでに本稿「はじめに」でも触れている[25]。この演説の主要な内容は，オストロムが立脚する「合理的選択理論」の，経験的分析への適用可能性を拡大するための理論展開をめざすものであった。「諸個人が，短期的自己利益の最大化という意味で合理的に行為した場合，参加者の状況を最適化しない」という「社会的ジレンマ social dilemma」の問題設定を出発点としつつ，そのような結果を回避するために，合理的選択理論はどのような発展方向をたどるべきか，という理論的課題が提起されていたのである。そしてそのような課題の達成のためにオストロムが提示した「理論的シナリオ」こそが，「合理的選択の第二世代モデル」と名付けられるものであった。

オストロムによれば，「利己的人間像」と「完全合理性」とによる合理的選択理論の第一世代モデルは，「現代社会科学におけるもっとも強力な理論の一つ」と評価される。しかし「合理的諸個人は，社会的ジレンマに陥ってしまう」という仮定は，日常的経験に反するものとなっている。通常の場合，人々は合理的選択理論が予見する以上の協力行動を取るのである[26]。この点を踏まえ，オストロムは，限定合理的で道徳的な行動についての理論化を模索する。それが，経験的基礎を有し，限定合理性に基づき，

道徳的決定作成の分析を可能とするような「合理的選択の第二世代モデル」の内実であった。

　この作業は，合理的選択理論の自己展開への試みであり，経験的分析へ向けた理論の適用可能性の増大を図るものであった。そしてそのことは，規範や信頼といった，これまでの合理的選択理論には見られなかった諸概念を，分析枠組み内に導入することへとつながっていったのである。その結果，オストロムはこの会長演説の中で，信頼 trust と互酬性 reciprocity と評判 reputation とを中核とした，協力の形成過程モデルを提示している[27]。このようなオストロムの理論展開もまた，前節で紹介したさまざまな業績と同様に，経験的分析を契機とした形での，従来の理論枠組みの限界からの脱却への動き，と評価することができるであろう。しかし，オストロムによる新たな方向提示は，これだけにとどまらない。

　彼女は，この会長演説の末尾において，自ら提示した「社会的ジレンマの解決のための理論枠組み」を，市民に伝えていくことを，とりわけ若い人々に伝えていくことを「政治学者の義務」としている。「合理的選択の第二世代モデル」への展開は，学界内部での進展という意義を有するにとどまらず，現実政治の改善に繋がるという現実的意義を有する可能性も持っているのである。「21世紀が平和の世紀であることを望む人たちのため，私たちは，集合行為に関する私たちの研究上の知見を，高校生や大学生向けの教材へと鋳直す必要がある」という文に続く，以下の締めくくりの言葉は，現代に生きる政治学者の「社会的責務」を，その一部としてであれ，指し示しているように思われる。

　　「我々は，お互いをほとんど信頼しないような，そして自分たちの政府はさらに信用しないような，冷笑的な世代を生み出しつつある。社会的ジレンマを解決する上で信頼が果たす中心的役割，というものを前提すると，我々は，我々自身の民主主義的生活様式を掘り崩す諸条件を生み出しつつあるかもしれない。日常生活上の制度の作動可能性を作り出し支える者は，通常の人々であり市民なのである。我々は，次の世代に対して，以下の点に関する最良の知識を伝える義務を有していると言えるであろう。それは，諸個人が直面する多様な社会的ジレンマを，——それが大きなものであれ小さなものであれ——どのよ

うに解決するか，という点に関するものである[28]。」

オストロムの会長演説で提起されたこの路線は，その後の会長演説や，アメリカ政治学界の活動へと引き継がれていく。2000年の会長演説は，国際政治学者であるコヘイン R. O. Keohane が行っており，その中にも，オストロムの路線の継承部分を見て取ることができるのである[29]。彼は，オストロムの会長演説に直接触れながら，政治学の課題を「合理的な戦略的行為を，どのようにして信念 beliefs や価値 values と結合するか」，と整理している。そしてこのような課題を果たすためには，政治学内の諸潮流の交流が必要だとしているのである。

　「私は，グローバルな規模で，ガヴァナンスのジレンマを我々がどのように克服できるのか，と問いかけてきた。それはすなわち，我々は制度の犠牲者になることなしに，制度からどのような便益を得ることができるのか，という問いでもある。我々は，部分的にグローバル化された世界のために，民主主義的価値を尊重しながら，価値のある機能を遂行するような制度の設計を，どのように手助けできるのであろうか。そして我々は，有益な制度を維持するような信念を，どのように涵養することができるのであろうか。私の回答は，その多くは黙示的にであるが，政治学のさまざまな研究潮流から引き出されたものである[30]。」

これに続く個所で，コヘインは，合理的選択理論やゲーム理論，そして歴史的制度論や政治社会学といった研究潮流の名を挙げながら，そこから引き出すことのできる学問的知見を列挙している。コヘインもまた，「ガヴァナンスのジレンマ」という実践的課題を提示しながら，その解決のためには各研究潮流間の協力が不可欠，と主張しているのである。

パットナムは2002年の会長演説において，コヘインのこのような問題提起をさらに発展させ，「政治学の公的役割」を強調している[31]。彼はこの演説の中で，「市民とともに，政治的関心事についての熟議に関与すること」を，政治学者の職業上の責任の一部であると主張するのである。この点を，彼は概略として以下のような議論を通じて強調している。

政治学 political science には，科学としての厳密さと公共的有意性 public relevance の双方が必要である。その一方を強調する「科学主義 scientism」と「行動主義 activism」の両者は，どちらかが優越するという時代の波を形成してきた。そして現在は，「科学主義」の時代が終焉しつつある時期と考えることができるのではないか。我々政治学者が「公的世界へのより積極的な参加」の局面へと回帰するとき，これまでの科学主義の時期における学問的成果を活用することができるであろう。

　パットナムはその演説の末尾において，20世紀初頭の「革新主義」の時代について以下のように言及する。その時期における現代政治学の創設者たちは，「科学が，社会的・政治的争点に対して『一つの正解』を提示できる」という，今では素朴にも思える考えを持っていたように思えるが，今主張したいのは，そのようなことではない。「政治学の公共生活への貢献」という問題を現時点で議論する際に危惧すべきことは，それが論争的になることではなく，無視されてしまうことだ。現在のアメリカには，多様性と不平等，市民参加，といった多くの争点が存在しており，政治学者として市民とともに議論し，これらの問題に取り組むことが職業上の責務である，としつつ，パットナムは，「政治とは，堅い板に力を込めてゆっくりと穴をくりぬいていく作業」であるという，ヴェーバーの有名な定義をやや簡略化して引用し，その演説を締めくくっている。

　これらの問題提起は，「アメリカ政治における市民参加の衰退」という現実政治の診断とその処方箋のための，アメリカ政治学会における共同研究プロジェクトへと結実していった。2002年夏に，アメリカ政治学会内に「市民教育と市民参加 civic engagement に関する委員会」が設置され，2年間の作業ののちに報告書が作成された。そしてその報告書は『危機の民主主義[32]』というタイトルで，2005年に公刊されている。

　19名の政治学者によってまとめられたこの著作は，本文が180頁にも満たない小冊子であるが，現実政治に対する危機感と，現代アメリカに生きる政治学者として自らの学問的知見をその克服のために生かしたいという使命感とが感じられる報告書となっている。以下で，その内容を簡単に紹介しておこう。「序文」では，本書作成の主体となった委員会の設立経緯と，その課題とが記されている。政治学の現代的意義を確認したいという以下の個所は，筆者にはとりわけ印象的に感じられた。

「出発点における我々の考えは，タスクフォースとして2年間活動することであり，市民参加という問題に関する政治学の洞察を提供する報告書を作成することであった。この著作は，我々の活動の成果である。それは，現代の社会科学が，民主主義的生活の現状と，その改善のために何がなされるべきかという点について，役に立つ洞察 useful insights を有している，という命題を検証している33。」

では，このタスクフォースによって検討されるべき問題として，どのようなものが挙げられていたのであろうか。著者たちは，「市民の政治学へ向けて」と題されたその第1章の冒頭において，「アメリカの民主主義は危機にある。その危機は，何らかの外的脅威によってもたらされているのではなく，市民の活動と能力の減退，という不穏な内的諸傾向によってもたらされているのである」と述べたのち，検討されるべき問題を以下のように整理している。まず「政治参加 political participation」の点に関しては，各種選挙時における投票率の低下に加え，デモへの参加や選挙戦でのヴォランティア活動といった他の政治的活動の衰退が挙げられている。公教育における市民教育の水準低下にも触れられており，「今日の大学卒業生は，政治に関して，50年前の高校最上級生 high school senior と同程度の知識しか有していない」との調査結果も紹介されている。次に「市民参加」に関しては，パットナム R. E. Putnam の『孤独なボウリング34』にも触れながら，市民生活のレベルでのさまざまな活動への参加者の減少を挙げている。

本報告書の注目すべき点は，このような状況を単に紹介し分析するだけではなく，市民生活や政治生活に関わる制度と政策の改善を図る方策を探る，という建設的な constructive 立場を堅持していることである。したがって，第2章以下では，連邦レベルでの選挙過程，大都市における地方政治，市民生活や非営利活動など，のそれぞれについて，現状を分析し問題点を指摘した上で，その改善策を提示しているのである35。とりわけ第2章において，個人的・構造的・文化的という3要素に区分した上での改善策の提案は興味深い。具体的問題のトータルな解明のためには，各研究潮流のメリットを活かしながら，その欠点を補完するかたちでの理論的協業が必要，と筆者は主張してきたのであるが，本書はその好例となっている

と思われるのである。そして本書第1章の結論部に掲げられた次の文章は，政治学者間のさらなる協業を訴える，真摯で実践的なアピールとして受け止められるべきものであろう。

> 「我々は，民主主義的ユートピアへの青写真を提供するのではなく，民主主義的コミュニティとして我々が成功したことと失敗したことについての概略図を描こうと努力してきた。我々はこれを，できうる限り最良のものとして提供するのではなく，我々がなしえた限りにおいて最良のものとして提供する。我々の同僚と我々の政治が，それをより良いものとしていくための手助けをしてくれることを望みつつ[36]。」

このような実践的課題への取り組みは，各研究潮流間の交流を促進するであろうし，またそのような交流こそが，この種の共同研究を実り多いものにしていると思われるのである。「交流」と「実践化」との結合例を，ここに見て取ることができる。

第三章 「法整備支援の政治学」への試み

本稿を締めくくるにあたり，前章までの問題提起を受ける形で次に紹介したい業績は，アメリカ政治学会2005年大会で行われたリーヴィー M. Levi の会長演説である[37]。彼女はこの演説の中で，これまでの実践的な問題設定を継承しつつ，「良い政府 good governments」を構成するものは何か，そしてどのようにしてこの「良い政府」を構築するのか，という問題を提起している。まず第1の問いに関して，彼女は「国民を代表するものであり，国民に対して説明可能な政府であること」と，「有効な政府であること」を挙げている。後者の内容は，国民を暴力から保護し，所有権を保護し，国民が必要とする財を提供すること，としている。「代表性」と「有効性」というこれらの規定は説得的なものであろう。その上で現代世界が直面している問題は，「そのような政府が存在しないところに，どのようにして有効な政府を構築するするのか[38]」であるとしている。

この問題を解くために，リーヴィーは「有効な政府の本質的構成要素」と考えられるものを列挙している。制度的配置，リーダーシップ，現実的な信念と期待，妥当な結果への選好，といった多様なものが，そこで挙げ

られている。彼女が結論部でも強調していることは，有効な政府の構築のためには，制度が重要であるとともに，リーダーシップの質も重要であり，またこの両者が形作る政治的環境も重要だ，という点である。ただし，このような諸契機を明確化したとしても，それをどう実現していくかの方策は明確ではない。これらの契機を前提とした上での，本演説の末尾における以下のような発言には，21世紀に生きる政治学者が考えるべき論点が明確化されているように思われる。

「しかしながら我々は，その国民の欲求をかなえる政府，そのすべての国民の欲求をかなえつつ，その一方で自らを定期的に再生産し破壊的な悪夢をもたらさないような政府内に，これらの諸要素を導入するための処方箋をいまだに欠いている。知識と研究の蓄積は，今や我々が，有効な政府の動態的な理論の出現を見通せるような地点にまで達している。このことが，社会科学者としての我々の挑戦なのであり，そしてそれが我々の次のフロンティアなのである[39]！」

本稿ではここまで，アメリカの政治学界における「政治学の実践化」への試みについて紹介してきた。しかしここではまだ一国レベルでの問題の検討に限定されており，その国境を越えた課題の検討は実現していない。これにたいし，「越境」とも位置づけることのできる新たな試みも，わずかずつではあるが，我が国において見られ始めている。筆者が勤務する名古屋大学法学研究科が，研究科を挙げて取り組んでいる「アジア法整備支援」プロジェクトの実態と，それが提起する学際的で実践的な研究課題とを検討することにより，本稿を閉じることにしたい。

「法整備支援」という用語自体が，我が国の政治学者の間ではなじみの少ないものかもしれない。しかし一定の実定法研究者やアジア法研究者にとって，この用語は頻繁に用いられるものの一つとなっている。この実践的プロジェクトの全体像を描き出すことは，本稿の主たる課題からはずれていくことになるので，本章では行論上必要な限りにおいて，簡単にその内容を説明することにしよう。すでに別稿で紹介したことのある，国際協力機構（JICA）発行の『JICAにおけるガバナンス支援』には，「法整備支援」概念の定義や，これまでに実施されてきたプロジェクトの内容が簡潔にま

とめられている[40]。また，名古屋大学法学研究科に所属する教員グループなどが中心となり，科学研究費補助金特定領域研究「アジア法整備支援－体制移行国に対する法整備支援のパラダイム構築－」を活用しながら，5年間にわたって遂行された「アジア法整備支援」に関する研究プロジェクトの報告書からも，その概観を得ることができると思われる[41]。ここではそれらを利用しながら，現在進行中の「法整備支援」プロジェクトの意義と可能性とについて紹介しておきたい。

まず「法整備支援」については，「発展途上国が行う法整備のための諸努力を支援することであり，具体的な法案起草や立法化促進の支援のみならず，法の執行・運用のための諸制度の整備（司法改革支援），これらに従事する法曹の人材育成に関する支援をも含むもの[42]」という概念規定がある。これが，日本としてこれまで進めてきた法整備支援プロジェクトに関する包括的な規定である。その具体的内容としては，法案起草・立法支援，法の執行・運用のための制度整備，法曹養成，社会意識向上，法学教育向上，という5項目が挙げられている。前章で紹介した，アメリカにおける「政治学の実践化」への試みと同様に，ここでも制度整備から運用主体の育成や社会意識向上まで，多岐にわたる内容が包摂されているのである。日本の「政府開発援助政策（ODA）」内部での位置づけとしては，この「法整備支援」は「技術協力」というカテゴリー内に位置づけられている。しかし，新たな法制度を整備するとともに，その運用主体の育成をも包摂する「法整備支援」プロジェクトは，単なる「技術移転」にとどまらず，支援対象国の統治制度全体の変容をも見通しうる長い射程と大きな機能を有するものと考えられるのである。

JICAを中心としたこの「法整備支援」事業は，「1994年のベトナムに対する本邦研修の実施に始まり，1996年同国における重要政策中枢支援協力としての法整備支援プロジェクト開始を契機に本格化する[43]」と記されている。そしてその対象国も，ベトナムに続いてまずカンボジアへ拡大し，現在ではラオス・モンゴル・ウズベキスタン・インドネシアの6カ国を対象とするまでになっている。これらの支援対象国への専門家の派遣や，支援対象国からの研修生の，修士課程院生としての受け入れなどに関して，名古屋大学などとの協力関係の下に，このプロジェクトは進められているのである。

我が国における代表的なアジア法研究者の一人として,「法整備支援」プロジェクトに早くから学術的関心を持ち続けてきた安田信之は,「法整備支援」のような「知的協力」が活発化する背景を,「1990年代以降, 開発問題の重心が経済開発から社会開発へとシフトするにつれて, 国際開発協力も『ハコモノ』を代表とするハードな協力からソフトな協力へと移行しつつある。後者を代表するものとして登場しているのが『知的協力』である44」とまとめており, その中で日本からの「法整備支援」が発展していった, と記している。日本の開発援助というと, 経済援助中心でとりわけ「ハコモノ」支援という従来のイメージがあると考えられるが, このように新たな「知的支援」の取り組みも開始されているのである。

　筆者もまた, 上記「特定領域研究」の研究分担者の一人として, 政治学者の立場からこのプロジェクトに関わってきた。この間の経緯と研究会議の開催状況などについては, すでに別稿を執筆し報告書を取りまとめたところなので, ここでは詳述しない45。この研究プロジェクトに関与し, また自らカンボジアやウズベキスタンからの研修生を指導生として受け入れた経験を持つ政治学者として, 筆者はこの間,「法整備支援」が政治学に投げかけている問題は大きいと痛感している。

　すでに紹介したように, JICAは「法整備支援」を「ガバナンス支援」の一環として位置づけようとしている。その場合, この支援プロジェクトの狙いは, 本章前段で紹介したリーヴィーの問題提起と関連する。体制移行国内に, いかにして「有効な政府」を確立するのか。「法整備支援」プロジェクトはその課題を達成する過程の中にどのように位置づけられるのか。この作業は, 支援対象国における「民主化」の過程とどのような関連を有するのか。このように, 制度からアクターのレベルに至るまで, さまざまな問題が提起されているのである。

　一国レベルでの民主化過程の分析に関しては, 国際的にも研究が蓄積されてきている。「各国ごとにそれなりの民主主義がある」という相対主義を乗り越えるべく, 各国分析に共通して用いることのできるような「民主主義」概念の定義についても, フリーダムハウスの指標論やポリティIVプロジェクトなどの試みがなされている。民主化過程の時期区分論や, 民主化が十全には達成されていない国々の類型論についても, 国際的研究プロジェクトが進行中である46。「法整備支援」プロジェクトは, それらに加え,

「外国からの民主化支援の可能性」という新たな課題を提起していると思われる。この問題に関しても,「民主化促進」論という形で,国際的な議論が開始されている[47]。しかしそれはまだ初歩的な段階であり,そしてアジアの国々を対象としたものでもない。「法整備支援」という実践的プロジェクトを通じ,日本に生きる政治学者に対して新たな問題が提起されていると言えるであろう。そしてそのことは,これまで我々の研究が蓄積してきた政治学的知見の実践的有効性を問いかけるものにもなっているのである。

「法整備支援」プロジェクトの実践作業と,それに関する研究作業の進展の中で,学際的な「法整備支援学」の構想も,少しずつ具体化されつつある。この課題に関しては,スウェーデンのルンド大学,アメリカ合衆国のウィスコンシン州立大学マディソン校などと,名古屋大学法学研究科との共同研究も進展中である。しかしながら,我が国の政治学界の中では,このように学際的で実践的な研究課題に関心を持つものは,いまだにごく少数にとどまっていると思われる。そのような状況の中で,この種の課題に取り組むことは,研究潮流間の相互交流を促進しながら分析対象の総体的な把握を目ざすための契機の一つとなりうるのではないだろうか。その意味において,「法整備支援学」の試みは,リーヴィーの会長演説の言葉を借用すると,「我々の次のフロンティア」の一つであると思われるのである。

むすびにかえて

一つのディシプリンとして確立してきた政治学のさらなる発展方向を見通すこと,それは興味深い課題であるが,その達成は困難であろう。しかし本稿においては,この困難な問いへの回答をあえて試みた。政治学内部における各研究潮流ごとに,研究手法は明確化されつつあり,その研究対象も分化しつつあった。その状況に変化をもたらす「交錯領域」として,「新しい制度論」が勃興してきたと思われる。本稿では,アメリカの政治学界の内部で見られる潮流間の「交流」への試みをまず取り上げ,それに続いて「実践的課題への取り組み」を,政治学内部での新たな動きの例として紹介してみた。陣営間の分裂が鮮明と考えられるアメリカにおいても,このような動きが起こりつつある。そしてそのことは,各研究潮流間の相違を不鮮明にする「折衷主義」として登場するのではなく,新たな課題の解決のための相互交流の深化として把握可能と思われるのである。

残念ながら，我が国の政治学界では，このような「実践化」への動きはいまだ十分には展開されていないと感じられる。その状況下で，新たに提起されている実践的課題の一つとして，筆者がこの間関わってきた「法整備支援」を紹介してみた。「法整備支援学」の確立への試みは，まず第一に政治学内部での「越境」への試みと位置づけることができよう。一国レベルでの法制度やガバナンスの確立のための，国際的支援体制の確立，というかたちでそれが試みられている。そしてそれらはさらに実定法学者や比較法学者のみならず，法制史や政治史の研究者，民主化論や比較政治学の研究者をも巻き込んだ「学際的なプロジェクト」として進行しつつあるのである。

実践的課題の解決に役立つかどうか，という観点のみから，ある学問の意義を決定することは，あまりに性急な態度といえるであろう。本稿は，パットナムの言う「行動主義」的立場のみを強調するものではない。しかし，「科学主義」の立場から確立した研究手法によって学問的研究成果を蓄積するだけではなく，学際的で新たな実践的課題に取り組むことによって，自己の研究手法の意義と限界とを適宜検討してみることもまた，学問としての新たな発展のためには必要な作業と思われる。その意味において，「行動主義」と「科学主義」との相互作用の中でこそ，政治学の新たな発展方向が見いだされるのではないか，と私自身は考えている。そして，実践的課題の検討作業を一つの契機としながら，政治学内部での「交流」と越境」への試みはさらに進展すると思われるのである。21世紀の初頭において，我が国の政治学界にこのような課題を提示することが，政治学研究の活性化につながることを期待したい。

(1) アメリカの政治学者リックバックによる研究潮流の整理や，「新しい制度論」の文脈における各研究潮流の内容整理等については，以下の拙著を参照。『社会科学の理論とモデル11　比較政治』，東京大学出版会刊，2001年。
(2) Gabriel Almond, *A Discipline Devided: Schools and Sects in Political Science*, Sage Publications (Newbury Park, 1990).
(3) このような研究動向に関して検討している以下の拙稿を参照。「シリーズ　法整備支援のための比較政治学③　『民主化促進』の政治学をめざして－法整備支援の実践を手がかりに－」，2001年度～2005年度　科学研究

費補助金（特定領域研究）「アジア法整備支援－体制移行国に対する法整備支援のパラダイム構築－」（研究代表者：鮎京正訓）研究成果報告書第6巻, 小野耕二・定形衛編『法整備支援と体制移行・比較政治体制論』所収, 名古屋大学法政国際教育協力研究センター（CALE）刊, 2006年.

（4） Elinor Ostrom, "A Behavioral Approach to the Rational Choice Theory of Collective Action: Presidential Address, American Political Science Association, 1997," *American Political Science Review*, Vol. 92, No. 1, 1998, pp. 1-22.

　　以下, この論文を,「オストロム *APSR* 論文」と略記する. なお, この論文は, 加筆修正されたうえで, 以下の著作に収録されているが, 本稿での引用は上記の雑誌論文から行う. Do., "Toward a Behavioral Theory Linking Trust, Reciprocity, and Reputation," in Elinor Ostrom and James Walker, eds., *Trust and Reciprocity: Interdisciplinary Lessons from Experimental Research*, Russel Sage Foundation (New York, 2002), pp. 19-79.

　　なお, この論文の結論部において提唱されている「市民のための政治学」の構想については, 拙稿「政治学の教科書には何が必要か」,『UP』2002年10月号所収, 東京大学出版会刊, で簡単に紹介している.

（5） Robert O. Keohane, "Governance in a Partially Globalized World: Presidential Address, American Political Science Association, 2000," *American Political Science Review*, Vol. 95, No. 1, 2001, pp. 1-13.

（6） Robert D. Putnam, "APSA Presidential Address: The Public Role of Political Science," *Perspectives on Politics*, Vol. 1, No. 2, 2003, pp. 249-255.

（7） 前註2に掲げた拙稿に加え, これに先立つ以下の拙稿をも参照.
拙稿「比較政治学の新たな可能性－アジア諸国の政治をいかに比較するか－」,『比較政治学会年報第6号　比較のなかの中国政治』所収, 早稲田大学出版部刊, 2004年. 本論文は, その註23に記したように,「シリーズ　法整備支援のための比較政治学」の第一論文と位置づけられている.

　　拙稿「シリーズ　法整備支援のための比較政治学②　法整備支援の比較政治学的考察をめざして－E・オストロームの支援論を手がかりに－」, 名古屋大学『法政論集』第206号所収, 2005年.

（8） ここでの引用は, 前掲拙著『比較政治』の「あとがき」内187頁からのものである. 同書内163頁における以下の叙述をも参照.

　　「現在の研究潮流のあいだには, 理論的立場における差異が明確に存在している. その差異を単純に解消してしまうことは,『折衷主義』の危険性を犯すことになり, 理論的深化をもたらさない可能性もある. 各理論の特性を生かしつつ, その欠点を相互に補完するかたちでの理論的協業を図ることが要請されているのである. そしてそれは, 単なる相互批判の作業だけではなく, 分析対象としての政治現象の全体的構図を見据えながら, そ

の包括的認識がどのようにして可能か,という問題の考察を行うことを通じて達成されていくことになろう。」

本稿は,前著の結論部におけるこのような主張を継承したものであり,その意味で『比較政治』の続編,という位置づけを与えられている。そして「各理論の特性を生かしつつ,その欠点を相互に補完するかたちでの理論的協業」の具体的事例が,最近の研究動向に即しながら本稿第2章で紹介されることになる。

(9) 加茂利男「はじめに」,『年報政治学1999 20世紀の政治学』所収,岩波書店刊,1999年,iii − iv頁。
(10) Robert E. Goodin and Hans-Dieter Klingemann eds., *A New Handbook of Political Science*, Oxford University Press (Oxford, 1996).
(11) Ira Katznelson and Helen V. Milner eds., *Political Science: The State of the Discipline*, W. W. Norton for the American Political Science Association (New York, 2002).
(12) I. Katznelson and H. V. Milner, "Preface and Acknowledgments," in *ibid.*, p. xiii.
(13) 前掲拙著『比較政治』,119頁。
(14) この視角の提示と,それに基づく事例研究が収録された著作として,以下のものを参照。Robert H. Bates, Avner Greif, Margaret Levi, Jean-Laurent Rosenthal, and Barry R. Weingast, *Analytic Narratives*, Princeton University Press (Princeton, 1998). この著作に関しては,以下の両雑誌に批判的な書評とコメントが掲載され,それに対して著者たちからの応答がなされている。
   ・*American Political Science Review*, Vol. 94, No. 3, 2000, pp. 685-702.
   ・*Social Science History*, Vol. 24, No. 4, 2000, pp. 653-684.
(15) Vivien Schmidt, "Institutionalism," in Colin Hay, Michael Lister and David Marsh eds., *The State: Theories and Issues*, Palgrave Macmillan (Basingstoke and New York, 2006), pp. 98-117.
(16) Bernard. Grofman ed., *Political Science as Puzzle Solving*, University of Michigan Press (Ann Arbor, 2001).
(17) B. Grofman, "Political Economy: Downsian Perspective," in R. E. Goodin and H.-D. Klingemann eds., *op. cit.*, pp. 691-701.
(18) B. Grofman, "Introduction: The Joy of Puzzle Solving," in do. ed., *op. cit.*, p. 1.
(19) James Mahoney and Dietrich Rueschmeyer eds., *Comparative Historical Analysis in the Social Sciences*, Cambridge University Press (Cambridge, 2003).
(20) J. Mahoney and D. Rueschmeyer, "Comparative Historical Analysis:

Achievements and Agendas," in does. eds., *ibid*., p. 25.
(21)　I. Katznelson and Barry R. Weingast eds., *Preferences and Situation: Points of Intersection between Historical and Rational Choice Institutionalism*, Russel Sage Foundation (New York, 2005).
(22)　I. Katznelson and B. R. Weingast, "Intersections between Historical and Rational Choice Institutionalism," in *ibid*., p. 1.
(23)　J. Mahoney, "Combining Institutionalisms: Liberal Choices and Political Trajectories in Central America," in *ibid*., p. 330.
(24)　筆者もこの共通論題セッションで報告する機会を与えられた。その報告内容については，加筆修正の上，以下の論文として公刊されている。拙稿「日本における比較政治学の現状と課題」，立命館大学『政策科学』第8巻3号所収，2001年刊。
(25)　前註4を参照。
(26)　オストロムは別稿で，オルソンM. Olsonの問題提起を「無貢献テーゼ」と名付けつつ，それを次のように批判している。「無貢献テーゼは，政策の教科書（と多くの現代公共政策）における以下の推論を支えていた。すなわち，諸個人は集合行為問題を克服できず，彼ら自身の長期的な自己利益を実現するためには，外的に強制される規則を必要とする，という推論を。しかしながら，無貢献テーゼは，日々の生活の観察と矛盾する。結局の所，多くの人々は投票し，税金をごまかさず，自発的集団に貢献する。」E. Ostrom, "Collective Action and the Evolution of Social Norms," *Journal of Economic Perspectives*, Vol. 14, No. 3, 2000, pp. 137-138. この論文については，前註5で紹介した拙稿「法整備支援の比較政治学的考察をめざして」の冒頭で触れたことがある。同論文の99頁から100頁を参照。
(27)　筆者は別稿で，ニクラス・ルーマンの信頼論を検討したことがある。ルーマンにおける「信頼Vertrauen, trust」概念と，アメリカの政治学界で議論されている「社会関係資本social capital」概念や「信頼trust」概念との間には，背景となる問題関心や政治学理論内での位置づけなどの点で共通点が存在すると思われるが，両者の理論的連関については明確ではない。オストロム理論における「信頼」概念は，公刊された論文に付された文献リストから見て，フクヤマの『信頼』に依拠していると思われる。オストロムの作成した図については，前註4で紹介したオストロム*APSR*論文の15頁に掲載されている。また，以下の拙稿をも参照。「シリーズ　ルーマンの政治理論②　ルーマンにおける『信頼』論の位置」，名古屋大学『法政論集』第214号所収，2006年。
(28)　オストロム*APSR*論文，18頁。
(29)　R. O. Keohane, *op. cit*. 本稿註4を参照。

(30) *Ibid*., p. 11.
(31) R. D. Putnam, *op. cit*., p. 249.
(32) Stephen Macedo ed., *Democracy at Risk: How Political Choices Undermine Citizen Participation, and What We Can Do About it*, Brookings Institution Press (Washington D. C., 2005).
(33) *Ibid*., p. vii.
(34) Robert D. Putnam, *Bowling Alone: The Collapse and Revival of American Community*, Simon & Schuster (New York, 2000). 柴内康文訳『孤独なボウリング：米国コミュニティの崩壊と再生』、柏書房刊、2006年。なお、civil engagement に「市民参加」という訳語を充てる際には、本訳書を参照した。
(35) 同書内168頁から169頁にかけて、同書で提案した改善案の一覧表が掲載されている。S. Macedo ed., *op. cit*., pp. 168-169.
(36) *Ibid*., p. 19.
(37) Margaret Levi, "APSA Presidential Address: Why We Need a New Theory of Goverment," *Perspectives on Politics*, Vol. 4, No. 1, 2006, pp. 5-19.
(38) *Ibid*., p. 5.
(39) *Ibid*., p. 13.
(40) 『JICA におけるガバナンス支援－民主的な制度づくり、行政機能の向上、法整備支援－』、独立行政法人国際協力機構　社会開発部第一グループ　ガバナンス・ジェンダーチーム刊、2004年11月。
(41) 鮎京正訓「序－開発援助としてのアジア法整備支援」、および同「ベトナムなどアジア体制移行国に対する法整備支援と法学研究の課題」、ともに、2001年度～2005年度科学研究費補助金（特定領域研究）「アジア法整備支援－体制移行国に対する法整備支援のパラダイム構築－」（研究代表者：鮎京正訓）研究成果報告書第1巻、鮎京正訓編『開発援助としてのアジア法整備支援』所収、名古屋大学法政国際教育協力研究センター（CALE）刊、2006年、などを参照。
(42) 前註36で紹介した文献『JICA におけるガバナンス支援』、121頁。
(43) 前掲同書、121頁。
(44) 安田信之「法制協力と法の移植」、同『開発法学：アジア・ポスト開発国家の法システム』所収、名古屋大学出版会刊、2005年、313頁。
(45) 前註3で紹介した拙稿「『民主化促進』の政治学をめざして－法整備支援の実践を手がかりに－」がこれにあたる。
(46) これらの研究動向に関しては、前註5で紹介した以下の拙稿で簡単な検討を行っている。「比較政治学の新たな可能性－アジア諸国の政治をいかに比較するか－」、『比較政治学会年報第6号　比較のなかの中国政治』所収、早稲田大学出版部刊、2004年。

(47) 民主化促進論の研究動向についても，前註3で紹介した拙稿を参照して欲しい。またこの領域における国際的研究動向については，以下の諸業績を参照。

まず，民主化論の研究分野で著名な雑誌である『民主化 Democratization』は，2005年第4号で「外国の民主主義を促進する Promoting Democracy Abroad」と題する特集を組んでおり，その冒頭にはバーネル P. Burnell らによる次の序文が掲載されている。Peter Burnell and Peter Calvert, "Promoting Democracy Abroad," *Democratization*, Vol. 12, No. 4 (August, 2005).

さらに以下の著作をも参照。

Peter Burnell, ed., *Democracy Assistance: International Co-operation for Democratization*, Frank Cass (London, 2000).

Thomas Carothers, *Aiding Democracy Abroad: The Learning Curve*, Carnegie Endowment for International Peace (Washington D. C., 1999).

T. Carothers, *Critical Mission: Essays on Democracy Promotion*, Carnegie Endowment for International Peace (Washington D. C., 2004).

戦後政治における平等の終焉と今後の対立軸

山口二郎＊

はじめに

　2005年9月11日の総選挙における最大の謎は，小泉政権の新自由主義的経済政策———小さな政府や民営化の政策パッケージ———によって損失を被るはずの中流，下流の市民が，なぜ雪崩を打って小泉自民党を支持したかという疑問である。この問いをさらに敷衍すれば，国民が投票判断において「平等という価値から離反して，新自由主義それ自体を支持している」，「価値観は変わらず，新自由主義を支持しているわけではないが，別の要因によって小泉政治を支持している」，といった仮説が浮かんでくる。

　本稿は，まず戦後の自民党と官僚制が築き，維持してきた政策システムにおける平等の意味を振り返り，日本的平等の特徴を明らかにしたい。即ち，小泉首相が否定しようとしてきた従来の再分配の仕組みや平等概念の特徴を捉えることを試みたい。次に，小泉改革によってどのような社会経済状態がもたらされたのか，日本的平等がどのように変容あるいは解体されたかを追跡したい。そして，最後に筆者自身が行った世論調査をもとに，国民の平等観の実態に迫り，その政治的含意について考察してみたい。

　筆者が代表者を務める研究プロジェクト（科学研究費学術創成研究「グローバリゼーション時代におけるガバナンスの変容に関する比較研究」）は2006年1月下旬に，平等や政府の役割に対する人々の意識をさぐるために，東京都（サンプル数約1000人）と北海道（約500人）において世論調査を行った（この調査結果の詳細は，当プロジェクトのホームページ http://www.global-g.jp/report200602/ を参照していただきたい）。この調査は，構造改革

＊　北海道大学法学部教員，行政学

や平等の問題に関して、地域的な温度差がどの程度存在するかを明らかにすることを1つの目的としているため、東京と北海道を比較対象として取り上げた。これはもちろん、筆者が北海道に住んでいるという理由もあるが、それ以上に構造改革をめぐる政治の差異を見る上でこの2つの地域は格好の対照を成していることにもよる。2005年9月の総選挙で、東京都では25の小選挙区の内自民党が23を獲得し、民主党はわずか1議席であった。これに対して北海道では12の小選挙区の内民主党が8を取り、都道府県の中では唯一民主党が過半数を占めた。この点からも、東京と北海道を対比することは興味深い。

この調査に現れた民意を分析しながら、平等や公平という価値をどのように具体的に定義し、それを実現するために政府はどのような役割を果たすべきかという問題が、これからの日本の政党政治においてどのような意味で対立軸を構成するかを最後の部分で考えてみたい。

1 自民党政治と平等

(1) 「成功した社会民主主義」の実態

自民党政権が追求してきた平等という価値の特徴を把握するために、日本の社会経済システムを「成功した社会民主主義」と捉える言説を手がかりにしたい。日本の社会経済システムのどこが社会民主主義的であるかを明らかにすると同時に、西ヨーロッパにおける社会民主主義との違いを明らかにすれば、日本における平等の意味がよりよく理解できるであろう。

成功した社会民主主義という主張は、次の二つに要約できる。第一に、日本では所得分配がかなり平等で、戦後の経済成長の中で、生活様式や生活水準に関して平準化された社会を作り出した。1980年代の中ごろには、一億総中流社会という言葉も現れた。第二に、規制や公共事業を通して経済に対する行政の介入、干渉が大きく、純粋な市場経済ではない。また、成功した社会民主主義論には、経済のグローバル化の趨勢の中で、こうした社会民主主義的なモデルは時代遅れになりつつあるという否定的な含意も存在する。では、日本の経済社会はいかなる意味で社会民主主義的なのであろうか。

社会経済システムの特徴をとらえるために、ここではリスクの社会化-

個人化，裁量的政策－普遍的政策の二つの軸によって社会経済政策を類型化してみたい[1]。リスクの社会化，個人化とは，病気，失業，倒産など人間が生きていくうえでかなりの確率で遭遇する不幸や災難について，また子供の教育や老親の世話，就職，住宅の取得など誰しも同じように直面する課題について，個人で対応するのか，社会全体で危険や困難を分散するのかという対立である。リスクの配分は，個人に対してのみならず，地域についても当てはまる。地域間でリスクを社会化すれば，貧困や自然災害が特定の地域に偏らないように地域間の再分配を行うということになる。他方，リスクを個々の地域で引き受けるならば，地域ごとにそこで上がってくる収入によって地方政府を経営すべきということになる。

　リスクの個人化という理念に立てば，人は自分の生活にすべて責任を持つべきだということになる。また，活動の結果得られる富や利得についても，すべて個人が獲得すべきということになる。したがって，不時の災難に対する備えや老後の生活については個人で貯蓄などをして対応すべきということになる。この考え方からは，政府は個人の活動に干渉しないことが望ましいという政策理念が導き出される。そして，具体的には減税や規制緩和など小さな政府の路線がこの理念に基づく政策となる。また，地域間では財政調整をしないということになる。先進国の中では，アメリカがこの考え方による社会経済システムを構築している。そこでは，成功した企業家は天文学的な数字の富を手に入れる一方，国民の２割近く，４千万人以上の人々が医療保険に加入できないという状況が放置されている[2]。

　これに対してリスクの社会化という理念は，先に挙げた困難や試練は，人間が等しく遭遇する可能性があるもので，特定の人だけに困難が集中することは望ましくないという考えに立つ。その種の問題は他人事ではないと考えるわけである。そして，みんなでコストを負担した上で，危険や災難を分散させるための制度を作るという発想につながっていく。あるいは，子育てや親の介護など，ほとんどの人間に共通する課題については，社会全体でその取り組みを容易にするための土台を作ろうという発想になる。具体的には，健康保険，公的年金，介護保険などの社会保障政策，無償の義務教育などの政策がリスクの社会化という発想に立つものである。また，地域間ではナショナルミニマムを全国で確保するために，富裕な地域と経済的に貧しい地域の間で財政調整を行うという仕組みをとることになる。

先進国の中では，西ヨーロッパの国々がこの考え方で社会経済システムを構築している。

　もう一つの軸，裁量と普遍という対立は，政府が社会，経済に関与する際の政策手段の特徴を捉えるための軸である。普遍的政策とは，政府の行動についてルール，基準が明確であるような政策である。サービス給付型の政策であれば，たとえば義務教育や公的年金のように，年齢，病状等の客観的な基準によって受給者資格者が定義され，同じような需要を持つ人には同じようなサービスが供給される。規制型の政策であれば，規制の根拠となるルールが明確であり，行政機関がスポーツの試合における審判のように公正，公平にルールを適用する。

　これに対して裁量的政策とは，そのようなルールや基準が存在しない政策のことを意味する。サービス給付型の政策であれ，規制型の政策であれ，権限，財源を持つ官僚組織の裁量によって政策の中身が大きく左右されるような政策を裁量型の政策という。給付型の政策であれば，一定額の補助金をどの地域に配分するか，税の減免措置をどの業界に対して与えるかといったことが裁量的政策のテーマとなる。規制型の政策であれば，規制の根拠となる法律があいまいであって，具体的な規制はすべて通達や行政指導によって行われるようなものが，裁量的政策の典型である。

　この二つの軸を組み合わせることによって，図1のような社会経済政策の類型化が可能となる。第2象限に位置づけられている戦後日本における

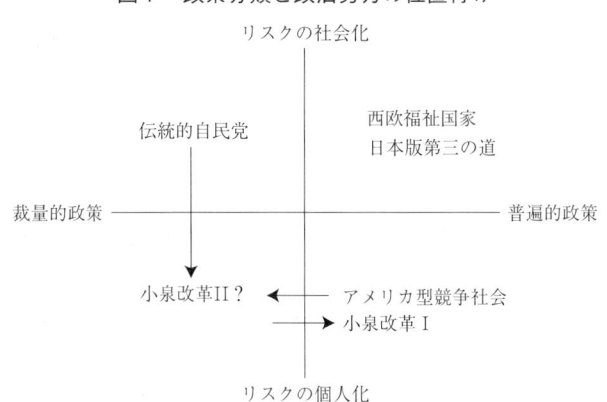

図1　政策分類と政治勢力の位置付け

リスクの社会化

伝統的自民党　　　　　西欧福祉国家
　　　　　　　　　　　日本版第三の道

裁量的政策　――――――――――――　普遍的政策

小泉改革II？　←―　アメリカ型競争社会
　　　　　　　――→　小泉改革I

リスクの個人化

リスクの社会化システムが裁量的政策によってきたことは，次に詳しく述べる。また，本稿では詳しく論じないが，結論だけを述べるなら，小泉改革は基本的にリスクの個人化を目指したものである。この改革は，収益性や効率性という基準によって公共サービスを再編成することを目指すという部分について，図の第4象限に位置づけることが可能である。また，道路公団改革の際に見られたように，基準が曖昧で族議員や官僚の既得権が温存された事例については，裁量的政策を残すという意味で第3象限に位置づけることができる。また，基準が明確なリスクの社会化の仕組みは，第1象限に位置づけることができる。

(2) **自民党政治と平等**

この図を参照しながら，戦後日本において自民党政治はいかなる意味での平等を追求したかを検討したい。戦後日本の社会経済政策を考えるためには，自民党政権が平等という価値をどのように推進したのかを明らかにしておく必要がある。戦後日本の社会経済政策について，社会主義とか社会民主主義という連想が働いたことは，理由のないことではない。自民党政権はある意味で，平等の達成に熱心であった。ただしそこで言う平等は，国土の均衡ある発展という自民党の大スローガンに示されているように，もっぱら空間的な意味での平等であった。すなわち，都市と農村との格差を埋めて，全国どこにいても一定水準の生活ができるような社会経済環境を整えることこそ，自民党にとっての平等だったのである。

したがって，成功した社会民主主義といっても，日本の政策体系は本家の西ヨーロッパとは異なる。西ヨーロッパの場合，平等は階級，階層間の平等を意味するのであり，それを実現するための政策は労働組合の強い政治的影響力のもとで，社会保障，雇用，住宅など普遍的な社会政策という形で実現された。

日本においても国民皆保険制度など普遍的な社会保障政策は存在している。しかし，図2に示すように国民経済に対する社会保障の比重はヨーロッパ諸国よりもはるかに低い。

空間的な平等を実現するための重要な手段は，経済・財政基盤の弱い周辺的な地方に対する財源の移転の仕組みと，農村部の地方において生活基盤を整備し，雇用を創出するための公共事業であった。また，地方におけ

図2　社会保障給付費の国際比較（1998年）
社会保障給費費の国内総生産比（％）

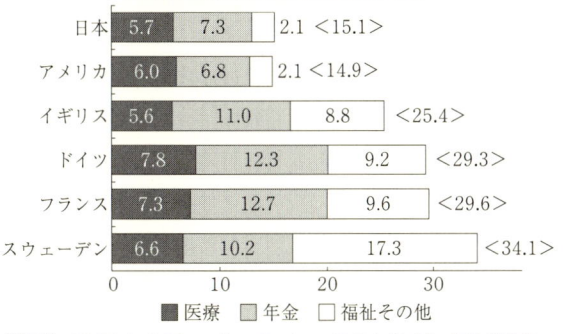

国	医療	年金	福祉その他	合計
日本	5.7	7.3	2.1	<15.1>
アメリカ	6.0	6.8	2.1	<14.9>
イギリス	5.6	11.0	8.8	<25.4>
ドイツ	7.8	12.3	9.2	<29.3>
フランス	7.3	12.7	9.6	<29.6>
スウェーデン	6.6	10.2	17.3	<34.1>

〔資料〕　OECD, Social Expenditure Database, 2001 に基づき、厚生労働省政策統括官付社会保障担当参事官室で算出。
（注）　国内総生産は、日本：内閣府「平成15年版国民経済計算」、諸外国：OECD, National Accounts 2002 より。

る主要な産業である農業，流通業などについては護送船団方式といわれる規制と保護の仕組みが維持されてきた。

　財源移転の仕組みとしては，地方交付税と補助金がある。このうち，補助金の多くは公共事業の財源であり，これは裁量的政策の典型例である。即ち，多くの地方自治体が補助金を求めて陳情を行ってきた。補助金の箇所付けは官僚の裁量によって左右され，政治家による圧力や官官接待といった悪習がそこにはびこることになった。補助金獲得こそ，与党の政治家にとっての最大のテーマであった。

　地方交付税は，建前においては普遍的政策である。人口，面積などの客観的な指標に基づいて各自治体について基準財政需要額を算定し，それと自治体の収入との差額を補填するのが地方交付税の本来の姿である。しかし，交付税には特別交付税という別枠があり，これは裁量的政策である。たとえば，北海道では米軍の演習地の移転に反対した町が狙い撃ちのように特別交付税を減額されたという事例があった[3]。また，90年代以降，交付税本体も裁量的に運用されている。バブル崩壊以後，景気対策を進める観点から自治体の借金による公共事業について，その償還財源を地方交付税で面倒を見るという形で運用された。即ち，ナショナルミニマムを確保するための財源保障という交付税本来の趣旨がゆがめられ，基準財政需要が恣意的，裁量的に操作されたのである。

護送船団方式の規制は，明確な法律根拠に基づかない，官僚による事実上の権力行使によって展開されてきた。そこでは，行政指導という手法が多用され，業界団体と監督官庁の間には，相互浸透とも言うべき現象が起こった。競争力の弱い業界を，競争から遮蔽するという規制政策によって，地方ではそれらの業界で雇用が確保された。

　自民党が空間的な平等に熱心であったことには理由がある。自民党の有力政治家の大半は農村部選出で，都会並みの便利で豊かな生活を実現したいという地方住民の欲求を実現することこそ，彼らの政治的使命であった。人間は生まれる場所を選べない。貧しい地域に生まれるというリスクを社会全体で負担することが，自民党政治のスローガン，国土の均衡ある発展の意味であった。そして，それぞれの地域が地元選出の政治家を使って，地元への政策的恩恵を求めて行動することこそ，自民党の政治家およびその後援者にとっての戦後民主主義であった。その意味では，自民党の利益政治には社会主義の要素が入っているということもできる。田中角栄の地元後援会「越山会」には，かつて新潟県南部の激しい農民運動を支えたリーダーが加わった。そのことに示されているように，自民党による利益政治が経済的平等を実現したという側面もある[4]。

　日本の社会経済システムについて，「社会民主主義」という連想を招いた一因として，公共投資，規制などの形で官僚による干渉や介入が大きいという理由がある。介入や干渉は民間の自由な活動を規制したが，同時にこうした活動が日本的平等に貢献したことも確かである。かつての建設省や農林水産省は巨額の公共事業予算を使ってきたが，その消化先は地方に偏っていた。これらの省は自民党の族議員と協力して国土の均衡ある発展に邁進してきたのである。極端な事例としては，公共事業をめぐる談合は，地方における零細建設業者を保護する上で，重要な仕組みであった。

　また，流通，金融，輸送などのサービス業は，製造業を持たない地方における雇用の重要な源であったので，護送船団方式の規制も，地方に規制の受益者が多かったということができる。さらに，地方交付税と補助金を軸とする財政面での中央地方関係も，自治体に対する護送船団方式の規制を意味していた。財政面での中央政府による統制は，政策的な意味での自治を抑制したが，この仕組みは地方にとって「安楽な集権体制」という性格も持っていた。

このように，規制と公共事業の両面で官僚が権限や予算などの省益を追求することが地方に対する恩恵をもたらし，とりわけ空間的な意味での社会の平準化に貢献したのである。

　こうした平等化の政策の中で，大都市圏の競争力を持った企業で働いていた労働者は置き去りにされていた。むしろ，住宅政策や都市における交通政策の貧困のせいで，彼らは重い住宅ローンや通勤地獄といった形の自己負担を強いられた。しかし，経済成長が継続した時代，企業が従業員に対する福祉の主体となって，政策の不足を肩代わりした。長期安定雇用，福利厚生などによって，労働者も社会的平準化の恩恵に浴した。

(3) 平等の代償

　裁量的政策によって平等を実現したことは，他面において平等と公平を切り離すという結果をもたらした。同じように政策的な支援を必要としている人や地域が存在しても，裁量的政策はその中のある部分に対してのみ恩恵をもたらす。したがって，裁量的政策は弱者を同じように支援するとは限らない。同じように困窮する不便な町があっても，これらの町が同じような公共事業費を獲得できるとは限らない。巨視的に見れば，戦後日本においては地域間格差の是正や所得の平準化が進んだが，地域や業界ごとに，より政策的支援の手厚い部分と，そうではない部分との差異は存在した。先ほどの図式を使うならば，同じようにリスクに直面していても，より手厚くリスクから遮蔽される地域や業界団体と，相対的にリスクに曝される地域や業界との差が存在した。むしろ，自民党政治はそうした差異を，政治的支持を引き出すためのエネルギー源としてきた。裁量的政策をより多く獲得するために，自民党支持の大きさを地域や業界が競うという構図が成立したのである。

　それは，裁量的政策の決定過程が不透明であり，ルールや基準が存在しないためである。だからこそ，地元や業界を代表する政治家が政策の決定過程に介入し，斡旋や口利きを行ったのである。政官業の癒着はすべて裁量的政策を舞台としてきた[5]。

　個別の地域や業界に対する利益配分がたちまち既得権と化し，制御不能となるという弊害は，現代民主政批判の中ではおなじみのものである[6]。日本では，裁量的政策の比重が高いこと，政策過程が不透明なことによっ

て，このような弊害がいっそう深刻になったということができる。そして，政策による平等や再分配が，腐敗，不明朗，不公正といった否定的なイメージと結びついたことも指摘できる。こうした議論は，疑獄，汚職事件の際に間歇的に現れた。このように，自民党政治が追求した平等に微妙な差異が伴っていたということが，21世紀初頭における日本人の平等観に大きな影響を与えることになる。

2 現代日本における格差の拡大と平等批判

(1) 新自由主義的構造改革と日本的平等への批判

現代の民主政治における1つの大きな疑問は，小さな政府路線によって害を受けるはずの人々——世間で言うところの負け組やその予備軍——が，なぜ自らに不利な政策を推進する新自由主義を掲げる政治勢力を支持するのかという疑問である。言い換えると，格差を付けられた人々が，なぜ平等という価値を求めないのかという疑問でもある。

1つの説明として，小さな政府路線を進める政府の審議会や，それに近いメディアが伝える「日本的平等」に対する批判が，社会に浸透したということができるのかもしれない。

日本における平等は，先に述べたようなひずみを抱えてきたことは，現在の新自由主義的改革の論拠と密接に関連している。裁量的政策は常に政治的圧力の標的となる。そして，弱者保護や平等という大義名分で作られた制度も，やがて既得権となり，政官業の癒着の温床となる。90年代末の経済戦略会議から小泉政権の経済財政諮問会議に至るまで，最近の経済政策のブレーン集団は，日本においては過度な平等志向が逆に不公正や不公平をもたらしているという批判を行ってきた。

たとえば，『経済戦略会議』は1999年2月に報告した「日本経済再生への戦略」の中で，次のように述べている。

> 「規制・保護や横並び体質・護送船団方式に象徴される過度に平等・公平を重んじる日本型社会システムが公的部門の肥大化・非効率化や資源配分の歪みをもたらしている。このため，公的部門を抜本的に改革するとともに，市場原理を最大限働かせることを通じて，民間の資本・労働・土地等あらゆる生産要素の有効利用と最適配分を実現させ

る新しいシステムを構築することが必要である。」

「日本経済の活力再生には，経済的・財政的に疲弊している地方の自立を促す制度改革が必要なほか，努力した者が報われる公正な税制改革や創造的な人材を育成する教育改革など個々人の意欲と創意工夫を十二分に引き出す新しいシステムの構築が不可欠である。」

(http://www.kantei.go.jp/jp/senryaku/990226tousin-ho.html)

補助金や護送船団型規制で守られているのはエセ弱者であり，これらの人々が持つ既得権が聖域となることで，社会には実質的な不平等が広がるというわけである[7]。また，政府が社会や経済に対する関与を縮小し，成功した者が多くの富を得ることが「公正」ということになる。農村地域への財政支援も，建設業や中小企業の保護も，悪平等をもたらすという批判は，小泉改革の背景に存在してきた。だからこそ，競争原理の導入や小さな政府という処方箋が平等や公平をもたらすということになる。このような論理は，小泉政権の下でも，経済財政諮問会議などによっていっそう強力に打ち出されてきた。

この種の議論は，一定の説得力を持つ。日本的平等を作り出した社会システムは，「囲い込み社会」とも呼ぶべきものであった。企業であれ，業界であれ，地域共同体であれ，そこに囲い込まれることに異議を唱えない人には，ある程度の結果の平等が確保されてきた。しかし，その反面で日本的なコンフォーミズムや談合などの弊害も存在した。また，日本的平等はパターナリズムと表裏一体であった。職場であれ，業界であれ，地域社会であれ，既存の秩序に従順である限り，長期安定雇用，業界の共存，公共投資による地域振興策などの形でリスクからの保護が与えられてきた。それは他面で，自立した生き方を求める個人や自治体にとっては，息苦しいものであった[8]。

したがって，小さな政府による政策の縮小は，囲い込み社会からの解放という側面もある。そもそも囲い込み社会から外れていた，あるいはかつて所属していたがはじき出された人々にとっては，囲い込み社会は特権の体系に映る。その解体は公平や平等をもたらすように見える。また，囲い込み社会が醸成した日本的なコンフォーミズムや，透明度の低い仕組みに反感を持つ人々にとっても，その解体は歓迎すべきこととなる。

こうした「日本的平等」批判は，たとえば『日本経済新聞』を日常的に

読むような，日本的な規制の中で押さえつけられてきたという感覚を持つビジネスマンからは共感を得るであろう。しかし，非正規雇用に甘んじる比較的若い人々や，規制緩和によって淘汰された側の自営業者やサラリーマンは，このような洗練された平等批判に共鳴するとは考えにくい。特に小泉政治が始まってからの平等批判の変化や展開について，さらに検討する必要がある。

(2) 政治化する不平等と政治化しない不平等

ここで説明仮説としてあげたいのは，第1に政治化する不平等と政治化しない不平等の区別，第2にリスクを社会化する仕組みの機能不全がもたらした不平等実感の変化である。

第1の論点は，格差や不平等が政治的な力を使って是正すべきものとして映るのか，人の世の常としてある程度やむを得ないものとして映るのかという，認識の枠組みに関わる。かつての経済発展の時代においては，先に経済成長した大都市部と，遅れた農村部との地域間格差は，大きな政治的テーマとなった。しかし，21世紀の初頭においては，貧富の格差が必ずしも政治的テーマとなるとは限らない。むしろ，経済のグローバル化やそれに伴う競争の激化が所与の前提として受け入れられると，時流に棹差して儲けた勝者と敗者との巨大な格差は必然の結果として受容される。およそ到達不可能な格差は政治的なテーマとはならない。しかし，身近にある微妙な格差は政治的なテーマとなりうる。たとえて言えば，六本木ヒルズに蟠踞するベンチャー長者はあまりにも遠くの存在で嫉妬の対象にもならないが，比較的身近にいる公務員が受けている厚遇は大きな不平等と映り，それは政治的な問題となりうる。2005年9月の総選挙で，小さな政府や「官から民へ」というスローガンが都市部で威力を発揮したのはこうした理由が作用していると考えることができる。

高度成長期においては，大都市部が先行して豊かになっていたことは明らかであったが，豊かさは地域や階層を越えてすべての日本人に共有可能であるという希望が存在した。何より，政治家の言説がそれを流布した。しかし，小泉政権時代には政府はむしろ，政治の力によって豊かさを実現することを否定する。IT長者の豊かさは政治によってもたらされるべきものではなく，各人の努力によって実現されるものである。したがって，

勝ち組とその他大勢との格差が政治問題となることはない。むしろ，公務員や公共事業に依存する地方の建設業者など，政府に依拠して安全と安定を確保している人々は，主体的な努力なしに一定の豊かさを獲得している人々であり，排斥の対象となる。したがって，公共部門から利益を得ている人々とそうではない人々との格差が政治問題化しうる。

　第2の論点は，公共セクターの位置づけの転換にかかわる。行政国家の形成にかかわる教科書的な説明においては，19世紀後半から20世紀にかけて資本主義経済が発展し，資本家と労働者の格差が拡大したことが政府機能の拡大の背景要因とされている。不平等があまりにも大きくなると，労働者階級の不満が高まり，資本主義体制自体が不安定化するので，社会政策や所得再分配によって不平等を縮小することが必要となり，その点で政府の役割が広がると説明されてきた。公共セクターは社会を平等にするために任務を拡大してきたのである。

　しかし，21世紀の日本ではむしろ公共セクターが不平等を拡大しているように見えるという逆転現象が起こる。たとえば，国民皆保険の制度は医療サービスや老後の生活というリスクについて，これを社会全体に分散し，国民の間にある程度の平等を確保するという目的で創設された。しかし，非正規雇用の下で年収300万円程度の低賃金労働をしている現役世代の人々にとっては，年金や医療の保険料の支払いが単なる搾取にしか映らないのも当然である。現役世代は自らが高齢に達したときに年金をもらえるとは期待しておらず，年金保険料は現在の高齢者への所得移転に過ぎないと受け止めている。また，若い世代は医療サービスを必要とすることが少ないために，医療保険の支払いも頻繁に医療サービスを利用する高齢者への補助と映る。

　公的社会保険に限らず，地方交付税，農業などの弱体産業の保護などについて同じような構図が当てはまる。そこにおいては，都市の納税者や消費者の負担によって，特定の弱者と称される人々が保護されているという仕組みが存在する。非正規雇用の低賃金労働者も実際は弱者であるが，日本では政策的に保護される弱者と放置される弱者が存在する。保護されない非正規雇用の弱者は，自らを保護しない政府や，非正規雇用によって賃金コストを節約している経営者を恨むのではなく，自分たちよりも手厚い保護を受けている人々に反発する。

こうして，本来リスクを社会化すべき公的な政策が，むしろ局部的には不平等を作り出しているという認識が広まった点に，負け組が新自由主義を支持している理由があると考えられる。

(3) リスクの普遍化と格差の拡大

しかし，21世紀初頭の日本では，公共政策によるリスクの管理機能が著しく低下し，そのことが格差の拡大をもたらしている。この状況は，リスクの普遍化と呼ぶことができる。突然の失職や収入の低下，身近な人の介護，大きな災害などに直面して，安定した生活を継続できなくなる人が，ひたひたと増えている。これまではそのような心配と無縁であった人々を含めて圧倒的多数の日本人にとってこうしたリスクは他人事でなくなった。なぜこのような現象がすすむのか。家族や雇用をめぐる社会構造変容や自然環境の変動が根底にある。しかし，リスクの顕在化を生んでいるより直接的な要因としては，本来こうした変化に積極的に対処してリスク管理をすすめるべき政府が，市場主義的改革に邁進しその役割を極小化するなか，人々がいわば生身でリスクに晒されつつあることである。

具体的に言えば，人々は大きく分けて4つのリスク群に直面しつつある。

第1は，日本的セーフティネットの崩壊である。企業における長期安定雇用，地方に対する財政支出と公共事業，談合や護送船団方式の規制による業界保護，これらの制度慣行はすべて弱者を保護し，社会経済的平準化に寄与してきた。しかし，経済のグローバル化や規制緩和，財政緊縮などの変化の前に，これらの仕組みが崩壊している。それにより雇用は不安定化し，地域経済は脆弱になっている。

第2は，家族機能の縮小がうみだすリスクである。従来の日本的セーフティネットは，男性稼ぎ主の雇用と所得をつくりだす一方で，育児や介護については，いわば「含み資産」として安定した家族の役割に頼っていた。したがって，家族の揺らぎは，日本的セーフティネットの解体を促進すると共に，その崩壊の効果をより深刻なものとしたのである。高齢化がすすむなかで人生晩年期のリスクが高まり，また雇用が不安定化し若者が結婚できないなどの次世代育成にかかわるリスクが大きなものとなっている。

第3は，民のモラルハザードである。防衛施設庁などで起こった天下りと談合のセット，社会保険庁などの腐敗は官のモラルハザードであり，こ

れに憤激した国民は小泉政権の言う「官から民へ」というスローガンを支持した。しかし，耐震偽装やライブドアの粉飾事件は，社会的規制が緩まり利得最優先の行動が黙認されるとき，民もまたモラルハザードを起こすことを物語っている。官のモラルハザードは国民全体に広く薄く損害を及ぼすのに対して，民のモラルハザードは，たまたま不心得な企業と取引をした人々に直接甚大な損失をもたらす。民のモラルハザードは，人々の資産価値を一夜にして無にするというリスクをもたらす。

　第4は，自然災害や環境破壊のリスクである。地球環境の変動とともに，台風や豪雪のリスクが目に見えるようになった。ここに市場主義的改革の帰結が作用する。地域社会の空洞化は災害に対する危機管理能力の低下をもたらし，2006年冬には雪害によって百人以上の死者を出すという事態につながっている。また，格差社会のなかでは低所得層ほど災害の被害が甚大であることは，ハリケーン・カトリーナの爪痕をみれば明らかである。巨大な災害リスクに対応するのは政府にしかできない仕事である。これに関連して指摘しておきたいのは，市場主義のメッカであるアメリカ東北部は，地震や台風などの災害の心配がまったくない地域だということである。平時には無駄となる防災投資など必要としないからこそ，安心して効率化を徹底できるのである。

　この4つのリスク群は，相互に結びつきながら日常化しつつあるが，この現象は格差の広がりのなかですすんでいる。収入や資産によってリスクに対する耐性は大きく異なる。ミニバブルを起こす主体となっている裕福な層は，教育，医療，老後の生活などについて公的サービスを必要とせず，自らのリソースで対処できる。しかし，社会の大半の人々は，いったん自らが職を失う，親が要介護状態になる，子供が引きこもりになるなど，決して珍しくはないリスクに襲われると，途端に苦しい生活に転落する。つまり，格差拡大の効果はリスクの普遍化のなかで増幅されていく。

3　平等感の連続と変化

(1)　戦後日本の平等と「努力原理」型公正観

　リスクの普遍化という状況の中で，格差や不平等はいかなる意味で政治争点となるのであろうか。つぎに，われわれが行った世論調査をもとに，

国民の平等観の連続と変化を検証してみたい。

まず、格差や二極化に対する評価を問うたところ、囲い込み社会の解体が即ち雇用の不安定や地域社会の衰退につながっている北海道では、3分の2近くが「努力が報われない不平等な社会になっている」と答え、約3割が「能力しだいで豊かになれるよい社会になっている」と答えた（図3、表1）。これに対して東京では、前者の否定派が54パーセントに対して、後者の肯定派が40パーセント存在し、両者の差は小さくなっている。特に、東京の20代では肯定派が56パーセントに上っている。東京においては、囲い込み社会の解体を新たなビジネスチャンスや個人の解放として肯定的に捉える人がはるかに多いことが分かる。当然予想されることではあるが、小泉政権時代に日本がよくなったと答えた人、自らの暮らし向きが上向きだと答えた人の多くは、日本の現状を能力しだいで豊かになれるよい社会と答えている。この点は、小泉政治に対する大都市と地方との受け止め方の違いをもたらした要因のひとつであろう。

人々がもつ「あるべき平等」のイメージには大きな特徴がある。「できるだけ平等な社会が望ましい」、「生まれや育ちは

図3　Q．格差の拡大や二極化という現象が指摘されていますが、どう思いますか

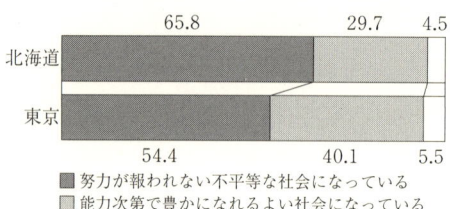

	努力が報われない不平等な社会になっている	能力次第で豊かになれるよい社会になっている	無回答
北海道	65.8	29.7	4.5
東京	54.4	40.1	5.5

表1　図3の質問に対する東京都の年代別小泉政権評価とのクロス

		努力が報われず不平等な社会になっている	能力しだいで豊かになれるよい社会になっている	無回答
格差の拡大・二極化現象が社会に与えた影響	20代	41.6	56.7	1.7
	30代	51.1	42.2	6.7
	40代	52.8	38.9	8.3
	50代	66.2	31.2	2.6
	60代	65.5	27.2	7.3
	70代以上	53.4	37.7	8.9
小泉政権の5年間の日本の変化	ますます良くなっている	30.6	62.0	7.4
	良いままが続いている	34.4	61.2	4.4
	悪いままが続いている	71.2	25.2	3.6
	ますます悪くなっている	85.6	10.6	3.8
	無回答	35.5	39.9	24.6

違うので格差はやむをえない」、「努力の結果の格差ならば仕方がない」という三つの選択肢のうち、どれを支持するかを問うたところ、東京でも北海道でも7割前後が努力の結果ならば格差が生じても仕方ないという考えを示した（図4）。つまり、「結果の平等」に対する支持は、大都市でも地方でもほとんど存在しない。他方で、「生まれや育ち」に由来する格差も支持されない。

図4　Q．あなたの考え方は次のうち、どれに最も近いですか

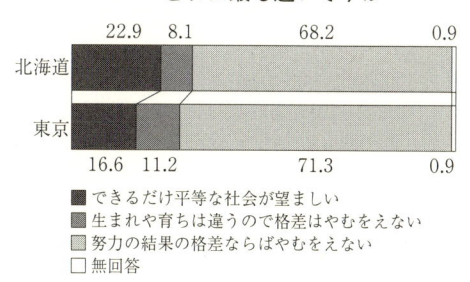

北海道　22.9　8.1　68.2　0.9
東京　16.6　11.2　71.3　0.9

■ できるだけ平等な社会が望ましい
■ 生まれや育ちは違うので格差はやむをえない
□ 努力の結果の格差ならばやむをえない
□ 無回答

　日本人の公正観における「努力原理」の強さは、わが国の社会移動と社会階層をめぐる最も有力な調査であるSSM調査などでも指摘されてきたものである。もともと近代日本には、努力を尊ぶ業績主義（メリトクラシー）の文化が存在し、たとえば受験競争の原動力ともなった。また、「長期所属を促し移動を結果として抑制する諸々のシステム」、我々の言葉で言えば囲い込み社会が、結果よりもプロセスで投入される努力量を重視する考え方を育てたというという見方もある[9]。

　こうした「努力原理」の強い公正観は、現在はむしろ、フリーライダーの影がちらつく日本的セーフティネットや囲い込み社会への批判に向けられている。しかしだからといって、こうした公正観が、市場主義にマッチした考え方であるとは限らない。各人のパフォーマンスと処遇を厳密に対応させることより、社会に参加して努力を怠らないことを重視する考え方は、新自由主義的言説とのズレも内包している。むしろ、広範な人々の社会参加のための支援を目指す「第三の道」あるいは「ソーシャル・インクルージョン」的な社会像のほうが適合的だと言うこともできるのである。

　従来の平等化装置の解体をある程度歓迎する人々が存在し、結果の平等についてはきわめて否定的な国民意識という前提で、これからいかなる意味の平等を追求すべきなのか、そして政府はその中でどのような役割を果たすべきか、さらに考察を加えたい。

図5　Q. 政府のあり方として2つのタイプがあります。どちらが望ましいと思いますか

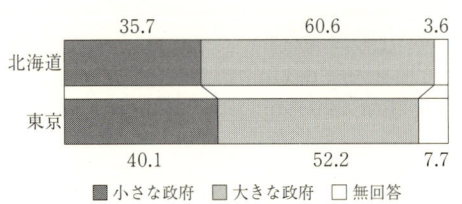

北海道　35.7　60.6　3.6
東京　40.1　52.2　7.7
■小さな政府　■大きな政府　□無回答

(2) 政府に何を期待するか

今回の調査では,「大きな政府」と「小さな政府」のどちらを望むかという直截的な質問を行った。その結果は,東京でも北海道でも大きな政府が過半数を占めるというものであった（図5）。

実は,2005年9月の総選挙さなかの朝日新聞世論調査でも,「小さな政府に期待する」と答えた人は34パーセントに止まり,「不安を感じる」と答えた43パーセントを下回っていた。

この結果を意外とする向きもあるかもしれないが,国民は小さな政府を強く支持しているという主張には,はっきりした根拠はなかった。たとえば2005年の『経済財政白書』は,「国民は大きな政府をあまり希望していない」としているが,その論証は弱い。依拠した調査は,「潜在的国民負担率が45パーセントであることを知っていますか」「将来の潜在的国民負担率が50パーセント後半にまで達することを知っていますか」とたたみかけ,最後に「潜在的国民負担率を50パーセント程度に抑制するとの政府の目標は適当だと思いますか」と聞くものである。これに73.3パーセントの人が「負担率が大きすぎる」と答えていることから,国民は大きな政府を希望しないという結論が導き出されるのであるが,いかにも強引である。

人々は,有効に機能する政府であれば「大きな政府」も厭わないと解釈するのが自然ではないだろうか。しかし,現実の政府が有効に機能しているかについては,懐疑的な見方が多い（図6）。「非効率でムダが多い」「公務員が多く税金が重い」と多くの人々が考えている。まさに,政府に対する見方はねじれているといえよう。

実際には公務員の数は,日本の場合,政府系公社の従業員数を含めても就労人口の9パーセント程度である。30パーセントを越えるフランスと比べればもちろんのこと,アメリカの14パーセントと比べても少ない。一般政府支出の対GDP比率は37パーセント程度でOECD諸国では下から6番目である。にもかかわらず,決して小さな政府志向ではない人々が,「公務員が多い」と答えている。人々が,囲い込み社会を支える行政について不

信をもち「重さ」を感じていること、また政府の実際の活動と自分たちのニーズのズレを強く感じていることを窺わせる。

それでは人々は政府の役割に何を期待しているのであろうか、今後の社会保障の中身としては、現役世代に対する支援を期待する声が多いことも分かった

図6　Q．政府の仕事ぶりについてどのようなイメージを最も強くもっていますか

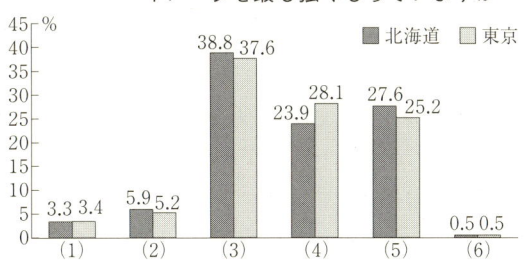

北海道　東京

(1) 3.3　3.4
(2) 5.9　5.2
(3) 38.8　37.6
(4) 23.9　28.1
(5) 27.6　25.2
(6) 0.5　0.5

(1) 献身的に働いている
(2) 尊大で偉そう
(3) 非効率的でムダが多い
(4) 公務員が多く税金が重い
(5) 市民のしてほしいことをきちんとしていない
(6) 無回答

(図7)。「高齢者の年金や介護」を望む声が単独では多いが、「若い親の子育て」や「若者の自立、就職」を挙げる人がかなりの数に上った。とくに女性では、「若い親の子育て」が「高齢者の年金や介護」をわずかながら上回った。こうした結果は、日本で進行するリスク構造の転換やそれと関連した格差の広がりと関連させて解釈できる。

いくつかの分析が示すところによれば、格差の顕在化は、むしろ若い世帯で目立っている。世帯主年齢別のジニ係数は、たしかに高齢世帯が大きいが、年度ごとに追うと、高齢世帯のそれが低下傾向にあるのに対して、20代から40代の世帯で増加している。家族機能の縮小や雇用の流動化が、若い世帯の低所得リスクを拡大していることの表れであろう。今年初め、東京と大阪で児童の4人に1人が就学援助を受けていることが報じられ衝撃を与えたが、これは子育て中の世帯が直面する低所得リスクが背景にあろう。にもかかわらず、社会保障の給付は、年金や高齢者医療などに比べて、現役世代支援は

図7　Q．社会保障は誰に対してどのようなサービスを最も行うべきだと思いますか

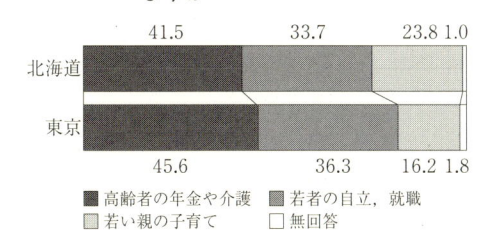

北海道　41.5　33.7　23.8　1.0
東京　　45.6　36.3　16.2　1.8

■ 高齢者の年金や介護　■ 若者の自立、就職
□ 若い親の子育て　　　□ 無回答

きわめて不十分である。こうした社会保障の制度編成と新しいリスク構造のズレは，OECD諸国全体に見られるが，日本の場合は，雇用と家族に依存する度合いがとくに高かった分，このズレが甚だしくなってしまったといえる。

　今日の福祉改革論議のなかで，「人生前半の社会保障」の充実が説かれているのはこの意味で重要である。ただし，単に高齢世代からリソースを奪い取って現役世代に回す，というゼロサム的発想であってはなるまい。現役世代に対する就労，生涯教育，子育て等の支援は経済を活性化させる。このことは社会保障でもこの部分が手厚い北欧経済の活況をみれば明らかである。そして現役世代の活力が高まれば，それは高齢世代を支える財源を生みだす。調査に表れた民意に応えるためには，社会保障をめぐる発想の転換が求められる。

(3)　国の形と平等

　今回の調査では，日本政治における大目標であった地域的平等についても質問してみた。小泉政権の構造改革の中では，財政面での地方分権という名の下で，地域間の再分配の縮小が進められ，地方自治体が自己責任を取ることが要求されている。地方交付税の財源保障機能の見直し，地方債における市場原理の拡大，公共事業の削減などの様々な制度変革は，すべて地域間の平等を否定する機能を持っている。現在の財務省が進める「地方分権」路線に対して，農村部の自治体首長・職員からは，行政コストのかかる田舎にはもう人は住まなくてもよいというのか，という悲鳴が聞こえてくる。

　また，政治の世界では，国土の均衡を主張する政治家が，構造改革に抵抗する腐敗した守旧勢力というイメージを貼り付けられてきた。利益誘導政治の結果，地方ではムダな公共投資やハコモノづくりが進められたというイメージは，メディアを通じて流布されている。では，人々の地域的平等に対する認識は変化したのだろうか。

　まず，地域間格差の現状認識について問うてみた。東京でも北海道でも，「格差は大きく，広がっている」，「格差は大きいままである」を合わせると過半数で，特に北海道では7割に上る。これに対して，「格差はあるが狭まっている」，「格差はほとんどない」と答えたのは，北海道で4分の1，東

京で4割弱であった(図8)。
　その上でこれからのあるべき国の姿について,「経済性が見込める都市部に人を集中させる,経済効率を優先させた国」と「経済性が見込めない地方にも人が住めるよう整備する,経済効率にとらわれない国」のどちらを望むか尋ねてみた。すると,東京でも北海道でも9割近い人が「経済効率にとらわれない国」を望むと答えた(図9)。北海道で大半の人がこの答えを選んだことは当然であるが,東京でもほぼ同じ結果が出たことは意外であった。
　さらに,地域的な平等を維持するための財政的再分配の仕組みに対する評価を尋ねた。選択肢は,現状維持,格差縮小を前提とした再分配の縮小,格差縮小の理念を前提とした地方の自助努力,格差縮小の理念の否定の4つである。地方の自助努力や格差縮小の否定を選んだのは,東京でも北海道でもほぼ同じ2割弱であった(図10)。どちらの地域でも,格差縮小のための

図8　Q．大都市圏と地方の格差についてどう思いますか

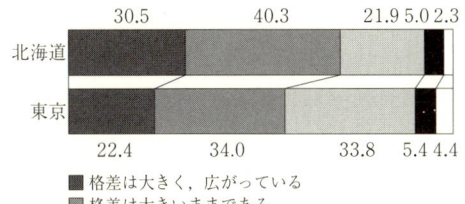

図9　Q．これからの日本の形として,どちらが望ましいと思いますか

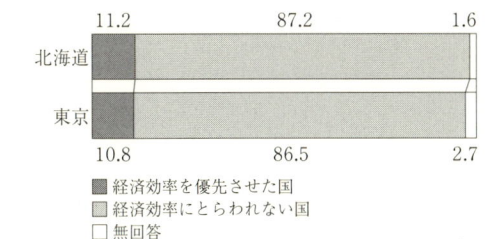

図10　Q．地方自治体の財政不足の穴埋めに,大都市圏の企業や個人が支払った税金の一部が充てられています。このことについてどう思いますか

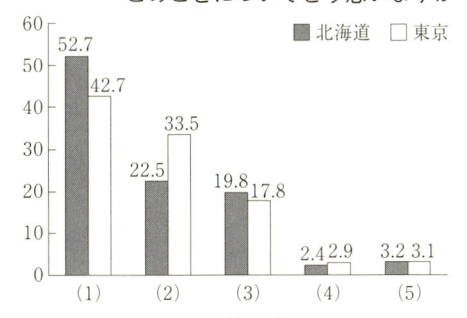

(1) 大都市圏が地方を支援すべき
(2) 格差解消は必要だが,支援は縮小すべき
(3) 格差解消は必要だが,地方だけで解決すべき
(4) 格差はないので,支援は必要ない
(5) 無回答

財政再分配を肯定する者が圧倒的多数で，北海道では現状維持を求める声が大きく，東京では再分配の程度をめぐって意見が割れているという状況である。

特に注目されるのは，大都市からの財源移転に強く依存している北海道の町村部において，財源移転の現状維持を選んだ割合が39.2パーセントと東京や北海道の都市部よりはるかに低く，逆に地方の自助努力を選んだ割合が28.6パーセントと，はるかに高いことである（表2）。近年の地方交付税や公共事業の削減による自治体財政の危機や地域経済の疲弊は，農村部ではかなり痛切に実感されるようになっている。農村部の人々といえば再分配に甘えているというイメージが流布されているが，むしろ農村部においてこそ，いつまでも行政に依存できないことを察知している人が増えている。そして，具体的な方法があるかどうかは別として，自助努力が必要だという気概を持っている人がある程度存在していることが窺える。

地方における行政サービスの過剰が各種のメディアで報じられて久しい。石原慎太郎東京都知事をはじめとして，大都市部の税金を農村部に再分配する仕組みを攻撃する政治家，評論家も目立つ。しかし，人々が依然として国土の均衡を支持していることは明らかである。負担する側の都市住民が地方への再分配の必要性を理解し，受益者であるはずの農村部において財源移転の縮小や自助努力を求める声が大きいというのは，興味深い結果である。空間的な平等について，都市住民はヒステリックな被害者意識を持っているわけではないし，農村部の住民も行政依存を当然とするたかり根性を持っているわけではないということが窺える。こうした民意は，これからの地方分権の構想を具体化するうえで，重要な手がかりとなる。

表2　大都市圏が地方を支援することへの是非

（北海道地域別分類）

	大都市圏が地方を支援すべき	格差解消は必要だが，支援は縮小すべき	格差解消は必要だが，地方だけで解決すべき	格差はないので，支援は必要ない	無回答
大都市	55.0	17.9	19.0	3.2	4.8
中都市	52.7	27.8	16.7	1.1	1.8
小都市	59.2	20.1	16.4	—	4.4
町村	39.2	26.0	28.6	5.2	1.0

結び　日本政治における「自由−平等軸」の可能性

　世論調査に表れる民意は常に多義的でその解釈は慎重でなければならないが，少なくとも，小泉改革と民意のすれ違いは浮き彫りになったと思われる。小泉改革のイデオローグは，戦後日本が追求した平等の理念そのものを否定し，市場原理と競争主義が公正な社会をもたらすと主張している。また，地域的平等や弱者保護のための仕組みがフリーライダーを生み出したことを非難している。しかし，人々は依然として平等を尊重している。政府が積極的な役割を果たすことも期待している。

　もっとも，人々は努力を尊重する美風を守り，結果の平等までは求めていない。また，政策によって保護されてきた地方の住民も，決して既得権に甘えているわけではない。その意味で，日本の平等主義は「つつましい」ものであるが，加速する競争社会への違和感は強くにじみ出ている。

　それならば，なぜ小泉政治への支持が拡がるのか。つつましい平等主義の世論と改革ブームの矛盾は，現在の政府が平等を実現する能力を十分持っていないこと，そして国民が政府に対する信頼を持っていないことに起因する。財政赤字の累積，高齢化にともなう社会保障制度の危機など，公共政策の持続可能性が根本的に揺らいでいるというイメージは，国民に深く植え付けられている。また，不安定な雇用と低い所得しか持っていない若年層にとっては，国民皆保険制度による年金や医療保険の負担は，単なる搾取でしかない。制度の持続可能性が疑わしい状況では，リスクを社会化するための負担が，いずれ自分の利益となって戻ってくるという期待を持つことは難しい。

　問題は，制度の持続可能性への不信が高まった状況で，政治家が思考停止し，国民の多くが諦念にとらわれていることにある。今回の調査から引き出せる実践的な命題は以下のようなことになろう。本当は，政治のイニシアティブに国民が理解と負担で応えることで，制度の持続可能性を回復するという選択肢もあるはずである。しかし，現状では小さな政府という掛け声の下，持続可能性が怪しい制度だから大幅に縮小，解体してしまえという議論だけが優勢である。リスクの普遍化状況の中で，今こそリスクを社会化する安定的な制度構想が必要とされている。そのような政策こそ，今回の調査で示された民意にもっとも応えるものである。

最後に日本の政党政治の分析枠組みに対する含意について述べておきたい。小泉政権以前の自民党には，富の創造を支援する自由主義的要素と，富の分配を進める社会民主主義的要素が並存していた。また，直接政策的恩恵を受けない労働者については，日本的な雇用慣行の下で，年功賃金や長期安定雇用という仕組みを通して，所得の平準化が及んだ。そのことが，平等を争点とする左右の対立軸10の顕在化を阻んできたということができる。日本的な平等化装置の存在ゆえにこそ，政党政治において再分配や平等という政策的対立があいまいになってきたのである。小泉時代にそうした平等化装置が破壊されたことによって，人々は大きなリスクに曝されるようになった。そのことは，日本において初めて平等を争点とする左右の対立軸が明確になる条件が整ったことを意味するはずである。

　［付記］
　　　本論文のうち「囲いこみ社会」，リスク論および努力原理型公正観をめぐる議論は，宮本太郎氏との討論に多くを負っている。

（1）　リスクという概念は，ウルリヒ・ベックからヒントを得ている。参照，ベック『危険社会』法政大学出版局，1998年）。ただし，本稿では危険，不確実性だけではなく，人間生活に付きまとうさまざまな課題や試練を広くリスクと呼ぶことにする。
（2）　アメリカ社会におけるリスクの個人化がもたらす大きなコストについては，ロバート・ライシュ『アメリカは正気を取り戻せるか』（東洋経済新報社，2004年）を参照のこと。
（3）　1998年11月，北海道浜中町長からのインタビューによる。
（4）　早野透『田中角栄と戦後の精神』（朝日新聞社，1995年）
（5）　山口二郎『政治改革』（岩波書店，1993年），15−22ページ。
（6）　代表的なものとして，Theodore Lowi, *The End of Liberalism*, Norton, 1979.
（7）　代表的な議論として，田中直毅『2005年体制の誕生』（日本経済新聞社，2005年）を参照。
（8）　具体的な事例の紹介として，ロナルド・ドーア『日本との対話—不服の諸相』（岩波書店，1994年）がある。特に同書に登場する小倉昌男（当時の運輸省と闘って宅配便を創設した）や佐藤太治（当時の通産省と闘い当時行政指導で禁止されていたガソリンの輸入を図ったが挫折した）の証言が，パターナリズムによるリスクの社会化の負の側面を的確に指摘して

いる。
（9） 斉藤友理子・山岸俊男「日本人の不公平感は特殊か」，海野道郎編『日本の階層システム2　公平感と政治意識』東京大学出版会。
（10） Norberto Bobbio, *Left and Right*, Polity, 1996, Chapter 3, 6.

第2回参議院選挙と自由党

―― 参議院政党化の一分析 ――

奥　健太郎＊

1　はじめに

　本稿は「参議院政党化」の一側面を明らかにするため，昭和25年6月に行われた第2回参議院選挙（以下，第2回選挙と略）を自由党（日本自由党，民主自由党も含めて以下自由党と記す）に注目して分析するものである。そこでまず第2回選挙の位置づけを示しておきたい。

　わが国初の参議院選挙は昭和22年4月に行われた。この選挙の特徴は，無所属の議員が111名も当選したことである。彼らは院内会派緑風会を結成し，同会が参議院最大会派となった。緑風会が多数を占めたこの時期は，参議院の「独自性」が発揮された時代として評価されることが多い。しかし政権政党にとっては，こうした参議院の会派構成は政権運営の大きな制約要因となった。本稿で取上げる自由党も，第24回総選挙（昭和24年1月）で264名を獲得したものの，参議院では48名という少数派であったため（第5国会召集日現在），第5国会ではいくつかの法案の修正を余儀なくされ，新聞では「多数なき悲しさ」と評されたのである[1]。こうした中，自由党は早くも昭和24年4月に参議院選挙対策委員会を設置し[2]，来るべき第2回選挙対策に本腰を据えた。つまり，第2回選挙は自由党が参議院政党化に全力を挙げる中で行われたのである[3]。

　それでは選挙結果はどうであったか。表1は第1回参議院選挙（以下，第1回選挙と略）と第2回選挙の選挙結果を示している。自由党は第1回選挙で地方区30議席であったものが，第2回選挙では34議席を獲得し，全国区では8議席だったものが第2回では18議席を獲得した。第2回選挙が

＊　武蔵野大学現代社会学部講師，日本政治史

表1　選挙結果

第1回参議院選挙	全国区 候補者	全国区 当選者	地方区 候補者	地方区 当選者	第2回参議院選挙	全国区 候補者	全国区 当選者	地方区 候補者	地方区 当選者
日本社会党	33	17	66	30	自由党	73	18	63	34
日本自由党	19	8	54	30	日本社会党	32	15	43	21
民主党	6	3	41	22	緑風会	40	6	18	3
日本進歩党	7	3	—	—	国民民主党	18	1	28	8
日本共産党	12	3	28	1	日本共産党	12	2	38	0
国民協同党	7	3	14	6	諸派	19	2	23	3
その他の会派	23	5	15	7					
無所属	138	57	113	54	無所属	117	12	39	7
合計	246	100	331	150	合計	311	56	252	76

選挙データは，参議院事務局編『第1回参議院議員選挙一覧』(参議院事務局，昭和25年)，参議院事務局編『第2回参議院議員選挙一覧』(参議院事務局，昭和28年)に依拠した。

半数改選であったことを踏まえると，実質的には地方区で2倍，全国区では4倍の議席を獲得したことになる。こうした自由党の躍進とは対照的に緑風会および無所属議員の戦績は振るわなかった。第1回選挙では地方区54議席，全国区57議席の無所属議員が当選したが，第2回では緑風会と無所属を合算しても地方区10，全国区18という結果に終わったのである。この結果，参議院では自由党が第一党となり，緑風会は自由党，社会党に次ぐ第三会派に転落した。つまり第2回選挙は，参議院政党化の始まった選挙として位置づけられる。

本稿の目的はこの第2回選挙，特に全国区選挙における自由党の躍進の要因を，同党の集票基盤に注目して明らかにすることにあるが，それは以下のような問題関心に基づくものである。第一に，参議院の政党化については，従来緑風会の消滅過程に焦点を当てて考察がなされてきた[4]。これに対し，本稿は政党化を進めた側である自由党に焦点を当てることにより，参議院政党化の過程を新たな角度から明らかにしたい。第二に，参議院に導入された全国区選挙は，保守政党である自由党にとって厄介な選挙制度であったと考えられる。なぜならば，保守政党の政治家の地盤は，地域の伝統的な人的ネットワークに根ざしたものであり，県の枠を超えて全国的に連動するようなネットワークではないからである[5]。したがって，自由党の躍進要因を解明することは，保守政党が全国区へ適応していく過程を理解する上でも意義のある作業であると考える[6]。

2　自由党躍進の要因1
　　——全国的な支持組織を備えた候補者の擁立——

　第2回選挙の特徴は，全国的な支持組織に支えられた候補者が多数当選するようになったことである。例えば，第2回選挙の結果を受けて当時の新聞は，「文化界，文筆家などは全く振るわず（中略）ばく然とした有名人は全国的な組織や業界のつながりには抗しがたい」と総括し[7]，この選挙で当選した元専売局長官の杉山昌作も，「二十五年の時から，組織がモノをいうようになったね」と回想する[8]。

　このように「組織がモノをい」った第2回選挙において，自由党が躍進した要因について，ある新聞は「前高級官僚，財界人など知名人士を立て」たことが効を奏したと指摘する[9]。換言すれば躍進の第一の要因は，全国的な支持組織を備えた候補者を擁立し，その「組織」を動員できたことにあったと考えられる。この点を当選者の得票源に注目しながら確認していきたい。

　表2は自由党の当選者（18名）を示しているが，表中の太字の人物が全国的な支持組織に立脚したと思われる14名である。まず当選者が最も多かった高級官僚出身者から見ていこう。高級官僚の中でも最も好成績を挙げたのが元建設事務次官の岩沢忠恭である。第2回選挙の当選ラインは約14万5000票であったが，岩沢が獲得した票は出身地以外の票だけでも31万を超える。地方紙によればこうした幅広い集票は，応援の見返りに公共事業を期待する地方政治家[10]や自治体関係者[11]，土建業者の運動[12]によるものであった。専売公社副総裁を辞して立候補した野田卯一は専売公社の関連団体，例えば煙草耕作組合の票を期待できた。表3は野田の得票源と当時の煙草作付面積を対照させたものだが，出身地の岐阜を除いて，両者が大体対応していることが分かる。元大蔵省銀行局長の愛知揆一は，全国の無尽会社（相互銀行）を一つの核として集票活動を展開し[13]，地元外から約20万の票を獲得した。この他高級官僚出身者は合計で10名立候補し，このうち7名が当選した。ちなみに前回の選挙では高級官僚出身者の多くが無所属で立候補し，当選者のほとんどは緑風会に所属した[14]。したがって，自由党による高級官僚出身者の大量擁立は第2回選挙の大きな特徴といえよう。

次に会社経営者を見ていこう。まず資生堂社長の松本昇の場合であるが，資生堂は戦前より代理店網を構築しており，しかも他の会社の商品は扱わなかった[15]。観測記事はこれが松本の集票基盤になっていると伝えている[16]。明電舎の社長重宗雄三の場合，明電舎とその下請けが集票の基盤となった[17]。実際，重宗は明電舎の工場がある東京と愛知であわせて5万票を獲得している。

　また，先の新聞が指摘する「知名人士」には，団体代表者も含まれると思われる。例えば，日本遺族厚生連盟（日本遺族会の前身）会長の長島銀蔵は，地元の静岡以外で18万の票を集めた。地方紙は長島の当選を「何といつても遺族会長という肩書きが大きく物をいつた」[18]と伝えている。また元日本医師会会長の中山壽彦の場合は，全国の医師会が集票基盤となったと考えられる。すなわち『日本医師会雑誌』の記録には，日本医師会が選挙直前，都道府県医師会長協議会を開き，医師会として中山を公認することを発表した上で，「選挙運動の具体方法」を「詳細説明」したとあり[19]，医師会が中山の集票基盤になったことは想像に難くない。また宗教団体からは，本願寺真宗大谷派を代表する大谷瑩潤が33万の大量得票をしたが，それは全国に広がる信徒によるものと思われる。実際，大谷の得票が多かった県を順に挙げれば，愛知，石川，北海道，富山，岐阜となるが，浄土真宗（大谷派）の信徒の多い県を順に並べると[20]，愛知，新潟，石川，富山，岐阜となり，両者が大体対応していることが確認できる。

　以上，全国的な支持組織を備えた候補者について簡単に紹介した。当選者18名のうち14名[21]までがこうした属性の候補者であり，自由党が彼らの支持組織を動員できたことは同党躍進の要因の一つとして指摘できる。しかし，ここで注意すべきことがある。それは彼らが全国で幅広く得票をした一方で，表2の右端に示したように，地元（本籍地あるいは出身地）における票の比重も大きかったことである。この地元票の多さは何に起因するのであろうか。この点を次章で検討していきたい。

3　自由党躍進の要因2 ――県支部の支援――

　本章では自由党躍進の第二の要因ついて考察する。結論を先取りしていえば，躍進の第二の要因は，自由党の県支部（以下，支部と略）が地元の全国区候補者を支援したことにあったと考える。この点を以下で論証して

表2　第2回選挙（全国区）における

		現　職	経　歴	居住地
高級官僚	岩沢忠恭	日本道路協会会長	内務省国土局長　建設（事務）次官	千葉
	野田卯一	無職	大蔵省主計局長　大蔵（事務）次官　専売公社副社長（副総裁）	東京
	岡田信次	日本科学技術連盟理事長	運輸省施設局長	東京
	愛知揆一	無職	大蔵省官房長　銀行局長	東京
	宮本邦彦	無職	農林省東京農地事務局建設部長	東京
	大矢半次郎	無職	大蔵省主税局長　農林中金副理事長	東京
	鈴木恭一	無職	逓信次官　電気通信（事務）次官	東京
会社経営者	瀧井治三郎	タキイ種苗株式会社社長, タキイ農薬株式会社社長	滝井種苗および大東紙業社長	京都
	重宗雄三	明電舎社長	明電舎重役	東京
	松本昇	資生堂社長	三越社員	神奈川
	白波瀬米吉	岐阜紡績社長	郡是製糸重役　日本中央蚕糸会議員	東京
団体代表	長島銀蔵	日本遺族厚生連盟会長	塗料製造業　長島化学製品社長	静岡
	中山壽彦	医師	都および日本医師会長	東京
宗教	大谷瑩潤	本願寺僧侶	大谷派式務局長	京都
	泉山三六	無職	三井銀行部長，代議士，蔵相，経本長官	東京
	平井太郎	玉藻建設社長	日本建設工業四国連合会長　県信用保証協会会長	香川
	石川栄一	農業および製麺業	利根川治水同盟常任理事　埼玉県議副議長	埼玉
	寺尾豊	関東正機社長	代議士　党副幹事長　地財政務次官	東京

（注1）　太字が全国的な支持組織を備えた当選者。
（注2）　現職, 経歴, 居住地, 本籍地は『読売新聞』, 昭和25年5月16日による。ただし経歴欄および本大学出版会, 1981年),『人事興信録・第16巻』(人事興信所, 昭和26年)に基づき補った。
（注3）　候補者の県別の得票数の総和と, 前掲『第2回参議院議員選挙一覧』の示す候補者の得票総数
（注4）　「推薦された県」「RS指数」についてはそれぞれ3章, 4章で言及する。

自由党の当選者

本　籍	推薦された県	RS指数	得票数	最多得票県と票数	
広島	秋田, 山梨, 広島	0.386	419,890	広島	81,715
岐阜	岐阜	0.484	270,495	岐阜	72,294
東京	秋田	0.205	261,964	北海道	18,889
宮城	宮城	0.432	230,396	宮城	88,686
長野	長野	0.505	206,866	長野	33,385
岩手	岩手	0.568	189,636	岩手	102,952
神奈川	神奈川	0.339	147,224	神奈川	26,242
京都	（京都）	0.521	263,462	京都	114,526
東京（出身地：山口）	山口	0.517	205,517	山口	66,716
神奈川（出身地：香川）	なし	0.336	192,013	東京	27,718
京都	なし	0.563	160,796	京都	32,186
静岡	静岡	0.564	323,977	静岡	148,393
東京	兵庫	0.466	148,894	兵庫	30,313
京都	（愛知）	0.536	330,769	愛知	80,355
東京（出身地：山形）	なし	0.532	395,724	山形	166,454
香川	香川, 愛媛	0.791	247,186	香川	162,906
埼玉	埼玉	0.786	188,569	埼玉	143,371
高知	愛媛, 高知	0.833	144,524	高知	88,962

籍欄の（　）は，それぞれ『戦前期日本の官僚制の制度・組織・人事』（東京

が一致しない場合があるが，本稿では前者を表記した。

表3　野田卯一の得票源

	野田の得票	煙草作付面積(反)*	
1位	岐阜 72,294	茨城	6,082
2位	鹿児島 23,843	鹿児島	5,867
3位	広島 21,256	福島	5,673
4位	茨城 15,186	栃木	5,491
5位	福島 14,273	岩手	2,306

* 昭和23年度現在(出所　煙草耕作組合中央会『たばこ読本』〈学陽書房，昭和24年〉)。

いきたい。

　第2回選挙において，支部が全国区候補を支援したことは，当時の新聞に次のように報じられている。

　参院選挙が吉田内閣の生命に直結していることは余りに深刻な事実である。(中略)地方区では(中略)一県一名の当選率をねらっている。また全国区候補についてもばく然とした散票のかき集めはさせないで地方区候補とガッチリ結んだ基盤の上にたつようすすめている[22]。

　この記事では，「地方区とガッチリ結んだ基盤」という表現が鍵になる。というのも，地方区候補の基盤は支部であり[23]，したがってこの記事からは，支部が地方区候補と全国区候補をセットにして支援する体制を取っていたことが読み取れるからである[24]。実際，上の指摘は全国の地方紙の報道からも裏付けられる。すなわち筆者が全国46都道府県の地方紙を調査したところ，多くの支部が，「支部公認」「県連推薦」等，様々な表現(以下，「推薦」に統一)で特定の候補者への支援を表明していた。表4はその調査結果をまとめたものである。表4からは，支部が推薦したのは，地元在住あるいは地元出身の候補者がほとんどであったことが確認できる。ただし，自由党候補者[25]に全て支部推薦があったわけではない。その中には支部の推薦が確認できない候補も32名存在したのである。おそらく彼らは支部の判断とは無関係に本部の判断だけで公認された候補者と思われる[26]。つまり自由党の候補者には，支部の推薦がある候補者(以下「推薦候補」と略)41名と，推薦がない候補(以下「非推薦候補」と略)32名の二種類が存在したのである。

　それでは支部の支援は，実際に全国区選挙にどのような影響を及ぼしたのであろうか。まずは，そもそも支部に一定の集票力があったことから論証したい。

　まず，全体的な傾向から支部の集票力を裏づけていきたい。図1は第2回選挙について，横軸に地方区選挙の得票率をとり，縦軸に全国区の得票

表4　各支部の推薦候補

県名	支部推薦候補	本籍	居住地	現職	経歴	得票数	依拠した新聞
北海道	佐藤弥	大分	東京	無職	北海道庁副知事　著述業	84,902	北海タイムス
青森	松尾節三	青森	青森	県農業共済組合長	県林産組合副会長	63,620	東奥日報
岩手	大木半次郎	岩手	東京	無職	大蔵省主税局長　農林中金副理事長　県議　三戸町長	189,636	岩手日報
宮城	愛知揆一	宮城	東京	無職	大蔵省官房長　銀行局長	230,396	河北新報
秋田	井尻芳郎	福岡	東京	東京會舘重役	安田銀行社長　全国銀行協会連合会長	104,977	秋田魁新聞
	岡田信次	東京	東京	日本科学技術連盟理事長	運輸省施設局長	261,964	同上
	岩沢忠恭	広島	千葉	日本道路協会会長	内務省国土局長　建設次官	419,890	同上
	奥田信雄	千葉	宮城	無職	宮城県部長　国警仙台警察管区本部長	99,927	同上
	吉田良雄	東京	東京	全国石油協会顧問	商工省車両課長　資源庁油政課長	70,070	同上
	九布白オチミ	東京	東京	矯風会理事	婦選獲得同盟総務理事	96,125	同上
	三浦辰雄（無所属）	福島	東京	無職	農林省官吏　林野局国有林野部長　林野庁長官	284,915	同上
山形	野田豊	東京	東京	野田経済研究所所長	朝日記者　国際通信社社長	79,936	山形新聞
	井尻芳郎	福岡	東京	東京會舘重役	安田銀行社長　全国銀行協会連合会長	104,977	同上
福島	伊藤幟	福島	福島	農業	東日本馬事会理事　全国町村会長　本宮町長　県議	78,266	福島民報
	原孝吉	福島	福島	畳製造業	東北木工社長　全国畳商連合会長　県議　代議士	96,035	同上
	渡辺信任	福島	福島	農業	安積流水委員　全国大規模水利組合長　県議	71,094	同上
茨城	河原田厳	茨城	茨城	茨城県旅客自動車社長	運送業　東洋自動車学校長　代議士	79,029	いばらぎ
栃木	岡田喜久治	東京	東京	日本木材社長	内務官吏　京都市助役　代議士　農林政務次官	87,178	下野新聞
群馬	確認できず						上毛新聞
埼玉	石川栄一	埼玉	埼玉	農業および製麺業	利根川治水同盟常任理事　県議　副議長	188,569	埼玉新聞
	河北警二	東京	埼玉	紙販連委員長	紙之新聞社長	111,753	同上
千葉	確認できず						千葉日報
東京	確認できず						朝日新聞
神奈川	鈴木恭一	神奈川	東京	無職	逓信次官　電気通信次官	147,224	神奈川新聞
	松島喜作	神奈川	神奈川	新日本海運重役	興銀理事　大和證券社長　参院副議長	118,807	同上
新潟	小澤国治	新潟	新潟	新潟硫酸社長	新潟商議所副会頭　代議士	113,629	新潟日報
富山	小川久義（農本党）	富山	富山	農業　県農協組連協議会長	県農業会副会長　農本党幹事長	148,254	北日本新聞
石川	松平康東	東京	東京	国学院大学講師	外交官　外務省調査局長	141,033	北国新聞

県名	支部推薦候補	本籍	居住地	現職	経歴	得票数	依拠した新聞
石川	橋真乃夫	石川	大阪	日本糖商連盟会長	経団連評議員 大和食品社長	54,176	北国新聞
福井	確認できず						福井新聞
山梨	小野光洋	山梨	東京	立正学園女高校長	身延山常■委員(判読不明)	100,133	山梨日日新聞
	岩沢忠恭	広島	千葉	日本道路協会会長	内務省国土局長 建設次官	419,890	同上
長野	小林次郎	長野	東京	弁護士	貴族院書記官長 参議院事務総長 貴族院議員	111,546	信濃毎日
	宮本邦彦	長野	東京	無職	農林省東京農地事務局建設部長	206,866	同上
岐阜	野田卯一	岐阜	東京	無職	大蔵省主計局長 大蔵次官 専売公社副社長	270,495	岐阜新聞
静岡	長島銀蔵	静岡	静岡	日本遺族厚生連盟会長	塗料製造業 長島化学製品社長 貴族院議員	323,977	静岡新聞
	藤井新一	静岡	静岡	早大教授	寿授産社長 参院両院法規委員長	37,130	同上
愛知	大谷瑩潤	京都	京都	本願寺僧侶	大谷派式務局長 代議士	330,769	中京新聞
三重	確認できず						伊勢新聞
滋賀	確認できず						滋賀新聞
京都	(瀧井治三郎)	京都	京都	滝井種苗および大東紙業社長	京都商工会議所理事 京都府議	263,462	京都新聞
大阪	確認できず						大阪日日新聞
兵庫	新井茂	兵庫	東京	日本貿易館会長	商工省東京商工局長 貿易局次長	48,922	神戸新聞
	松島喜作	神奈川	神奈川	新日本海運重役	興銀理事 大和證券社長 参院副議長	118,807	同上
	柚久保虎市	徳島	兵庫	全国料飲組合連合会長	食堂喫茶店ホール店主 市議	54,843	同上
	中山嘉彦	東京	東京	医師	都および日本医師会長 貴族院議員	148,894	同上
奈良	野澤密全	奈良	奈良	僧侶	信青山貫主大僧正 真言宗全議員	76,901	大和タイムス
	堀内干城	奈良	東京	無職	外務省東亜局長 特命全権大使	38,053	同上
和歌山	確認できず						和歌山新聞, 朝日和歌山版
鳥取	確認できず						日本海新聞
島根	(加藤正人)(無所属)	兵庫	兵庫	大和紡績社長	日本経営者団体連代表 関西経営者協会長	589,121	島根新聞
岡山	蜂谷初四郎	岡山	岡山	土建業	商工会議所理事 全国町村会副会長 一宮村長 県議	101,612	山陽新聞
広島	岩沢忠恭	広島	千葉	日本道路協会会長	内務省国土局長 建設次官	419,890	中国新聞
	浅岡信夫	東京	静岡	松竹重役	俳優 海外同胞引揚連委員 厚生政務次官	134,140	同上
	小林政夫(緑風会)	広島	広島	日本製鋼社長	農業経済研究所所長 中国漁網協会理事長	162,525	同上
山口	重宗雄三	東京	東京	明電舎社長	明電舎重役 貴族院議員	205,517	防長新聞
	河村幸次郎	山口	東京	全国繊維製品協議会理事長	伊勢安呉服店経営	94,642	同上

県名	支部推薦候補	本籍	居住地	現職	経歴	得票数	依拠した新聞
徳島	確認できず						徳島新聞
香川	平井太郎	香川	香川	玉藻建設社長	日本建設工業四国連合会会長 県信用保証協会会長	247,186	四国新聞
愛媛	寺尾豊	高知	東京	関東正機社長	代議士 党副幹事長 地財政務次官	14,4524	愛媛新聞
	向井鹿松	愛媛	東京	全国価格査定協議会長	慶大教授 物価庁部長	67,442	同上
	平井太郎	香川	香川	玉藻建設社長	日本建設工業四国連合会会長 県信用保証協会会長	247,186	同上
高知	寺尾豊	高知	東京	関東正機社長	代議士 党副幹事長 地財政務次官	144,524	高知新聞
福岡	(瀧断)	東京	東京	龍保険社長	日本セメント社員 全国損害保険代理店理事会理事	76,325	西日本新聞
佐賀	確認できず						佐賀新聞
長崎	確認できず						長崎新聞
熊本	栗本義彦	和歌山	東京	日本大学学長	熊師教授 文部省運動厚生課長	88,496	熊本日日新聞
大分	箕浦多一	大分	東京	日産自動車社長	報知新聞重役 神奈川県経営者会長	88,260	大分合同新聞
宮崎	確認できず						日向日日新聞
鹿児島	中村嘉壽	鹿児島	東京	海外貿易振興会長	日米週報主筆 代議士	98,086	南日本新聞

(注) 支部推薦候補欄の( )内の候補者は,推薦の確定はできなかったものの,新聞記事の文脈から推薦の可能性が高い候補者である。以下( )内の候補者も推薦候補として扱う。

率をとり,県ごとに自由党の得票率をプロットしていったものである。図1では地方区と全国区の得票率が一定の相関関係を示していることが確認できる。しかし,ここで注目したいは○で記した,推薦候補が確認できない県(群馬,千葉,東京,福井,三重,滋賀,大阪,和歌山,鳥取,徳島,佐賀,長崎)と支部が自由党以外の候補者を推薦した県(富山,島根)の得票率である。これらの県では,地方区の得票率に比して,全国区の得票率が大きく下回る傾向があり,しかも全国区得票率20％以下の県のほとんどがここで挙げた県である。このことは支部に一定の集票力があったことを示唆していると考える。なぜならば,支部に一定の集票力があるために,推薦候補がいる県では全国区の得票率が上昇して地方区の得票率に近い結果となった。それに対し,推薦候補がいない県では,支部の集票力が機能せず,全国区の得票率が低くなる傾向があったと考えられるからである。

以上は支部の集票力を全体的な傾向から推定したものであるが,次に一つの事例から同様のことを論証していきたい。ここでは高知県出身の候補

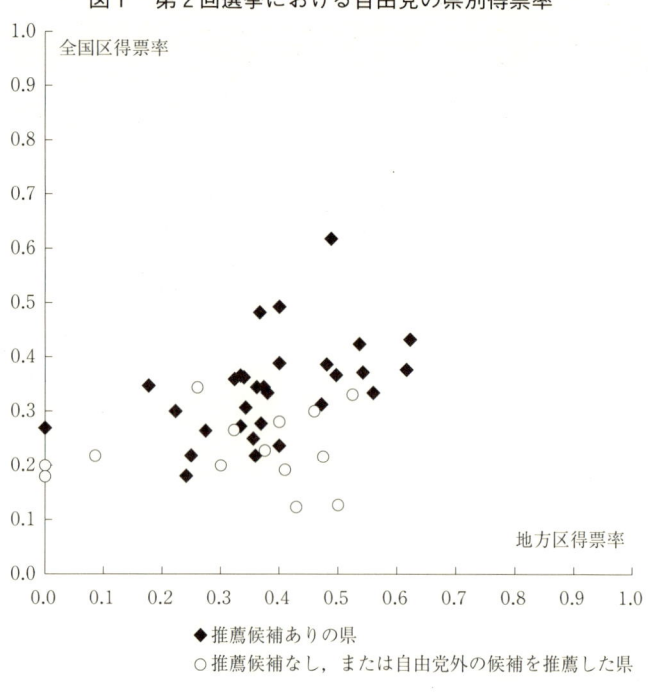

図1　第2回選挙における自由党の県別得票率

(縦軸：全国区得票率、横軸：地方区得票率)

◆ 推薦候補ありの県
○ 推薦候補なし，または自由党外の候補を推薦した県

者寺尾豊の事例を紹介する。寺尾は前回全国区で当選した参議院議員であるが，第2回は地方区からの出馬を希望した。それは表5で示したように，前回寺尾の得票の8割は高知県に集中していたが，今回の選挙は半数改選となり当選ラインが上昇するため，高知県の得票だけでは当選が危ぶまれたためである。しかし高知支部では地方区の現職候補がおり，彼も地方区からの出馬を希望した。その結果，高知支部では投票日1ヶ月前になっても候補者が決まらなかった[27]。そこで斡旋に乗り出してきたのが党本部であった。党本部は愛媛の地盤の一部を割くことを提示し，これを条件に寺尾の全国区への転出を促したのである[28]。寺尾はこれを受け全国区に立候補し，愛媛支部も寺尾を推薦候補とした[29]。その結果寺尾は3万を越える票を愛媛で獲得し，議席を守ることが出来たのである。このように愛媛支部には県外の候補者にさえ，数万の票を振り分ける力があった。そして，先の全体的傾向を踏まえると，こうした支部の集票力は，愛媛支部に限ら

表5　第2回選挙に自由党から出馬した前職議員

	寺尾豊		中山壽彦		重宗雄三		松島喜作		小野光洋		松野喜内	
本籍地	高知		東京		東京		神奈川		山梨		東京	
居住地	東京		東京		東京		神奈川		東京		東京	
	第1回	第2回	第1回	第2回	第1回	第2回	第1回	第2回	第1回	第2回	第1回	第2回
北海道	1,127	590	1,604	694	768	4,753	1,452	1,509	3,067	4,551	2,458	788
青森	323	92	1,377	215	1,663	1,611	688	252	3,240	1,821	885	211
岩手	309	91	2,203	1,927	728	656	679	214	1,388	821	2,060	98
宮城	610	300	2,200	262	522	605	1,087	568	1,153	761	3,376	283
秋田	744	295	700	168	864	1,445	1,284	501	1,325	705	1,563	240
山形	465	233	3,343	169	1,397	649	1,471	238	1,370	894	1,749	111
福島	196	382	1,891	881	1,173	1,253	1,653	950	1,012	865	387	842
茨城	177	422	3,974	3,021	1,189	1,608	790	2,395	1,197	1,305	1,981	886
栃木	199	188	2,431	1,460	2,266	1,808	863	1,392	1,333	991	2,981	696
群馬	228	236	2,591	1,072	763	1,638	912	988	1,245	1,201	660	587
埼玉	519	303	3,017	5,120	7,837	8,040	3,882	2,605	2,346	1,981	4,974	682
千葉	781	684	4,511	3,430	3,460	9,759	4,152	1,459	4,807	4,122	2,270	865
東京	3,430	3,473	8,812	13,552	11,461	24,680	5,394	13,645	7,202	14,849	19,289	15,634
神奈川	979	856	6,319	3,516	2,912	7,669	6,020	31,175	3,832	3,755	3,225	1,667
新潟	621	300	5,722	7,177	6,844	6,017	1,332	890	2,562	1,477	3,618	333
富山	213	162	2,299	7,703	320	1,609	739	470	896	875	1,051	90
石川	98	108	1,588	5,989	2,640	2,091	1,000	1,008	744	941	624	173
福井	93	42	622	3,432	60	555	338	315	542	1,236	305	110
山梨	249	61	1,334	4,193	5,099	5,278	437	820	9,957	21,531	692	235
長野	659	305	4,519	2,216	2,164	2,119	1,639	4,403	2,076	1,150	2,087	541
岐阜	232	223	3,007	19,240	2,017	1,302	514	5,403	868	538	7,137	10,375
静岡	1,151	938	2,162	686	4,244	5,794	3,169	2,395	5,261	4,203	2,919	408
愛知	700	900	2,991	797	23,645	27,202	2,204	2,356	3,069	6,585	5,566	827
三重	319	141	1,439	659	559	736	884	691	734	340	579	283
滋賀	1,282	440	1,676	3,696	815	525	633	418	1,173	600	879	200
京都	487	260	2,164	6,462	336	525	1,456	648	1,220	1,290	1,476	222
大阪	1,652	1,492	3,084	6,360	770	4,223	4,304	2,712	2,415	2,821	3,334	768
兵庫	958	1,025	8,654	30,313	472	2,389	12,700	28,854	2,216	2,981	3,416	802
奈良	92	63	1,302	670	115	381	240	179	1,118	586	150	103
和歌山	184	799	2,112	1,805	91	518	550	487	934	538	431	1,212
鳥取	223	183	1,428	1,072	18	137	234	289	952	611	552	45
島根	267	274	2,247	1,514	422	2,192	701	386	1,648	1,568	873	187
岡山	563	925	2,426	587	227	600	2,154	651	3,289	1,871	2,047	227
広島	1,308	730	669	509	1,218	1,301	1,578	788	1,987	1,130	2,029	466
山口	360	414	1,045	677	20,965	66,716	601	600	748	935	1,095	230
徳島	272	516	827	2,549	62	588	272	370	119	260	312	73
香川	354	68	1,670	98	117	450	791	124	580	141	942	29
愛媛	4,057	35,558	2,031	2,057	197	707	838	194	749	1,193	799	220
高知	86,588	88,962	1,056	916	29	334	194	77	266	205	634	62
福岡	551	297	5,478	295	559	1,543	1,836	737	2,346	1,808	3,057	335
佐賀	413	186	1,361	223	64	274	1,504	358	1,570	814	1,252	109
長崎	450	192	2,409	452	96	470	763	1,142	1,432	1,198	1,010	349
熊本	325	344	2,019	399	332	467	655	2,032	2,716	856	3,993	739
大分	462	54	3,110	98	276	918	722	197	1,020	484	737	71
宮崎	243	222	1,760	83	98	220	161	100	697	324	338	83
鹿児島	513	195	1,740	480	224	1,162	2,005	822	262	421	576	155
合計	116,026	144,524	120,924	148,894	112,098	205,517	77,475	118,807	90,683	100,133	102,368	43,652

(注)　網掛け部分は支部推薦を受けた県(松野は推薦なし)。

れたものではなかったと思われる。

以上，支部の集票力について論証してきたが，こうした集票力を持つ支部が地元の推薦候補を支援するならば，その効果が推薦候補の地元票に現れることが予想される。このことを二つの側面から確認していきたい。

まず推薦候補と非推薦候補の比較を通じて検証したい。表6は東京，神奈川に居住する推薦候補を抽出し，彼らが推薦された県で獲得した票数をまとめたものである。一方表7は，東京，神奈川在住の非推薦候補を抽出し，各候補が最も多く票を獲得した県とその票数を示したものである。な

表6 東京，神奈川在住の推薦候補

	氏名	本籍	居住地	推薦された県	推薦された県における得票数	得票総数
○	大矢半次郎	岩手	東京	岩手	102,952	189,636
	寺尾豊	高知	東京	愛媛，高知	88,962	144,524
	愛知揆一	宮城	東京	宮城	88,686	230,396
	中村嘉壽	鹿児島	東京	鹿児島	79,213	98,086
	小林次郎	長野	東京	長野	73,678	111,546
○	野田卯一	岐阜	東京	岐阜	72,294	270,495
	岡田喜久治	東京	東京	栃木	68,403	87,178
○	重宗雄三	東京	東京	山口	66,716	205,517
	龍断	東京	東京	福岡	50,265	76,325
	箕浦多一	大分	東京	大分	44,626	88,260
	佐藤弥	大分	東京	北海道	44,159	84,902
	向井鹿松	愛媛	東京	愛媛	42,902	67,442
○	宮本邦彦	長野	東京	長野	33,385	206,866
	栗本義彦	和歌山	東京	熊本	33,225	88,496
	松平康東	東京	東京	石川	33,011	141,033
	松島喜作	神奈川	神奈川	神奈川，兵庫	31,175	118,807
○	中山壽彦	東京	東京	兵庫	30,313	148,894
×	新井茂	兵庫	東京	兵庫	29,475	48,922
	河村幸次郎	山口	東京	山口	29,042	94,642
○	鈴木恭一	神奈川	東京	神奈川	26,242	147,224
	野田豊	東京	東京	山形	25,583	79,936
	小野光洋	山梨	東京	山梨	21,531	100,133
	井尻芳郎	福岡	東京	山形，秋田	18,481	104,977
×	堀内千城	奈良	東京	奈良	11,512	38,053

(注1) 複数の県で推薦された場合，最も票の多い県の票数を掲げた。
(注2) ○印を記した候補者は当選を示し，無印は法定得票以上の落選，×印は法定得票以下の落選を示す。
(注3) この表では，秋田支部から推薦された奥田信雄，久布白オチミ，岡田信次，吉田良雄は含めていない。秋田支部の場合7名も推薦しており，推薦の効果が他の支部と異なると考えたからである（ただし井尻芳郎は山形支部からも推薦されているのでここに含めた）。

表7　東京，神奈川在住の非推薦候補

氏　名	本籍	居住地	最多得票県	最多得票県における得票数	得票総数
○ 泉山三六	東京	東京	山形	166,454	395,724
小田静枝	高知	東京	高知	33,398	101,650
○ 白波瀨米吉	京都	東京	京都	32,186	160,796
○ 松本昇	神奈川	神奈川	東京	27,718	192,013
× 斎藤栄三郎	東京	東京	東京	15,768	47,109
× 谷本利千代	香川	東京	香川	15,705	57,366
× 松野喜内	東京	東京	東京	15,634	43,652
× 細野良久	富山	東京	千葉	15,181	45,425
× 松枝良作	青森	東京	青森	14,373	43,822
× 小田部荘三郎	東京	東京	茨城	11,888	17,953
× 由本清一	大阪	東京	兵庫	11,668	54,218
× 庄司彦男	鳥取	東京	鳥取	11,473	23,075
× 広橋真光	東京	東京	千葉	10,995	44,943
× 庄司嘉	奈良	東京	奈良	9,759	32,673
× 小松雄道	愛媛	東京	福岡	8,069	38,354
× 斎藤重朝	東京	東京	東京	8,016	15,768
× 塩原しづか	東京	東京	東京	6,950	30,732
× 山内好秀	島根	東京	山口	4,975	32,885
× 佐藤金之助	東京	東京	秋田	4,800	33,954
× 鈴木豊太郎	東京	東京	愛知	4,683	45,355
× 松本一夫	広島	東京	広島	3,663	48,380

　おここで東京，神奈川在住の候補者に限定したのは，彼らの場合，多くが出身地から離れて暮らしているため，地元との関係が薄く，それゆえ支部の推薦の有無が地元在住者に比して地元票に反映されやすいと考えたからである。さて，表6，表7から明らかなことは，推薦候補が地元で大体3万以上，最大で10万の票を獲得していたのに対し，非推薦候補の場合，知名度が高い泉山三六[30]を除いて，最も票が取れたとしても3万票，大体2万票を切ることが多かったことである。また表では法定得票以下の候補者に×を記したが，非推薦候補は法定得票以下に終わる傾向にあることが確認できる。つまり，支部の推薦の有無は地元票の獲得，さらには得票全体に大きく影響したと考えられる。

　次に第1回選挙で当選し，かつ第2回選挙にも出馬した候補者の得票パターンに注目して，支部の推薦の効果を裏づけていきたい。第2回選挙に全国区から立候補した自由党の前職議員は，表5に示した6名である。まず，前出の元日本医師会長中山壽彦は第1回選挙では無所属で立候補し，

全国各地から万遍なく得票をしていた。しかし，第2回は自由党から立候補し兵庫支部の推薦を得，兵庫で3万を越える票を獲得することができた[31]。同様に前回無所属であった重宗雄三は明電舎の工場がある東京と愛知，そして出身地の山口を基盤としていたが，今回は自由党から立ち山口支部の推薦候補となった。表6からは，山口における得票が2万から6万へと3倍になっていることが確認できる[32]。また兵庫出身の松島喜作は，第2回の選挙では兵庫と神奈川[33]で推薦を受けた。前回と比して，松島が兵庫，神奈川で票を伸ばしていることが確認できる。その他自由党から出馬した前職の議員には，小野光洋と松野喜内，そして先述の寺尾豊の3名がいるが，支部推薦のなかった松野を除き，地元で票を伸ばしていることが分かる。

ところで，これと対照的なのが無所属あるいは緑風会所属の前職議員である。表8は第1回選挙で当選した議員のうち，第2回の選挙に無所属あるいは緑風会から出馬した候補者を全て抽出した。そして，第1回選挙で最も大量の票を獲得した県を，その候補者のいわば本拠地と推定し，この本拠地の第2回選挙における得票数に注目した。ここから分かるのは，本拠地で票を伸ばしている候補者がほとんどいなかったことである。つまり政党の支援のない彼らは，集中的に得票できる県を獲得できなかったので

表8　第2回選挙に緑風会または無所属から出馬した前職議員

氏名	本籍	第1回参議院選挙			第2回参議院選挙		
		党派	最多得票県	最多得票県における得票数	党派	第1回で最多得票を獲得した県における得票数	結果
川上嘉	鹿児島	無所属	鹿児島	8,080	無所属	9,340	落選
下条康麿	東京	無所属	岐阜	21,128	緑風会	22,421	落選
宿谷栄一	東京	無所属	愛媛	13,263	緑風会	905	落選
市来乙彦	鹿児島	無所属	鹿児島	48,472	緑風会	7,099	落選
安部定	大分	無所属	大分	95,437	緑風会	57,070	落選
寺尾博	静岡	無所属	静岡	12,822	緑風会	5,217	落選
矢野酉雄	福岡	無所属	福岡	17,010	緑風会	36,980	落選
松井道夫	新潟	無所属	新潟	73,079	緑風会	13,728	落選
北條秀一	兵庫	無所属	兵庫	11,434	緑風会	30,904	落選
来馬琢道	東京	無所属	東京	5,655	緑風会	7,713	落選
江熊哲翁	山口	無所属	山口	43,671	緑風会	37,779	落選
松村真一郎	東京	無所属	青森	10,214	緑風会	122	落選
大山安	茨城	無所属	東京	4,393	緑風会	1,775	落選

ある。

　以上，支部の推薦の効果について論証してきたが，こうした支部の力は，当時の全国区選挙においてどのように位置づけられるであろうか。同時代の新聞記者の発言に次のようなものがある。

　　　全国といっても全国マンベンなくとるというわけじゃない。例えば二十万で当選するとしたらある県で十何万とかいうように，やはりベースになるところが一つあるわけだ（中略）保守党では基礎になる府県をもっていない者はだめだ[34]

　推薦候補が「基礎になる府県」を持てたのは，既述のように支部の支援によるところが大きい[35]。つまり，支部は全国区候補が勝利する上で不可欠な地元票を提供していたのであり[36]，支部の支援は自由党の躍進を支えた第二の要因であったと考えられる。

4　自由党の躍進要因に関する数量的分析

　本章では自由党の候補者の得票パターンを第1回選挙と第2回選挙で比較する。その比較を通じ，自由党の躍進が既述の二つの要因によりもたらされたことを数量的に論証していきたい。

　候補者の得票パターンを分析するにあたり本稿が注目するのは，候補者がどの程度，特定の県で集中的に得票したのか，あるいは万遍なく得票したのか，つまり得票の県別の偏在度である。それを計るためここではRS指数[37]を用いた。RS指数とは票の地域的偏りが大きいほど1に近づき，少ないほど0に近づく指数であり，具体的にイメージしやすくするため，図2から図4を掲げる。図2～図4は候補者の県別得票数を北から都道府県順に並べたものであるが，例えば図2の寺尾の場合，寺尾は高知と愛媛で集中的に得票しているため，RS指数は約0.8という値を示す。図3は重宗であるが，山口で6万強の票を獲得しつつ全国的にも得票した結果，約0.5という値を示す。そして図4の指数約0.3の候補者は，分散的な得票パターンを示すことが分かる。

　このようなRS指数と候補者の得票数を結びつけて作成したのが図5（第1回選挙）と図6（第2回選挙）である。これはRS指数を横軸，得票数

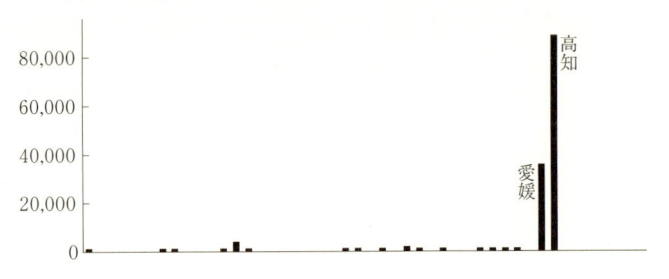

図2　RS指数0.83の候補者（寺尾豊）の得票パターン

図3　RS指数0.51の候補者（重宗雄三）の得票パターン

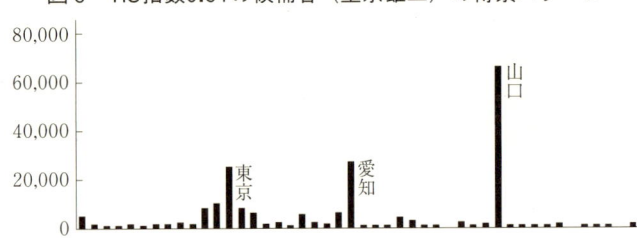

図4　RS指数0.33の候補者（松本昇）の得票パターン

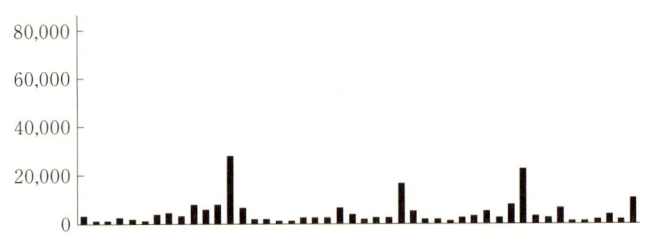

を縦軸にとり，自由党の全ての候補者についてその値をプロットしたものである。図6については，①推薦候補，②非推薦候補，③秋田支部からのみ推薦を受けた候補に分けてマーカーを記した。秋田支部のみ別の扱いにしたのは，同支部の場合7名も推薦しているため，支部の推薦が候補者の得票パターンに反映されにくいと考えたからである[38]。こうして作成した図5と図6を比較しながら，以下考察を進めたい。

まず第1回選挙（図5）について検証する。第1回選挙の特徴は，当選者がRS指数0.2〜0.3付近に集中することである。これはいかなる原因によ

図5　第1回選挙における自由党候補者の得票パターン

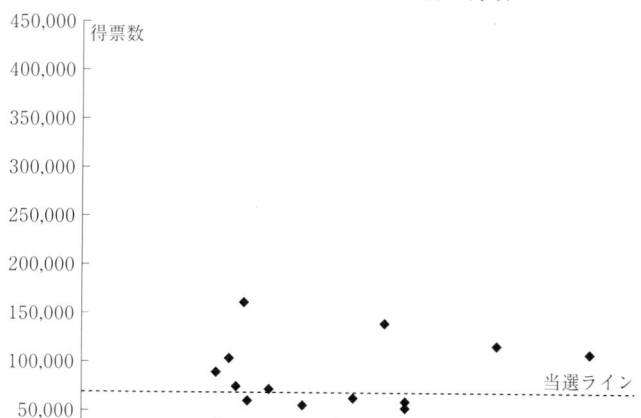

図6　第2回選挙における自由党候補者の得票パターン

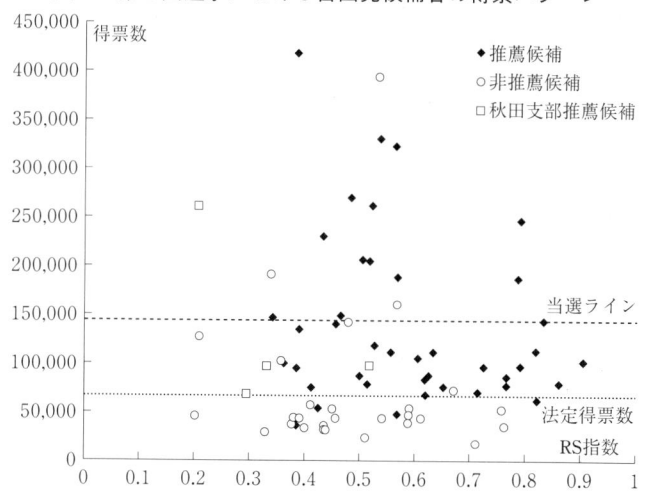

るのであろうか。

　結論から言えば，支部の全国区候補への支援がほとんどなかったことが，その大きな理由であったと思われる。ここで支部の支援がなかったことを示唆する一つのデータを示したい[39]。図7は，第1回の選挙における地方

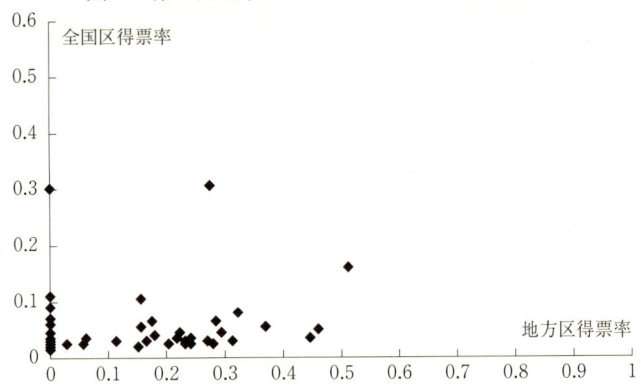

図7　第1回選挙における自由党の県別得票率

区と全国区の得票率の関係を示した図である。先に示した図1と比べて分かることは，第1回選挙においては，地方区で相当高い得票率をとれる自由党優勢の県でも，全国区では低い得票率に終わったことである。もちろん，第1回と第2回では，候補者数が違うので単純な比較はできないが，支部の支援があれば，これほど大きな開きはなかったと考えられる。つまり，第1回選挙では支部の支援がないために，候補者の多くが「基礎になる府県」を持てず，当選者の多くも分散的得票パターンを示したと思われる。

　次に第2回選挙について検証する。第2回選挙の特徴は，当選者が指数0.5周辺（0.4～0.6）に集中する傾向にあることである。このような現象はなぜ生じたのであろうか。

　まず指数0.5付近の当選者について確認しておく。指数0.5をとる候補者は，図3の重宗の例で示したように全国的に得票しつつ，地元でも集中的に得票する候補者である。こうした得票の背景には，候補者の持つ全国的な支持組織と支部の支援があったことは，既述の論証から推測されるところである。実際，表2で当選者の経歴，推薦の有無，RS指数を照合させると，指数0.5付近の当選者の多くが全国的な組織を備え，かつ推薦候補であったことが確認できる。

　それではなぜ第2回選挙では，当選者が指数0.5付近に集中したのであろうか。まず重要な背景として，第2回選挙は半数改選となり，当選ライ

ンが約2倍に上昇したことを指摘する必要がある。そうした中，第一に，特定の県で集中的に得票するだけでは，当選ラインに届かなくなった。すなわち，全国的基盤を持たない候補者は，たとえ支部の支援があったとしても，当選は困難だったのである[40]。第二に，候補者に全国的な基盤があったとしても，当選には「基礎となる府県」を必要とした。当選ラインが上昇する中で地元票を固めることも不可欠になったからである。そのため多くの候補者が支部の支援を求め，その結果，指数0.5付近の候補者が増加した。かくして第2回選挙では，全国的基盤と支部の支援に支えられた候補者が多数当選することになったと考えられる。

このように，当選者が指数0.5付近に集中する図6は，自由党躍進が二つの要因によりもたらされたことを端的に示しているといえよう。

5 おわりに

本稿は参議院政党化の端緒となった第2回選挙に焦点を当て，特に全国区選挙における自由党の躍進の要因を考察した。結論は以下の通りである。

自由党躍進の第一の要因は，高級官僚等の全国的な支持組織を備えた候補者を擁立し，その支持組織を動員できたことである。こうした戦い方は55年体制下の自民党の「選挙戦略」として広く知られているが[41]，その原点は第2回選挙にあったのである。第二の要因は，支部が地元の全国区候補を支援し，彼らの地元票獲得に貢献したことである。ちなみに，支部が地元候補者を支えるという戦い方は，戦前から保守政党が衆議院選挙で行ってきたものであり[42]，支部の対応は戦前の延長線上に位置づけられるものである。つまり，第2回選挙において自由党は，新旧二つの対応を組みあわせることにより全国区に適応し[43]，参議院の政党化が進行したのである。

〔追記〕 本稿は2006年度日本選挙学会・歴史部会（於上智大学）における報告を基にしている。司会者の玉井清先生，討論者の小栗勝也先生，三船毅先生にこの場を借りてお礼申し上げたい。また論文審査に際して匿名の先生方から貴重で有益なコメントを頂いた。ここに記して深く感謝申し上げたい。

（1）『朝日新聞』，昭和24年5月31日。

(2) 寺尾豊「参議院選挙をかく戦う」(『再建』, 昭和25年2月)。
(3) 吉田茂首相は選挙戦最中, 参議院の政党化の必要性を次のように論じている。すなわち参議院は政党外に超然とし参議院の政党化を排さなければならない, という説があるが, かかる説こそ議会政治を妨害するものであり民主政治の何たるかを知らざる者の言である。民主政治は多数決の政治であり, 参議院の政党化を排すべきであるという説には反対すると述べ, 参議院政党化に全力を傾ける姿勢を示した (『朝日新聞』, 昭和25年5月28日)。
(4) 緑風会の消滅過程を分析した研究として最も優れたものは, 待鳥聡史「緑風会の消滅過程―合理的選択制度論からの考察―」(水口憲人編『変化をどう説明するか：政治編』, 木鐸社, 2000年) であるが, 実際の選挙過程や得票構造の分析は行われていない。
(5) したがって, 自由党としては全国区の廃止を考えていたようである。選挙前年, 広川弘禅幹事長は新聞紙上で, 全国区を廃止し府県単位一本にする法改正を検討していると述べた上で, これは参議院で猛烈な反対が予想されるので, 衆議院で三分の二の再可決で押し切る覚悟でやらなければならない, との談話を発表している (『朝日新聞』, 昭和24年6月20日)。
(6) 占領期の参議院選挙の研究は手薄である。管見の限り特定の候補者や政党を正面からとりあげて, その選挙運動を考察した研究はない。関連する研究としては, 渋谷武「参議院選挙の史的状況」(枏正夫『国政選挙と政党政治』, 政治広報センター, 昭和52年, 所収) が唯一, 当選者の得票パターンの分析を通じて, その選挙運動の方法を推論しているが, 通史的な記述の中で占領期に触れるに止まっている。この他の研究では, 市村充章「参議院選挙制度と選出議員」(『議会政治研究』, 平成13年6月), 中道実「参議院における全国区と地方区」(中久郎『国会議員の構成と変化』, 政治公報センター, 昭和55年, 所収) が当選者の経歴, 社会的属性の変化を分析している。また上条末夫「参議院議員通常選挙の時系列的分析(1)～(4)」(『政治学論集』, 1992年3月～10月), 東大法・第5期蒲島郁夫ゼミ編『参議院の研究・第1巻選挙編』(木鐸社, 2004年) も戦後の参議院選挙の全体像を示しているが, 主たる関心は55年体制成立後に向けられている。
(7) 『毎日新聞』, 昭和25年6月6日。
(8) 「われ参院選に出馬せず」(『週刊朝日』, 昭和37年6月15日)。
(9) 『毎日新聞』, 昭和25年6月6日。
(10) 例えば自由党山梨県支部は岩沢を支援したが, その理由について小林昌治県支部総務は, 岩沢氏には今まで災害復旧関係で本県は色々厄介になっており, 今後もまた世話になることが多いと思うので推すことになった, と直截に説明している (『山梨日日新聞』, 昭和25年5月5日)。

(11) 例えば静岡県土木部長は新聞に岩沢の推薦の辞を載せている。すなわち，岩沢氏はわが県の災害復旧に産業道路の建設に治山治水に偉大な功績を残している。かかる専門家にして政治力旺盛な人を議席壇上に送ることは誠に人を得ることである，と（『静岡新聞』，昭和25年5月27日）。
(12) 『中国新聞』，昭和25年5月18日。
(13) 北島織衛「選挙の思い出」（『ステーツマン愛知揆一追想録』，日本経済研究会，昭和54年，236頁）。
(14) 石川真澄『戦後政治構造史』（日本評論社，昭和53年），59，66頁。
(15) 「参議院選挙——新候補者の横顔」（『再建』，昭和25年3月）。同記事によれば，資生堂は各府県に1ヶ所の代理店，その下に「チエン・ストア」があり，その数は全国で5000軒に達していたという。
(16) 例えば，『徳島新聞』，昭和25年5月26日。
(17) 重宗は「選挙のたびごとに明電舎はあげて応援してくれ，下請けの人たちも一生懸命やってくれたが，これが事業の結束を固めるのにもプラスになったと思う」と回想している（重宗雄三「私の履歴書」（『私の履歴書第18集』，日本経済新聞社，昭和38年，222–223頁）。
(18) 『静岡新聞』，昭和25年6月7日。また『日本遺族会15年史』も長島の当選を「全国遺族の並々ならぬ熱意が実った結果」であり，「遺族自身にも，はかりしれざる勇気と自信をもたらすことになった」と記録している（賀屋興宣編『日本遺族会15年史』，日本遺族会事務局，昭和37年，40頁）。
(19) 「会報」（『日本医師会雑誌』，昭和25年6月）。この協議会は「医薬分業，医人の政治力強化等に関する都道府県医師会長協議会」（傍点筆者）と題して昭和25年5月11日に開かれた。
(20) 『真宗大谷派本願寺要覧』（真宗大谷派宗務所，昭和18年）に記された「門信徒戸数」（116頁）による。
(21) 残りの4名について紹介しておくと，平井太郎，石川栄一，寺尾豊は特定の県で集中的に得票して当選した候補者であり，泉山三六は後述するように高い知名度を背景に当選した候補者であった。
(22) 『毎日新聞』，昭和25年4月17日。
(23) 例えば，官僚出身で愛知県の地方区選挙に出馬した山本米治は，次のように回想する。「選挙区域の広い参議院選は（中略）選挙民との直接の接触には限度があるから，結局やはり選挙で選ばれた人たちに頼らざるをえない。すなわち衆議院議員，県議会議員，市議会議員や市町村長等に一々頭を下げて応援を頼まなければならない」（山本米治『議席十二年』，東洋印刷株式会社，昭和51年，6頁）。同様のことは地方紙でも指摘されている。例えば，山口の地方区選挙では「県会議員約四十名が土台となっているが戦前と同じ定石」と報じられている（『防長新聞』，昭和25年5月12

日)。

(24) 例えば，新潟支部推薦候補の小澤国治の選挙戦について，地方紙は「主力を本県において駆け回り（中略）自党代議士と県議の陣容をフルに使って全県一せいに街頭演説をぶった。全期間を通じて党の地盤はもちろん一般商工業，肥料関係にポイントをおいた」と報じ（『新潟日報』，昭和25年6月4日），また宮城支部推薦の愛知揆一についても，「自由党県連の全面的応援と県選出代議士と地盤を土台」に戦っていると報じられている（『河北新報』，昭和25年5月28日）。

(25) 全国区の自由党候補のうち非公認候補は一人だけ確認できるが（『読売新聞』，昭和25年5月16日），例外に属するのでここでは公認か否かは考慮しない。

(26) 例えば，大分県在住の医師蜷木稔は本部から公認されたが，大分県支部はこれを不満として，新たに日産自動車社長の箕浦多一（大分県出身）を擁立し支部の推薦候補とした。（『大分合同新聞』，昭和25年4月11日，17日，23日）。この結果，蜷木は大分県支部の推薦候補にはならなかったのである。また別の事例を紹介すると，本部発表の公認候補には高知県出身の小田静枝がいた。しかし高知県支部は寺尾豊を推薦候補に決定し，地方紙によれば，支部は寺尾の票が減ることを恐れて小田の帰県を阻もうとし，さらに小田が郷里への顔つなぎとして名刺紹介を頼んでもこれを拒否したという。地方紙は小田について「自由党公認でありながら党の支持は全く得られなかった」と報じている（『高知新聞』，昭和25年6月9日）。

(27) 両者の対立について地方紙は，「全国区は絶対当選が期せられないといわれるだけに両氏の支持者間には懸命の競り合いが行われている模様」と伝えている（『高知新聞』，昭和25年4月10日）。

(28) 党本部は寺尾に愛媛県高岡郡を割り当てた。投票直前，寺尾の支持者は同郡で3万の得票を期待していたという（『高知新聞』，昭和25年5月25日）。

(29) 愛媛県支部の県議は，「われわれは全国区では寺尾豊氏と平井太郎氏を県人ではないが（中略），両氏とも相当の苦戦が伝えられているので県支部が応援しているのだ」と述べ，またある県議は，「本県は自由党県だから全国区候補の弱い線を一手に引き受けた形にある」（『愛媛新聞』，昭和25年5月24日）と述べている。なお，ここで名前が上がっている香川出身の平井太郎も，本部の説得を受入れ地方区から全国区に回った候補者である。したがって地方紙は平井の得票予想について，「地方区で一応確保していた票の8割とみられる10万票は固く，当落は転換を条件に党本部が約束した愛媛，広島，岡山など県外の7万票が集まるかどうか」と報じている（『四国新聞』，昭和25年5月23日）。

(30) 泉山（山形出身）について選挙前地方紙は，人気は圧倒的であるが「ハッキリとした組織を持たないので得票予想は困難である」し（『山形新聞』，昭和25年6月2日夕刊），選挙後山形県内で16万票も獲得したことについて，「誰も予期しなかったところ」，「人気というものは恐ろしいものだ」と驚嘆した（『山形新聞』，昭和25年6月8日）。また，泉山本人も「不思議と私の演説には，街頭は黒山の人であった」と回想する。そして山形支部との関係については，「どうしたものか，代議士，県会議員といった連中が不思議に反対に廻って，県支部でもとうとう私を公認してくれなかった」と，支部の支援がなかったことを回想している（泉山三六『トラ大臣になるまで』，東方書院，昭和28年，213－216頁）。
(31) 地方紙は中山について「全国医師会をバックに東京兵庫を中心地盤に出身地が但馬出石町の関係から地方区赤木氏とタイアップして戦うらしい」と伝えている（『神戸新聞』，昭和25年4月23日）。赤木とは緑風会の赤木正雄のことであるが，自由党は赤木を党友として公認している。したがって，兵庫県支部は赤木と中山をセットにして支援していたと考えられる。
(32) ちなみに重宗はこの時山口県支部長であった。政治家としての経歴の浅い重宗が，支部長に就任した背景には，重宗の資金力があったと思われる。すなわち地方紙によれば，県選出の自由党代議士は，一人を除き重宗の「世話になっていない者はいない」という。また，重宗の選挙の見通しについても「縁の下の力持」を務めてきたため，「大体の見当もつく」と予想している（『防長新聞』，昭和25年4月6日）。
(33) 神奈川県支部では，衆議院の神奈川3区を松島の地盤として割り当て，神奈川1区と2区を鈴木恭一に割り当てることを決定している（『神奈川新聞』，昭和25年5月4日）。
(34) 『朝日新聞』，昭和28年4月11日。
(35) 例えば，先の遺族厚生連盟の長島銀蔵の勝因に触れた地方紙も，遺族会の肩書きと「党を挙げての応援が成功した」と支部の集票力を指摘する（『静岡新聞』，昭和25年6月7日）。
(36) そのため支部の集票力は，官僚出身者を自由党に誘引する一要素になったと思われる。例えば，前出の愛知揆一も，衆議院ではなく参議院に出た理由について，貴族院的な「穏やかな落ち着いたイメージ」と創設されたばかりの参議院の「中立的な雰囲気」がオーバーラップして，参議院から出馬したと説明している（『天神町放談・年譜愛知揆一』，愛知揆一遺稿集刊行会，昭和49年，388頁）。この愛知が緑風会ではなく自由党から出馬するのは矛盾しているが，愛知の出身地の宮城県は自由党県議の議席占有率が50％を超える，自由党優勢の県であった。こうした事情が愛知を自由党から立たせた一つの理由として考えられる。

(37) RS指数は水崎節文氏が開発した指数であり，主として衆議院選挙における候補者得票の市町村単位の地域的偏重の度合を示すために使われているが，本稿では県単位の得票数から候補者のRS指数を算出した。なお，RS指数については，水崎節文「衆議院総選挙における地域偏重的集票の計量分析試論」(『岐阜大学教養部研究報告第17号』，1981年) 参照。
(38) ただし秋田支部推薦の7名のうち，2名は他の支部からも推薦を受け，もう1名は党外の候補者であるので，残りの4名を別のマーカーで記している。
(39) なお第1回選挙が行われた昭和22年は地方紙が完全に揃っておらず，しかも情報量が少ないことから，新聞から支部の動きを確認することはできなかった。
(40) そうであるがゆえに，高知では寺尾，香川では平井が地方区からの出馬に固執したのである。またある地方紙は選挙後，特定の県で集中的に得票して当選するのが困難であったことを次のように指摘する。すなわち，全国区選挙は一地区からの大量得票は困難であり，またそれに頼ることがいかに危険かを示した。「重点主義」より「分散主義」の方が利口であると (『山梨日日新聞』, 昭和25年6月8日)。
(41) 全国区における自民党の「選挙戦略」については，前掲，『参議院の研究・第1巻選挙編』, 137－141頁参照。
(42) この点については，拙稿「第16回総選挙における候補者と政党の関係」(同『昭和戦前期立憲政友会の研究』, 慶應義塾出版会, 2004年, 所収) 参照。
(43) ただし，自由党の執行部がこの二つの対応を組み合わせることを，選挙戦略として明確に定めていたとは考えにくい。なぜならば，図6に示したように，支部推薦のない候補者が多数擁立される一方で，全国的な支持基盤がない候補者も多数擁立されているからである。したがって，この選挙における自由党の候補者擁立過程を推測するならば次のようになる。すなわち，本部では党幹部が全国的な支持が期待できる候補者を各方面から擁立しようとし，一方で支部は地元から国会議員を出そうとした。選挙対策委員会では，こうした圧力を抑えることができず，そのまま選挙に突入した。その結果として，全国的な支持組織を持ち，しかも支部の支援を得られた候補者が多数生き残ったと考えられる。こうした推測を補強する資料として，当時の選挙対策委員長寺尾豊の回想を紹介する。すなわち，選挙対策委員会として当初は45名の立候補に限る決定をしていたが，党幹部の容れるところとならなかった。その結果党幹部による情実による推薦が始まり，74名という候補者の乱立を招いたとし (寺尾豊「地方選挙の重要性」『国会』, 昭和26年4月)，第2回選挙が混乱の中で行われた選挙であったことを回想している。

日本政治学会規約

一，総則
第一条　本会は日本政治学会 (Japanese Political Science Association) と称する。
第二条　（削除）

二，目的及び事業
第三条　本会はひろく政治学（政治学，政治学史，政治史，外交史，国際政治学，行政学及びこれに関連ある諸部門を含む）に関する研究及びその研究者相互の協力を促進し，かねて外国の学会との連絡を図ることを目的とする。

第四条　本会は前条の目的を達成するため左の事業を行う。
　　　　一，研究会及び講演会の開催
　　　　二，機関誌その他図書の刊行
　　　　三，外国の学会との研究成果の交換，その他相互の連絡
　　　　四，前各号のほか理事会において適当と認めた事業

三，会員
第五条　本会の会員となることのできる者はひろく政治学を研究し，且つ会員二名以上から推薦された者で，理事会の承認を得た者に限る。

第六条　入会希望者は所定の入会申込書を理事会に提出しなければならない。

第七条　会員は，理事会の定めた会費を納めなければならない。

第八条　会費を二年以上滞納した者は，退会したものとみなす。但し，前項により退会したとみなされた者は，理事会の議をへて滞納分会費を納入することにより，会員の資格を回復することを得る。

四，機関
第九条　本会に左の役員を置く。
　　　　一，理事　若干名，内一名を理事長とする。
　　　　二，監事　二名
　　　　三，幹事　若干名
　　　　四，顧問　若干名

第十条　理事及び監事の選任方法は，別に定める理事・監事選出規程によるものとする。
　　　　理事長は，別に定める理事長選出規程に基づき，理事会において選出する。
　　　　幹事及び顧問は理事会が委嘱する。

第十一条　理事長，理事及び幹事の任期は二年とする。
　　　　　監事の任期は三年とする。
　　　　　補充として就任した理事長，理事，監事及び幹事の任期は前二項の規定にかかわらず，前任者の残存期間とする。
　　　　　理事長，理事，監事及び幹事は重任することが出来る。

第十二条　理事長は本会を代表し，会務を総括する。
　　　　　理事長が故障ある場合には理事長の指名した他の理事がその職務を代表する。

第十三条　理事は理事会を組織し，会務を執行する。

第十四条　監事は，会計及び会務執行を監査する。

第十五条　幹事は，会務の執行につき，理事に協力する。

第十五条の二　顧問は会務の執行につき理事長の諮問に応える。

第十六条　理事長は毎年少なくとも一回，会員の総会を招集しなければならない。
　　　　　理事長は，必要があると認めるときは，臨時総会を招集することが出来る。
　　　　　総会（臨時総会を含む）を招集する場合は，少なくとも一ヶ月以前に全会員に通知しなければならない。
　　　　　会員の五分の一以上の者が，会議の目的たる事項を示して請求したときは，理事長は臨時総会を招集しなければならない。

第十七条　総会（臨時総会を含む）は，出席会員によって行うものとする。
　　　　　理事会は，役員の選任・会計・各委員会および事務局の活動その他，学会の運営に関する基本的事項について総会に報告し，了承

を受けるものとする。

第十八条　本会の会計年度は，毎年四月一日に始り，翌年三月末日に終る。

五，規約の変更及び解散
第十九条　本規約を変更する場合は，理事会の発議に基づき会員の投票を実施し，有効投票の三分の二以上の賛成を得なければならない。

第二十条　本会は，会員の三分の二以上の同意がなければ，解散することができない。

(二〇〇〇年一〇月八日改正)

日本政治学会理事・監事選出規程

理事の選任
第一条　理事の選任は，会員による選挙および同選挙の当選人によって構成される理事選考委員会の選考によって行う（以下，選挙によって選出される理事を「公選理事」，理事選考委員会の選考によって選出される理事を「選考理事」と称する）。

第二条　公選理事は，会員の投票における上位二〇位以内の得票者とする。

第三条　投票が行われる年の四月一日現在において会員である者は選挙権及び被選挙権を有する。
　　　　ただし，顧問および理事長は被選挙権を有しない。

第四条　会員の選挙権及び被選挙権の公表は会員名簿及びその一部修正によって行なう。
第五条　一，選挙事務をとり行なうため，理事長は選挙管理委員長を任命する。
　　　　二，選挙管理委員長は五名以上一〇名以下の会員により，選挙管理委員会を組織する。
第六条　一，選挙は選挙管理委員会発行の，所定の投票用紙により郵送で行なう。
　　　　二，投票用紙は名簿と共に五月中に会員に郵送するものとする。
　　　　三，投票は六月末日までに選挙管理委員会に到着するように郵送されなければならない。

　　　　　四，投票は無記名とし，被選挙権者のうち三名を記する。

第七条　一，選挙管理委員会は七月末までに開票を完了し，得票順に当選人を決定し，九月初旬までに理事長及び当選人に正式に通知しなければならない。
　　　　二，最下位に同点者がある場合は全員を当選とする。
　　　　三，投票の受理，投票の効力その他投票及び開票に関する疑義は選挙管理委員会が決定するものとする。
　　　　四，当選人の繰上補充は行なわない。

第八条　一，前条第一項の当選人は理事選考委員会を構成する。
　　　　二，理事選考委員会は，十五名以内の理事を，地域，年齢，専攻，学会運営上の必要等に留意して選考する。
　　　　三，理事選考委員会は当選人の欠員補充をすることができる。その場合には，前項の留意条件にとらわれないものとする。
　　　　四，常務理事については，本条第二項にいう十五名の枠外とすることができる。

第九条　理事長は，選出された公選理事および選考理事を，理事として総会に報告する。

監事の選任
第十条　監事の選任は理事会において行い，理事会はその結果を総会に報告し，了承を受けるものとする。

規程の変更
第十一条　本規程の変更は，日本政治学会規約第十九条の手続きによって行う。

（了解事項）　理事選挙における当選者の得票数は，当選者に通知するとともに，理事会に報告する。

　　　　　　　　　　　　　　　　　　　　　（二〇〇〇年一〇月八日改正）

日本政治学会理事長選出規程

第一条　理事長は，公選理事の中から選出する。
第二条　現理事長は，理事選挙後，理事選考委員会（日本政治学会理事・監

事選出規程第八条）に先だって，公選理事による次期理事長候補者選考委員会を招集する。
二　公選理事は，同選考委員会に欠席する場合，他の公選理事に議決権を委任することができる。
三　次期理事長選考委員会では，理事長に立候補した者，または推薦された者について投票を行い，過半数の得票を得て，第一位となった者を次期理事長候補者とする。
四　投票の結果，過半数の得票者がいない場合，上位二名につき再投票を行い，上位の得票者を次期理事長候補者とする。
五　再投票による得票が同数の場合は，抽選によって決定する。

第三条　選考理事を含めた次期理事会は，次期理事長候補者の理事長への選任について審議し，議決する。
二　理事は，欠席する場合，他の理事に議決権を委任することができる。

（二〇〇二年一〇月五日制定）

日本政治学会次期理事会運営規程

一　〔総則〕　次期理事が選出されてから，その任期が始まるまでの次期理事会は，本規程に従って運営する。
二　〔構成〕　次期理事会は，次期理事および次期監事によって構成する。
三　〔招集〕　次期理事会は，次期理事長が召集する。但し，第一回の次期理事会は現理事長が招集する。
四　〔任務〕　イ　次期理事会に関する事務は，次期常務理事が取り扱う。また，その経費は次期理事会経費に準じて学会事務局が支払う。
　　　　　　ロ　次期理事会は，任期の間の次期常務理事，次期幹事，各種委員会の長および委員を必要に応じて委嘱できる。
　　　　　　ハ　次期理事会は，任期の間の日本政治学会行事について，現理事会の委嘱にもとづき，企画，立案できる。
五　〔記録〕　次期理事会の記録は，次期常務理事の下でまとめ，次期理事会および現理事会の構成員に配布する。

（二〇〇二年一〇月五日制定）

『年報政治学』論文投稿規程

※第9条の「投稿申込書」は，日本政治学会のホームページからダウンロードできます（URL: http://wwwsoc.nii.ac.jp/jpsa2/publication/nenpou/index.html）。

1．応募資格
　・日本政治学会の会員であり，応募の時点で当該年度の会費を納入済みの方。

2．既発表論文投稿の禁止
　・応募できる論文は未発表のものに限ります。

3．使用できる言語
　・日本語または英語。

4．二重投稿の禁止
　・同一の論文を本『年報政治学』以外に同時に投稿することはできません。
　・同一の論文を『年報政治学』の複数の号に同時に投稿することはできません。

5．論文の分量
　・日本語論文の場合，原則として20,000字以内（注，参考文献，図表を含む）とします。文字数の計算はワープロソフトの文字カウント機能を使って結構ですが，脚注を数える設定にして下さい（スペースは数えなくても結構です）。半角英数字は2分の1字と換算します。図表は，刷り上がり1ページを占める場合には900字，半ページの場合には450字と換算して下さい。
　　論文の内容から20,000字にどうしても収まらない場合には，超過を認めることもあります。ただし査読委員会が論文の縮減を指示した場合には，その指示に従って下さい。
　・英語論文の場合，8,000語（words）以内（注，参考文献，図表を含む）とします。図表は，刷り上がり1ページを占める場合には360語（words），半ページの場合には180語（words）と換算して下さい。
　　論文の内容から8,000語にどうしても収まらない場合には，超過を認めることもあります。ただし査読委員会が論文の縮減を指示した場合には，その指示に従って下さい。

6．論文の主題

・政治学に関わる主題であれば，特に限定しません。年報各号の特集の主題に密接に関連すると年報委員会が判断した場合には，特集の一部として掲載する場合があります。ただし，査読を経たものであることは明記します。

7．応募の締切
・論文の応募は年間を通じて受け付けますので，特に締切はありません。ただし，6月刊行の号に掲載を希望する場合は刊行前年の10月末日，12月刊行の号に掲載を希望する場合は刊行年の3月末日が応募の期限となります。しかし，査読者の修正意見による修正論文の再提出が遅れた場合などは，希望の号に掲載できないこともあります。また，査読委員会が掲載可と決定した場合でも，掲載すべき論文が他に多くある場合には，直近の号に掲載せず，次号以降に回すことがありますので，あらかじめご了承ください。掲載が延期された論文は，次号では最優先で掲載されます。

8．論文の形式
・図表は本文中に埋め込まず，別の電子ファイルに入れ，本文中には図表が入る位置を示して下さい。図表の大きさ（1ページを占めるのか半ページを占めるのか等）も明記して下さい。また，他から図表を転用する際には，必ず出典を各図表の箇所に明記して下さい。
・図表はスキャン可能なファイルで提出してください。出版社に作成を依頼する場合には，執筆者に実費を負担していただきます。
・投稿論文には，審査の公平を期すために執筆者の名前は一切記入せず，「拙著」など著者が識別されうるような表現は控えて下さい。

9．投稿の方法
・論文の投稿は，ワードまたは一太郎形式で電子ファイルに保存し，『年報政治学』査読委員会が指定する電子メールアドレス宛てに，メールの添付ファイルとして送信して下さい。投稿メールの件名（Subject）には，「年報政治学投稿論文の送付」と記入して下さい。
・なお，別紙の投稿申込書に記入の上，投稿論文と共にメールに添付して送付して下さい。
・また，投稿論文を別に3部プリントアウト（A4用紙に片面印刷）して，査読委員会が指定する宛先に送ってください（学会事務局や年報委員会に送らないようにご注意ください）。
・送付された投稿論文等は執筆者に返却致しません。

10．投稿論文の受理

・投稿論文としての要件を満たした執筆者に対しては，『年報政治学』査読委員会より，投稿論文を受理した旨の連絡を電子メールで行います。メールでの送受信に伴う事故を避けるため，論文送付後10日以内に連絡が来ない場合には，投稿された方は『年報政治学』査読委員会に問い合わせて下さい。

11. 査読
    ・投稿論文の掲載の可否は，査読委員会が委嘱する査読委員以外の匿名のレフリーによる査読結果を踏まえて，査読委員会が決定し，執筆者に電子メール等で結果を連絡します。
    ・なお，「掲載不可」および「条件付で掲載可」と査読委員会が判断した場合には，執筆者にその理由を付して連絡します。
    ・「条件付で掲載可」となった投稿論文は，査読委員会が定める期間内に，初稿を提出した時と同一の手続で修正稿を提出して下さい。なお，その際，修正した箇所を明示した修正原稿も電子メールの添付ファイルとして送って下さい。

12. 英文タイトルと英文要約
    ・査読の結果，『年報政治学』に掲載されることが決まった論文については，著者名の英文表記，英文タイトル，英文要約を提出いただくことになります。英文要約150語程度（150 words）になるようにして下さい（200語以内厳守）。査読委員会は原則として手直しをしないので，執筆者が各自で当該分野に詳しいネイティヴ・スピーカーなどによる校閲を済ませて下さい。

13. 著作権
    ・本『年報政治学』が掲載する論文の著作権は日本政治学会に帰属します。掲載論文の執筆者が当該論文の転載を行う場合には，必ず事前に文書で本学会事務局と出版社にご連絡下さい。また，当該『年報政治学』刊行後1年以内に刊行される出版物への転載はご遠慮下さい。
    ・また，投稿論文の執筆に際しては他人の著作権の侵害，名誉毀損の問題を生じないように充分に配慮して下さい。他者の著作物を引用するときは，必ず出典を明記して下さい。
    ・なお，万一，本『年報政治学』に掲載された執筆内容が他者の著作権を侵害したと認められる場合，執筆者がその一切の責任を負うものとします。

14. その他の留意点
    ・執筆者の校正は初校のみです。初校段階で大幅な修正・加筆をすることは

認められません。また，万が一査読委員会の了承の下に初校段階で大幅な修正・加筆を行った場合，そのことによる製作費用の増加は執筆者に負担していただきます。
・本『年報政治学』への同一の著者による論文の投稿数については何ら制限を設けるものではありませんが，採用された原稿の掲載数が特定の期間に集中する場合には，次号以下に掲載を順次繰り延べることがあります。

査読委員会規程

1. 日本政治学会は，機関誌『年報政治学』の公募論文を審査するために，理事会の下に査読委員会を置く。査読委員会は，委員長及び副委員長を含む7名の委員によって構成する。

    査読委員会委員の任期は2年間とする。任期の始期及び終期は理事会の任期と同時とする。ただし再任を妨げない。

    委員長及び副委員長は，理事長の推薦に基づき，理事会が理事の中から任命する。その他の委員は，査読委員長が副委員長と協議の上で推薦し，それに基づき，会員の中から理事会が任命する。委員の選任に当たっては，所属機関，出身大学，専攻分野等の適切なバランスを考慮する。

2. 査読委員会は，『年報政治学』に掲載する独立論文および特集論文を公募し，応募論文に関する査読者を決定し，査読結果に基づいて論文掲載の可否と掲載する号，及び配列を決定する。特集の公募論文は，年報委員長と査読委員長の連名で論文を公募し，論文送付先を査読委員長に指定する。

3. 査読者は，原則として日本政治学会会員の中から，専門的判断能力に優れた者を選任する。ただし査読委員会委員が査読者を兼ねることはできない。年報委員会委員が査読者になることは妨げない。査読者の選任に当たっては，論文執筆者との個人的関係が深い者を避けるようにしなければならない。

4. 論文応募者の氏名は査読委員会委員のみが知るものとし，委員任期終了後も含め，委員会の外部に氏名を明かしてはならない。査読者，年報委員会にも論文応募者の氏名は明かさないものとする。

5. 査読委員長は，学会事務委託業者に論文応募者の会員資格と会費納入状況を確認する。常務理事は学会事務委託業者に対して，査読委員長の問い合わせに答えるようにあらかじめ指示する。

6. 査読委員会は応募論文の分量，投稿申込書の記載など，形式が規程に則しているかどうか確認する。

7. 査読委員会は，一編の応募論文につき，2名の査読者を選任する。査読委員会は，査読者に論文を送付する際に，論文の分量を査読者に告げるとともに，論文が制限枚数を超過している場合には，超過の必要性についても審査を依頼する。

    査読者は，A，B，C，Dの4段階で論文を評価するとともに，審査概評を報告書に記載する。A〜Dには適宜＋または－の記号を付してもよい。記号の意味は以下の通りとする。

    A：従来の『年報政治学』の水準から考えて非常に水準が高く，ぜひ掲載すべき論文

Ｂ：掲載すべき水準に達しているが，一部修正を要する論文
　　　Ｃ：相当の修正を施せば掲載水準に達する可能性がある論文
　　　Ｄ：掲載水準に達しておらず，掲載すべきではない論文。
　　査読者は，ＢもしくはＣの場合は，別紙に修正の概略を記載して査読報告書とともに査読委員会に返送する。またＤの場合においては，論文応募者の参考のため，論文の問題点に関する建設的批評を別紙に記載し，査読報告書とともに査読委員会に返送する。査読委員会は査読者による指示ならびに批評を論文応募者に送付する。ただし査読委員会は，査読者による指示ならびに批評を論文応募者に送付するにあたり，不適切な表現を削除もしくは変更するなど，必要な変更を加えることができる。
　　ＡないしＣの論文において，その分量が20,000字（英語論文の場合には8,000語）を超えている場合には，査読者は論文の内容が制限の超過を正当化できるかどうか判断し，必要な場合には論文の縮減を指示することとする。
8. 　修正を施した論文が査読委員会に提出されたときは，査読委員会は遅滞なく初稿と同一の査読者に修正論文を送付し，再査読を依頼する。ただし，同一の査読者が再査読を行えない事情がある場合には，査読委員会の議を経て査読者を変更することを妨げない。また，所定の期間内に再査読結果が提出されない場合，査読委員会は別の査読者を依頼するか，もしくは自ら査読することができるものとする。
9. 　最初の査読で査読者のうち少なくとも一人がＤ（Ｄ＋およびＤ－を含む。以下，同様）と評価した論文は掲載不可とする。再査読の結果は，Ｘ（掲載可），Ｙ（再修正が必要），Ｚ（掲載不可）の３段階で評価する。査読者の一人でもＺと評価した論文は掲載不可とする。ＸＹ，ＹＹの場合は，再修正を要求する。再々査読の結果一人でもＹの評価であった場合には，査読委員会は掲載不可として通知することができる。
　　査読委員会が査読者の評価を変更することはできない。
10. 　査読委員会は，年報委員長と協議して各号に掲載する公募論文の数を決定し，その数に応じて各号に掲載する公募論文を決定する。各号の掲載決定は，以下の原則によるものとする。
　　1) 掲載可と判断されながら紙幅の制約によって前号に掲載されなかった論文をまず優先する。
　　2) 残りの論文の中では，初稿の査読評価が高い論文を優先する。この場合，ＢＢの評価はＡＣの評価と同等とする。
　　3) 評価が同等の論文の中では，最終稿が提出された日が早い論文を優先する。
　　上記３つの原則に拘らず，公募論文の内容が特集テーマに密接に関連している場合には，その特集が組まれている号に掲載することを目的として掲載

号を変えることは差し支えない。
11. 応募論文が特集のテーマに密接に関連する場合，または応募者が特集の一部とすることを意図して論文を応募している場合には，査読委員長が特集号の年報委員長に対して論文応募の事実を伝え，その後の査読の状況について適宜情報を与えるものとする。査読の結果当該論文が掲載許可となった場合には，その論文を特集の一部とするか独立論文として扱うかにつき，年報委員長の判断を求め，その判断に従うものとする。
12. 査読委員長は，年報の各号刊行後，その号の査読者の一覧表(五十音順。掲載不可となった論文の査読者を含む)を理事会に提出する。ただし理事会の議事録には掲載しない。

付則
 1．本規程は，2005年10月より施行する。
 2．本規程の変更は，理事会の議を経なければならない。
 3．本規程に基づく査読委員会は2005年10月の理事会で発足し，2006年度第2号の公募論文から担当する。最初の査読委員会の任期は，2006年10月の理事交代時までとする。

The Annuals of Japanese Political Science Association 2006-II

Summary of Articles

Political Science between Normative Theory and Empirical Analysis
Tetsuki TAMURA (11)

In this article, focusing upon the recent development in deliberative democracy studies, I clarify the current state of relationship between normative theory and empirical research and consider its future.

Deliberative democracy had been discussed by normative theorists. But in recent years, some important empirical studies have emerged. There are two ways of inference among those studies: one is descriptive inference, and the other is causal inference.

Some normative theorists also try to take some empirical moments into account. We can find two approaches. One is to suggest institutional design of deliberative democracy. The other is to use the empirical knowledge in order to develop normative theory.

Some scholars insist that both normative and empirical can not be separated. But it is hard to conceive the dissolution of normative/empirical distinction. One of the most important differences between the two is the way to understand "reality", while this does not mean that there is no point of intersection between the two.

My conclusion is that: there are some points of intersection between normative theory and empirical analysis. Trying to engage in issue-oriented research, we may be able to close the gap between normative and empirical.

Ideational Approaches in Comparative Politics: Political Changes and Constructivism
Yasushi KONDO (36)

In the study of comparative politics, we need a theory that is applicable in analyzing of a 'political change' or 'institutional change'. This article attempts to gain a view of such comparative politics theory, focusing on 'ideational approaches'. Through the review of existing various ideational approaches in political science, this article argues the potential of ideational approaches for analysis of political change.

First, for ideational approaches, it is necessary to highlight not only the existence of ideas per se but also the function of ideas in the political processes. Specifically, we need to focus on the process in which an idea gains wide support from various political actors and thereby coalitions for a political change are built. Second, in case of such coalition building, we need to specify the influences of an idea from the point of view of 'preference formation'. Third, for more persuasiveness, it is important to take into account the interrelation between ideas and institutions. Finally, this article discusses the possibility of ideational approaches that mediate rationalists, culturalists, and structuralists in comparative politics.

Political Science of Institute Reform:
Changing Japanese Politics and Developing Political Science Research

Tadashi MORI (60)

In this article, the potential of "practicable science," which is the new trend in Japanese politics in the 21st century, is being discussed and examined, focusing on a series of researches on Japan's political reforms.

There have been two major trends or academic tendencies in the discussions of the political reforms. One is the attitude of political researchers who express strong criticism on political practices and propose actual policies actively participating in decision making processes. The other is the trend where certain distance is kept from actual political practices but they clarify the political actors' behavior at micro level, the changes of political phenomena, and the consequences through an empirical analysis. Both trends spread rapidly during the period.

The new wave of Japanese political science research in the 21st century will bridge these two trends and respond to the proposition of "practicable science." Policy proposals, empirical analysis, and normative discussions represented in public philosophy need to share functions and cooperate consciously while complementing each other without excluding others. It will be indispensable in establishing "practicable science," the new trend in Japan's political science research.

Redefining the role of the Japanese Bureaucracy:
Policy Experts or Administrative Conservator?

Toru MIYAMOTO (83)

"Japan; Who governs?" This has been one of the main themes in the Japanese political science. Since the bureaucracy had been the core of the pre-war imperial system, the establishment of the elected officials' supremacy under the new Constitution became, the priority objective. This goal was achieved by the decades of the Liberal Democratic Party's one party dominance. However, recent studies have re-discovered the significance of the bureaucracy.

After reviewing the academic literature, this article brings three new perspectives. First, the new type of bureaucracy, "administrative conservator," is emerging. Second, this "re-discovery" of the Japanese bureaucratic leadership might be temporary. Japan has become a front-runner who has to choose her own shape of the state. Bureaucrats have to work together with politicians since only politicians can make legitimate decisions. Therefore it's time for us to discuss the constructive relationship between those two, instead of asking which has the dominance. This identifies factors that define the bureaucracy itself. Finally, this article demonstrates the knowledge that defines bureaucracy is not some knowledge on particular areas, but the certain attitudes towards policies.

Political Theory and the Sublime:
Edmund Burke, Jean-François Lyotard, and Stephen White

Daisuke ODAGAWA (125)

In his later work, *L'inhumaine: Causeries sur le temps* (1988), Jean-François Lyotard advocated the aesthetic political theory under the influence of Edmund Burke's early writing, *A Philosophical Enquiry into the Origin of our Ideas of the Sublime and Beautiful* (1759), though little attention has been paid to this point so far. This paper is intended as the examination of Burke's physiological aesthetics of sublimity and Lyotard's postmodern theory of the sublime from the perspective of political philosophy. Indeed, they didn't preach Kantian moral principles, but claimed the necessity of cultivation of the ethical sensibility through the aesthetical experience of the sublime in their theories. We may go on from this to the conclusion that it is what Stephen White called "the sense of responsibility to otherness" and "the world-disclosing function of language" in his work, *Political Theory and Postmodernism* (1991) that Burke and Lyotard emphasized the importance of.

Political Legitimacy in Globalized World:
A Case of European Integration

Kazuto SUZUKI (150)

The end of Cold War and the globalization have changed the assumption of International Relations. This paper focuses on the issue of legitimacy which was solely provided by sovereign state, but decline of autonomy of state and emergence of non-state actors make us reconsider the meaning of legitimacy in the globalized world. It particularly pays attention to the question of legitimacy at European Union (EU) as an experiment of post-sovereign legitimacy.

After the failures of ratifying Constitutional Treaty, the legitimacy of EU is put in question. Its "output oriented", vision-led, and national democratic legitimacy are undermined by the lack of positive output by EU, grand vision, transparency and European identity made people consider the decisions at EU level are not legitimate.

Thus, this paper argues that it is necessary to strengthen the legitimacy of EU through deliberation. In this way, people will participate in defining the course of European Integration and their fate. This should not be done by Europe-wide bureaucratic process, but from national-level where people find their identity. This discussion of legitimacy of EU would, perhaps, be able to apply for developing legitimacy of global governance.

Towards a "Practical Political Science":
Interaction and Crossover amongst Approaches to Politics

Koji ONO (178)

The aim of this paper is to introduce new trends within theories of Political Science, to attempt to nudge the discipline of Political Science into a more practical direction, and also to clarify the significance of the Asian Legal Assistance Project, currently being carried out by the Graduate School of Law at Nagoya University. Firstly, Political Science is often referred to as "the discipline divided," but this situation has seen a degree of change recently. There are sincere discussions and interactions among the three kinds of Institutionalism in search of fruitful cooperation. To demonstrate this dialogue, I introduce some books as good examples. Secondly, a number of political scientists have started projects to apply their knowledge to the solving of practical political issues. I introduce the book *Democracy at Risk* as an example of this. *Democracy at Risk* is a report by the Standing Committee on Civic Education and Engagement of the American Political Science Association. It tests the proposition that modern political science has useful insights into the state of democratic life and what might be done to improve it. Thirdly, I evaluate the Asian Legal Assistance Project which was commenced by the Graduate School of Law at Nagoya University as one of the practical projects organized by Japanese social scientists. The aim of this project is to establish modern legal systems within the Graduate School's target countries, including Vietnam, Laos, Cambodia, Mongolia, and Uzbekistan. This project aims at assisting the transition from planned to market economies of these countries. While this is still a very new project, I think it shows a possible future direction for fruitful cooperation between practitioners and academicians within legal and political sciences.

The end of Japanese-style equality and structure of political confrontation in the near future

Jiro YAMAGUCHI (202)

Nowadays, the Koizumi government has put his structural reform into practice to some extent. His policy based on neo-liberal ideology is changing policy system which realized parity among the regions and classes in the post war Japan. As the result of 2005 general election showed, the people give support to his reform. This paper aims at grasping the notion of equality that the LDP and the bureaucracy have been pursuing for fifty years. Then, it tries to answer a puzzle, why ordinary people support the neo-liberal policy which causes pain and disadvantage to themselves.

Japanese-style equality was brought about by combination of discretionary policy and socialization of risk. Although the socio-economic system in post war Japan is often called "successful social democracy", it is far from the true one in west European countries. Universalistic approach was quite weak in social policy, and discretionary policy such as subsidy and public investment projects functioned as redistributive policy for backward sectors. Discretionary approach also caused chronic corruption and unfair vested interests in the bureaucracy.

Koizumi was good at attacking this corrupted complex, and aroused expectation among the people. They supported Koizumi's reform because they expected him to slash the corruption and vested interests. However, they do not appreciate real outcome of the structural reform. Our opinion poll in early 2006 shows that they still approve the notion of welfare state and have deep concern about inequality in recent Japanese society.

Koizumi's reform removed various shelters in Japanese society, and people become exposed to many kinds of risk. In this context, it is likely that debate on role of the government becomes serious in party politics.

The Second Election for the House of Councilors and the Liberal Party

Kentaro OKU (226)

The Green Breeze Society (Ryokuhukai), formed by the Councilors without affiliation to any particular political party, was the largest faction in the House of Councilors at the time of its establishment. However, it gradually declined to the point at which, after a second election, the majority of Councilors had affiliated with political parties. The existing literature regarding this gradual change focuses on the process of the demise of the Green Breeze Society. This paper, in contrast, pays particular attention to the Liberal Party's (Jiyuto) role in promoting affiliation by the Councilors with the Party. Specifically, this paper sheds light on a vote-gathering base and discusses why the Liberal Party won the second election in a nation-wide constituency.

This paper concludes by identifying the following two reasons of the Liberal Party's advance. First, the Liberal Party was able to recruit candidates from among those who had national support bases, such as senior bureaucrats and CEOs, and to mobilize broad supporter bases. Second, the Party enabled its prefectural branches to support their local candidates and translated such local support to an election result at the national level.

年報政治学2006−Ⅱ
政治学の新潮流：21世紀の政治学へ向けて

2007年3月10日　第1刷発行

編　者　日 本 政 治 学 会（年報委員長　小野耕二）
発行者　坂　口　節　子
発行所　㈲木　鐸　社
印刷　㈱アテネ社／製本　大石製本

〒112-0002　東京都文京区小石川5-11-15-302
電話（03）3814-4195　　郵便振替　00100-5-126746番
ファクス（03）3814-4196　　http://www.bokutakusha.com/

ISBN978-4-8332-2391-1　C3331

乱丁・落丁本はお取替致します